Franziska Schläpfer

Schön schräg

FRANZISKA
SCHLÄPFER

schön schräg

Schweizerinnen der besonderen Art

Diederichs

Bibliografische Information der Deutschen Bibliothek

Die Deutsche Bibliothek verzeichnet diese Publikation
in der Deutschen Nationalbibliografie; detaillierte bibliografische Daten
sind im Internet unter http://dnb.ddb.de abrufbar.

Umschlaggestaltung: Buch & Grafik, Isabel Thalmann, Zürich
Produktion: Inga Tomalla
Satz: EDV-Fotosatz Huber/Verlagsservice G. Pfeifer, Germering
Druck und Bindung: GGP Media GmbH, Pößneck
Printed in Germany 2007

ISBN: 978-3-7205-3030-9

Inhalt

7 Vorwort

9 Dramaturgin der Sehnsüchte
Güzin Kar

27 Die streitlustige Appenzellerin
Sibylle Neff

45 Slampoetin als Traktor
Lara Stoll

57 Mit Schleier und Karategürtel
Dorothea Jaroš

73 Die zornige Wanzenmalerin
Cornelia Hesse-Honegger

93 Die juhzende Hexe
Christine Lauterburg

109 Video-Queen an der Schmerzgrenze
Pipilotti Rist

125 Reformatorin urbanen Wohnens
Vera Gloor

141 Die pfeifende Chefärztin
Christa Meyenberger

159 Fürsprecherin der Schlampen
Milena Moser

177 Unkorrekte Gender-Forscherin
Anna Sommer

Inhalt

197 Die rote Zora der Gerichte
Viviane Lüdi

215 Wortakrobatin mit Prachtstimme
Dodo Hug

231 Die Planerin des Unplanbaren
Katja Schenker

247 Dank

251 Bildnachweis

Vorwort

Schräg in der Landschaft zu stehen ist noch nichts Besonderes. Seit es – im Wettbewerb um Aufmerksamkeit – nur noch darum geht, auf- und abzufallen, irgendwie aus dem Rahmen zu kippen, haben schräge Typen, verrückte Hühner Hochkonjunktur. Die sind vielleicht amüsant anzuschauen, doch bei genauerer Betrachtung unergiebig – solange sie ihre Schräglage nicht nutzen, etwas ins Rollen zu bringen, das uns alle weiterbringt: im Sehen, im Hören, im Denken, im Empfinden.

Das war für dieses Buch mein Massstab: Der Titel *Schön schräg* heisst für mich »produktiv schräg«. Ich suchte Frauen, die nicht nur solistisch auf der schiefen Ebene tanzen, sondern eine Sache – Kunst, Recht, Medizin, Kirche, Architektur usw. – ins Gleiten bringen. Also weniger exaltiert Selbstverrückte als eigensinnig Sachverrückte.

Es war gar nicht einfach. Ich merkte rasch: Wir leben in einer Gesellschaft, die von Innovation und Originalität zwar pausenlos redet, im Normalfall aber die Normierten bevorzugt. Natürlich gibt es ein paar Originale, die auf unverwechselbare Art ihre Beiz führen. Dort aber, wo das moderne Leben abgeht – in Wissenschaft, Wirtschaft, Journalismus – dominieren Frauen, die das zeitgemässe Domestizierungsverfahren – Bachelor, Master, MBA – durchlaufen haben und grosso modo auch entsprechend funktionieren. In der Politik ist es noch krasser, da müssen Frauen wie Männer mehrheitsfähig agieren, bei Schieflagen droht Absturzgefahr.

Ich war schon froh, eine Chefärztin (Christa Meyenberger) zu finden, die nicht nach dem üblichen Qualifizierungsraster Karriere machte und dazu erst noch einen erfrischend antizyklischen Begriff von Gesundheit vertritt; eine Juristin (Viviane Lüdi), die sich rabiat als Anwältin der Opfer sieht; eine naturwissenschaftliche Zeichnerin (Cornelia Hesse-Honegger), die gegen den Widerstand der Fachgelehrten beharrlich Insekten untersucht, die atomarer Bestrahlung ausgesetzt sind; eine junge

Nonne (Dorothea Jaroš), die allen Klischees von Klosterfrauen widerspricht, als Karate-Meisterin, als Informatik-Spezialistin; eine Architektin (Vera Gloor), die buchstäblich schräg baut und Architektur doch nicht als Selbststilisierung sieht, sondern entschieden als Mittel zum Zweck eines neuen urbanen Wohnens. Einfacher war die Suche im kulturellen Personal. Künstlerinnen haben an sich schon ein schräges Pensum, es ist ihr Job, unsere kompostierten Blickwinkel auszurenken (Pipilotti Rist, Sibylle Neff, Anna Sommer, Katja Schenker), unsere Hörroutinen zu überlisten (Christine Lauterburg, Dodo Hug), unsere Sprachschablonen zu unterlaufen (Lara Stoll, Milena Moser, Güzin Kar).

Die Auswahl ist anfechtbar. Man mag ihr den Überhang von Kulturfrauen vorwerfen. Aber was heisst Kultur? Anders als die Männer, die seit Jahrhunderten an der Macht sind, diskutieren Frauen ihre Lebensentwürfe und Lebensfrüste kulturell. Und vor allem: Die Einteilung nach Berufssparten erweist sich rasch als nebensächlich. Ungleich interessanter ist, was die so »schön schrägen« Frauen antreibt: eine Leidenschaft zur Sache. Gemeinsam ist ihnen nicht nur, dass sie in ihrer Schräglage etwas zum Rollen bringen. Sie rollen auch selber. Ohne Halt im konventionellen Koordinatensystem sind sie darauf aus, die Sache, die sie im Kopf haben, voranzutreiben. Keine dieser Frauen empfindet sich selbst als »schräg«. Alle finden vollkommen »gerade«, was sie treiben. Es ist diese eigensinnige Geradlinigkeit, was sie im Muster der Üblichkeiten schräg aussehen lässt.

Dramaturgin der Sehnsüchte

Güzin Kar

Drehbuchautorin, Regisseurin, Kolumnistin

»Als ich vor Jahren im Zusammenhang mit einem Drehbuch das erste Mal den Namen Güzin Kar hörte, entstand vor meinem inneren Auge die Vorstellung einer grossgewachsenen, grobknochigen Kettenraucherin, mit nach hinten gebundenen schwarzen Haaren und dunkel glimmenden Augen, denen nichts entging, was nach menschlichen, speziell männlichen Schwächen aussah«, schreibt Schauspieler und Kabarettist Patrick Frey. Später, als Leser der Weltwoche-Kolumne »Gender Studies«, verband er »diese etwas naive Imagination einer am Bosporus geborenen, männerfressenden Drehbuchautorin mit der Figur von Tante Hülya, die, nachdem sie ihren Mann mit einem belgischen Rucksacktouristen betrogen hat und der ihr verspricht, mehr mit ihr zu reden, ihm an den Kopf wirft: ›Ach Zülfü, genau das ist es doch! Der Belgier redete nicht, er tat. Und er tat es so teuflisch gut, wie es nur ein ungläubiger Schweinefresser kann!‹« Güzin Kar, merkt Patrick Frey, ist nicht Tante Hülya; »sie sieht in Wirklichkeit anmutig und geheimnisvoll aus, irgendwie französisch, so, wie ich mir eine Femme fatale wie Anaïs Nin vorstelle oder vielleicht Colette. Eine Colette allerdings, die über andere Weiber Sätze sagt wie: ›Ein bisschen sieht sie aus wie ein in Henna eingelegtes Huhn.‹«

Ihre vulgär redenden Frauenfiguren sind berüchtigt. Die Drehbuchautorin und Regisseurin, eben vierzig geworden, bekennende Melancholikerin und Hypochonderin, dominierte mit ihrem Kolumnenbuch *Ich dich auch. Ein Episodenroman für Paarungsgestörte* die Bestenliste. Reüssierte mit dem Drehbuch *Die wilden Hühner*, dem deutschen Kinohit 2006. Brillierte im selben Jahr mit dem Schweizer Fernsehfilm *Alles bleibt*

anders. Ob Drehbuch oder Kolumne: Sie schreibt hinreissende Dialoge – pointiert, präzis. Eine unbestechliche Beobachterin des alltäglichen Chaos.

Episodenroman für Paarungsgestörte? Die dicke Fatma träumt von Burt Reynolds und sucht verzweifelt einen Bettpartner. Tom war früher Mann und ist heute »Schatz«. Der Bauarbeiter Riccardo will seinen Lebensabend vor dem Fernseher verbringen und muss Sofa und Frau mit Dackel und Albaner teilen. Heidi, »eine Dame von Unterwelt«, will mehrere Liebhaber gleichzeitig und bekommt einen einhodigen Mann. Alle haben sie ihre Träume, wursteln sich mehr schlecht als recht durchs Leben und bekommen immer etwas anders als sie wollen.

Ob verzweifelt, verlassen, verloren: Wer nicht bekommt, was er will, muss Güzin Kar lesen. Am besten laut. Wer eine dösende Gesellschaft aufscheuchen will, soll statt Kuchen Güzin Kar auftischen. »Wir sollten uns bei allen Männern entschuldigen«, sagt Heidi beim Dessert, »für den Feminismus. Der hat sie kaputtgemacht. Wir könnten nackt hier sitzen, und sie würden uns noch immer in die Augen sehen.«

Ein paar Seiten, und man fühlt sich wieder als Mensch. Sitzt im »Geierwally«, dem Treffpunkt für gestrandete Filmer und Künstler. Hat erst noch Freunde gewonnen: die übergewichtige Fatma, die einen protestantischen Pfarrer anbetet, der aber nur essen und reden will. Den Filmer Ernst Fritschi, der nie einen Film dreht. Tante Hülya. Onkel Zülfü, der in korrekter Kleidung vor dem TV sitzt, überzeugt, die Nachrichtensprecherin könne ihn sehen. Julia und Howard, das glückliche Paar. Auch das gibt es. Unausstehlich. Marija, die als Büglerin arbeitet, »und weil das zum Leben kaum reicht und ihr Mann die Alimente nicht zahlt, verhext sie nebenher ein paar Leute. Für zweihundert pro Fluch. Dollar, versteht sich.«

Und wie müssen wir uns die Ich-Erzählerin vorstellen? Schreibt Drehbücher. Wird selten zur Zeit fertig, weil sie keinen Schluss findet. Enttäuscht ihre dicke Produzentin mit den immer feuchten Augen (»Sie schreiben schlimmer, als ein Mann je denken könnte!«). Lebt wie eine Nonne. Liebt elektrische Küchengeräte. Leidet an einem »Wandertumor«, erblindet mal vorübergehend. Pflegt ihre Depressionen. Eine Hypochonderin. Melancholikerin. Heuschnupfen? Nein, »wenn jemand wie ich mitten im Supermarkt vor Zitronen weint, dann ist das eine Lebensallergie«. Einen Mann will sie nicht. »Mann und Frau, das ist ein schlechtes Konzept. Falsche Rechnung. Da bleibt immer ein Rest.«

Seit zweieinhalb Jahren unterhält Güzin Kar mit unkorrekten »Gender Studies« in der *Weltwoche* eine wachsende Fangemeinde. Doch die Befindlichkeit unserer Gesellschaft, »der ganze Beziehungskram« interessiert sie nur für ihre komödiantisch zugespitzten Kurzgeschichten. »Ich habe keine Ahnung von Beziehungen, deshalb schreibe ich die Geschichten, weil ich genauso ratlos davorstehe.« Beziehungsfachleute erträgt sie nicht. »Vielleicht haue ich deshalb in diese Kerbe, mache mich gnadenlos lustig über alle, die meinen, sie wüssten es besser.«

Die Diskrepanz zwischen Wollen und Bekommen interessiert Güzin Kar. Die Ansprüche an sich selbst und was dann tatsächlich lebbar ist. In ihren Geschichten geht sie meist von sprachlichen Wendungen aus, von einem Satz, der sie inspiriert. Keine Autorin, die im Café sitzt und Leute beobachtet. »Pseudointellektuelle Arroganz«. Wer fiktive Geschichten schreibt, muss andere Ressourcen anzapfen. Sie verachtet Kolumnisten, die dauernd »privates Zeug« aufschreiben, weil sie keine Ideen haben.

Güzin Kar hausiert nicht mit ihrem Leben. Im Gegenteil. Mit Bedacht verheimlicht sie Daten und Fakten; vieles würde ein falsches Licht auf ihre Person werfen, meint sie – und erinnert an die geheimnisvolle Dichterin Ingeborg Bachmann, die ihre Bücher »geistige Biografien« nannte. Jedenfalls ist sie nicht das Glückskind, das viele in ihr sehen. Auch, aber nicht nur. Die erste melancholische Anwandlung überkam sie mit fünf. Sie trat vors Haus, sah die Berge in der Ferne und begann zu heulen, »weil mir plötzlich bewusst wurde, dass diese dummen, unbewussten Berge uns alle überleben werden. Wir können machen, was wir wollen, wir können uns noch so anstrengen, wir können uns verstecken, wir können so tun, als gäbe es uns nicht, damit wir vom Tod verschont werden, wir können auch ganz richtig leben, wir sterben trotzdem.« Melancholie erklärt Güzin Kar als Lebenssehnsucht, im Gegensatz zur Depression, die etwas Todesnahes hat. »Melancholie ist Lebensfreude mit dem Wissen um den Tod.« Seit sie denken kann, trägt sie diese »düstere Grundstimmung« mit sich herum.

»Güzin Kar ist in der Türkei geboren, und als wäre das nicht schon schlimm genug, wuchs sie nach ihrem fünften Lebensjahr in der Schweiz auf.« Blanke Ironie. Die Türkin will all jenen zuvorkommen, die ihr mit vermeintlichem Taktgefühl begegnen. Was früher häufig passierte. Sagte sie, »ja, ich bin Türkin«, folgte unweigerlich: »Das sieht man Ihnen gar nicht an.« – »Als hätte ich gesagt, nachts zieh ich los und schlag ein paar Katzen tot und vergewaltige noch ein paar kleine Buben.« Sie hat auch die Bildungsbürgerfragen satt: »Wie leben Sie denn zwischen den zwei Kulturen?« »War es schlimm, sich von der Herkunft zu lösen?« – »Woher kommt dieses Mitgefühl, mein Gott? Wie sehe ich denn aus, dass die Leute so mit mir reden?« Keine Ahnung, wovon sie sich lösen, weshalb es ihr schlecht gehen, weshalb sie unterdrückt sein soll. Diesen Missverständnissen kann sie nur sarkastisch begegnen. Amüsantes Detail: Auf der Filmhochschule in Ludwigsburg war sie die Schweizerin und musste sich alle schlimmen Witze über Schweizer anhören. Und Kommilitonen wie Professoren fragten scherzhaft: »Güzin, sollen wir langsam sprechen oder verstehst du?«

Sie erzählt in rasantem Tempo, wechselt Rhythmus und Tonfall, spricht bedächtig, denkt nach, greift alle paar Minuten in ihren langen dunklen Haarschopf. Erfindet wunderbare Übertreibungen. Orientalische Erzählkunst: Sag viel Persönliches, aber erzähl nie Privates. Oft versinken freche Sätze im befreienden Gelächter. Eine Komödiantin auch im Gespräch.

Zwar verzieht sich gerade ein Gewitter, zwar war sie eben noch krank – und zu lachen gibt es eigentlich auch nichts. Die eidgenössische Filmförderung wies ihr Drehbuch für den Film *Nichts wie weg!* zurück. »Es hat Mängel.« Sie hat noch eine zweite Chance. Natürlich hoffte sie auf Wohlwollen der Kommission. War nicht alles erfolgreich, was sie bisher zeigte? Hätten sie nicht sagen können, »die schafft das, schreibt das Drehbuch ohnehin noch dreimal um?« Sie entschieden anders. Güzin Kar akzeptiert es. »Verdammt, das Drehbuch muss durch all die Fördergremien; es müssen alle Ja sagen. Das gehört zum Filmbusiness.« Über die Filmförderung herziehen, auf keinen Fall, eine lamentierende Filmerin, niemals.

Deprimiert ist sie trotzdem, sieht tagelang keinen Horizont, zweifelt, ob der Film je zustande kommen oder die fünfjährige Arbeit für die Katz sein wird. Momente der Orientierungslosigkeit erlebt sie nicht zum ersten Mal. »Jedes Scheitern bringt mich vorwärts.« Auch diesmal rappelt sie sich auf, setzt sich nochmals ans Manuskript. »Die guten Ideen sind nicht der Punkt, jeder hat gute Ideen. Die Umsetzung ist das Schwierige. Es gilt, eine eigene, unverkennbare Sprache zu entwickeln.« *Nichts wie weg!* ist eine umgekehrte Mutter-Tochter-Story: spiessige Tochter sucht geregeltes Familienleben, schräge Mutter sprengt bürgerliche Normen. Eine schwierige Geschichte, deshalb liess sie sich Zeit, machte einen anderen Film, überarbeitete die Kolumnen für das Buch, verfasste fünfzehn neue exklusiv dazu.

Im Übrigen hat sie vorgesorgt: Sollte das Filmprojekt definitiv scheitern, wird sie subito eine andere Geschichte anpacken. Ein zorniger Schub kreativer Energie hat sie aus der Depression getrieben – sie weiss genau, welche Geschichte sie erzählen, welche Produzenten sie ansprechen will, die grössten in Europa, wenn schon ... »Ehrlich, ich muss doch einfach weitermachen, sonst weiss niemand, dass es mich gibt in diesem Kämmerlein.«

Kämmerlein? Eine eigenwillig verwinkelte Wohnung in einem verwinkelten Haus aus dem Mittelalter. Die Dachterrasse bepflanzt mit Kiwi, Kräutern, Blumen. Eine Amsel flötet ihre Sehnsucht aus dem Leib. Rundum scheint alles friedlich, in Ordnung. In ihren Familiengeschichten stellt Güzin Kar die Ordnung auf den Kopf. Immer nach dem Motto: Man will etwas, bekommt garantiert etwas anderes. In ihrem Erstling *Lieber Brad* (Regie: Lutz Konermann, 2001) schreibt die zwölfjährige Tina regelmässig Briefe an Brad Pitt und erzählt ihm vom langweiligen Leben im Provinzstädtchen Laufenburg, von ihrer doofen zehn Jahre älteren Schwester Babs und ihrem schusseligen Vater Urs (Matthias Gnädinger). Eines Tages erwischen die Töchter ihren Vater in flagranti mit einer schwarzen Frau. Als er sich entschuldigt, »Millionen von Männern machen das jeden Tag!«, wirft ihm Tina an den Kopf: »Du bist gar kein Mann, du bist unser Papi.«

Im Kurzfilm *Paul und Lila* (im Wettbewerb »Leoparden von Morgen«, Locarno 2003) erkauft sich die zwölfjährige Lila Freundschaft und Bewunderung pubertierender Gören. Mit geklautem Geld aus Vaters Portemonnaie. Erzählt, ihr Vater Paul sei Fitnesstrainer von Prinzessin Stephanie und anderer Hoheiten; Einladungen bei Prinz Harry gehörten zum Alltag. Das klingt cooler als die Realität: dass der Vater im Rollstuhl sitzt, allein erziehend und knapp bei Kasse ist.

Im Fernsehfilm *Alles bleibt anders* (2006) führte Güzin Kar auch Regie. Die sechzehnjährige Lisa, beste Schülerin ihres

Jahrgangs, erhält ein Stipendium im Eliteinternat. Dummerweise wird sie schwanger. Vater ist der achtzehnjährige Osman, türkischer Secondo, der gerade den Rest einer Jugendstrafe abarbeitet. Trotz aller kultureller Unterschiede sind sich die Elternpaare einig, das Kind muss weg. Eine Rechnung ohne Lisa. Lisa: »Ich bin schwanger.« Osman: »Wir treiben ab. Ich will kein frustrierter Papa werden, der alles verpasst hat.« Lisas Vater: »Du treibst ab. Oder willst du so werden wie deine Mutter?« Lisas Mutter: »Werner sieht mich gar nicht mehr als Frau. Für ihn bin ich einfach die Mutter seiner Kinder.« Osmans Mutter: »Männer sind nicht so schlecht, wie wir meinen. Sie brauchen manchmal einfach ein bisschen länger.« Osmans Vater: »Egal, wie schlecht wir von den Frauen denken, sie sind noch schlimmer.« Lisas fünfjähriger Bruder: »Juhui, ich bekomme einen Enkel ... oder einen Schwager!«

Das Leben der beiden Familien wird arg durcheinandergewirbelt. Die Zuschauerin lacht, weint, lacht – bewundert die messerscharfen Dialoge, den grandiosen Schnitt, den suggestiven Einsatz von Musik. »Im Kino muss man Gefühle anzapfen. Ein Film muss mehr als den Zeitgeist auf den Punkt bringen, er muss eine Grenze überschreiten – und er muss unterhalten.« Güzin Kar will, dass die Leute sich zurücklehnen können, die Geschichte verstehen, egal welche Bildung sie mitbringen. »Was nicht heisst, dass ich den Zuschauer nicht herausfordern kann.« Pseudointellektuelle Filme mag sie nicht, aber sie liebt intellektuelle Filme, die meisten Fassbinder-Filme – »allein wegen der grandiosen Kamera von Michael Ballhaus«.

Hat Güzin Kar Vorbilder? Loriot liebte sie schon als Kind. Die Show der Hoppenstedts (1976–1997) mit Evelyn Hamann hätte sie hundertmal »vorwärts und rückwärts« schauen mögen. Loriots Seziermesser-Dialoge haben sie beeinflusst. Sie mag den frühen Harald Schmidt, Gerhard Polt, Woody Allen, klar. Den Film *Sense and Sensibility* (1995) des taiwanischen Regisseurs Ang Lee nach Jane Austens Roman. Die Gesellschaftskomödie im England des 19. Jahrhunderts prägte sie, Emma Thompson als »grossartige Drehbuchautorin« – als Hauptdarstellerin auch. Sie spielt die älteste der drei Schwestern

Dashwood, die nach dem Tod des Vaters, vertrieben aus dem herrschaftlichen Anwesen, verarmen und zu teilweise unerwartetem Glück kommen. »Eine wunderbare Komödie, so ernst und leicht, mit nie zuvor gehörten Dialogen.«

Oder *Brokeback Mountain* (2005), die Liebesgeschichte zwischen zwei Cowboys. »Ang Lee erzählt die Sehnsucht der Leute ganz präzis. Was geht uns das an, könnte man fragen, ein Film über zwei Schwule, die in den 60er Jahren lebten. Es ist die Sehnsucht, die uns bis heute etwas angeht. Etwas Unerfülltes, etwas Hungriges.«

Sehnsucht ist das Stichwort für Güzin Kar. Sie suche in allen Geschichten nur die Sehnsucht. Solange diese nicht gefunden ist, bleibt die Figur vage. Welche Art Sehnsucht soll es sein? Von welcher Farbe? »Mit Worten lässt sich das nicht beschreiben, aber ich kann dieser Sehnsucht entlang schreiben und später die Szene so schneiden, die Filmmusik so einsetzen, dass die Passage genau das vermittelt, was ich will. Stimmt das Gefühl, stimmt der Rest ohnehin. Das Einzige, auf das ich mich verlassen kann.«

Güzin Kar schreibt oft nachts. Ab und zu legt sie eine Musikpause ein. Musik bringt sie auf Gefühle; »Musik entführt, säubert die Wahrnehmung, reinigt die Seele.« Sie musiziert selber nicht – »ich mache Sprachmusik«. Was Zeit braucht. So schnell sie spricht, so langsam schreibt sie, feilt, sucht nach dem richtigen Wort, dem adäquaten Rhythmus. Kämpft gegen Füllwörter, die dem Text die Kraft rauben, gegen Adjektive, diese »Energiefresser«. Vergleicht die Kolumne mit Filmdialogen, die keine Subtexte ertragen. Undenkbar, dass eine Frau sich setzt und sagt, »das enttäuscht mich jetzt total«. »Hier müsste eine Geste, ein Seufzer, ein Schweigen die Enttäuschung auf den Punkt bringen. Aus dem Text muss klar werden, dass etwas unendlich klein ist, das Adjektiv ist unnötig. Auch die Bemerkung ›schöner Tag heute‹ lässt sich sparen, wenn die Kolumne nicht erzählt, dass der Tag schön war.«

Ein Leben als Sprachmusikerin, das ist nicht selbstverständlich. Ihr Kampf ums Gymnasium bringt sie heute noch in Rage. Güzin Kar ging im Fricktal zur Schule, erst in Kaisten, dann in

Laufenburg. Der Stoffplan in der Bezirksschule für Buben und Mädchen war nicht identisch; Mädchen mussten in die Handarbeits- und Kochschule. Geometrie war für Buben Pflicht-, für Mädchen Wahlfach. Da muss etwas dran sein, dachte Güzin, dass alle Mädchen aus reichem Haus Geometrie lernen – und kreuzte instinktiv Geometrie an. Das Fach war entscheidend für den Übertritt ins Gymnasium, »unerhört, dieser Selektionsmechanismus«. Ihre Eltern hatten keine Ahnung. Die Tochter kam nach Hause, sagte, »Geometrie ist wichtig.« Vaters Kommentar: »Sicher ist das wichtig.«

Als Güzin ins Gymnasium will, versuchen drei Lehrer plus Berufsberater, sie davon abzuhalten. Ausländerin, ihr Deutsch werde nie genügen, die guten Noten seien Zufall, sie stünde auf der Kippe. »Was heisst auf der Kippe?«, fragt sich das Mädchen. Schon mit vier konnte Güzin lesen und schreiben, »um meinem Vater Briefe in die Schweiz schicken zu können, weil er vor uns hierher kam.« Sie war ein Jahr jünger als ihre Klassenkameraden, war nie provisorisch und hatte beste Noten im Deutsch. Schliesslich macht der Berufsberater einen Eignungstest. »Ich werde nie vergessen, wie der Arme vor mir sitzt und stottert: ›Ja, die Ergebnisse, es ist jetzt so … du bist hochbegabt in allen musisch-sprachlichen Fächern, komischerweise auch in Algebra.‹ – ›Wirklich komisch‹, sage ich, um ihn aufzumuntern, ›macht doch nichts, vielleicht lügen die Tests‹. – ›Normalerweise sind sie zuverlässig …‹«

Güzin Kar geht ins Gymnasium, aus Trotz, ohne Leidenschaft, macht in Basel die Matura, wechselt brav an die Uni, studiert Germanistik, sie liebt Literatur. Lässt sich erschüttern von Romain Garys Roman *Du hast das Leben noch vor dir* (*La vie devant soi*), 1975 veröffentlicht unter dem Pseudonym Émile Ajar. Ihr damaliger Freund schenkte ihr das Buch: »Viel Spass beim Lesen«, notierte er auf einen Zettel, »zum Schimpfen ruf mich nicht an, bevor du zu Ende gelesen hast.« Güzin Kar legt die Lektüre nach den ersten Seiten weg – Garys Humor überforderte sie –, schleicht tagelang um das Buch, liest weiter. »Diese Sprache, diese Komik!« Garys Werk lässt sie seither nicht mehr los, die Geschichte von Mohammed, Momo genannt, der mit anderen Kindern bei Madame Rosa aufwächst, einer alten Jüdin, die Auschwitz überlebt hat, und die dem Vater, der sein Kind zurückholen will, erklärt, Momo versehentlich als Moïse aufgezogen zu haben, als Jude ...

Güzin Kar hat das Leben noch vor sich. Sie gerät in die Szene der Häuserbesetzer, geht dort ein und aus, schiebt Nachtwache, in Basel, in Zürich. Ist bei der Besetzung der ehemaligen Wolgroth-Fabrik 1991 von Anfang an dabei (»ein Designerprojekt, ehrlich gesagt«). Sie trifft Leute, die ihre Träume nie gelebt haben und die Demos zum Lebensinhalt machten. Heilsamer Schrecken. Wo wird sie stehen in zwanzig Jahren? Wo ist ihre Leidenschaft? Hatte sie nicht schon als Teenager eine Kunstschule im Kopf? Filme interessierten sie früh, aber es war »wie Raumfahrt, für andere, nicht für mich«. Jetzt aber, Mitte zwanzig, gibt sie sich einen Ruck: »Ich will mir später in die Augen sehen können und sagen, ich habs zumindest versucht.«

Nicht einfach, vor die Eltern hinzustehen, die ihr Land verlassen haben für eine bessere Zukunft ihrer Kinder, die sich selber nichts gönnten und alles taten für die Ausbildung ihrer Tochter. Heute freuen sie sich über Güzins Erfolge. Über das Buch fast mehr als über den Film. »Mein Vater weinte, als ich ihm das Buch hinlegte.« Die Eltern lieben Bücher. Beide durften nicht richtig zur Schule, ein Trauma. Nichts geht ihnen über Philosophen, über Schriftsteller. »Die zeigen dir die Welt neu«, den Refrain vergisst sie nicht. »Die Eltern kommen aus ärmsten Verhältnissen, aber nie ein negatives Wort über Künstler. Nie ein kritisches Wort zu meiner Arbeit. Ein grosses Geschenk. Auch wenn ich in Krisen vieles in Frage stelle, der Sinn meiner Arbeit ist mir immer klar.«

Güzin Kar erhält einen Platz an der renommierten Ludwigsburger Filmakademie. Erlebt nach zermürbenden Diskussionen um Rollenverteilung zum ersten Mal, wie es ist, wenn Männer und Frauen »absolut gleichgestellt« sind. »Wir waren 24 Stunden am Tag mit unseren Filmen beschäftigt, jeder wollte der Beste sein, nur das zählte. Wir Frauen konnten geschminkt und im Supermini in die Kurse gehen, wurden dafür mit anzüglichen Sprüchen bedacht und trotzdem als angehende Filmerinnen und Konkurrentinnen ernst genommen. Ein lustiges lustvolles Streiten zwischen den Geschlechtern. Sagte zum Beispiel einer der Jungs beim Betrachten einer Hausfrau in einem alten Filmklassiker: ›Wie gern hätten wir wieder solche Frauen, die für ihre Männer kochen‹, sagten wir gelassen: ›Wie gerne hätten wir wieder solche Männer, für die es sich lohnte zu kochen.‹«

Männer verstehen? Eine lebensfüllende Beschäftigung. Männer schweigen, Frauen reden. Manchmal reden beide, wie die liebesverwirrten Figuren in *Lieber Brad*. Aber die Frauen bringen sie zum Reden. »Vielleicht ist es das Fieseste, was eine Frau tun kann, tatsächlich, dass sie redet«, erklärt die fiktive Drehbuchautorin im Kapitel »Wie Frauen foltern«.

Dank Michael Manns Gangsterepos *Heat* (mit Al Pacino und Robert De Niro in den Hauptrollen) versteht Güzin Kar Männer etwas besser, zumindest zwei Tage lang. »Aber zwei Tage sind mehr, als wir je zu hoffen gewagt hätten.« Der beste Film über Männer, den sie je gesehen hat. »Er bringt ihre Sehnsüchte, Gedanken und Ängste näher als alle beziehungsklärenden Gespräche zusammen.« Vincent kommt abends abgekrampft nach Hause, sieht, dass sich ein gewisser Ralph vor dem Fernseher eingerichtet hat. Die Ehefrau serviert ihrem Lover das Essen und provoziert Vincent: »Willst du nicht bald mal wütend werden?« Er ist wütend, sehr wütend, knurrt, Ralph könne es gerne mit seiner Frau treiben, aber nicht fernsehen »mit meiner Scheissglotze«, zerschlägt den Apparat und trägt mit dem kaputten Gerät auch die Trümmer seines bürgerlichen Lebens aus dem Zimmer. »Kann man den verzweifelten Versuch eines Mannes um Wahrung seiner Würde besser zeigen als mit dieser Szene? Bis heute gilt für Güzin Kar: Ein Mann, der *Heat* liebt, taugt etwas. »Mag er ihn nicht, ist mir klar, er hat ihn nicht begriffen – und wird auch sonst nicht viel begreifen im Leben. Schon gar nicht mich. Er wird Pizza ohne Käse bestellen, im Kino an den falschen Stellen lachen, meine Freundinnen doof finden, er wird unseren Sohn Kevin nennen und sich eine Geliebte nehmen, nur weil ich nicht über seine Witze lachen kann.«

Güzin Kar macht eigene Witze. Das Melodrama liegt ihr nicht. Nicht, dass sie Komik einfacher findet. Gute Komödienschreiber sind Mangelware, Schreiberinnen erst recht. Sie schätzt Sibylle Berg für ihre kompromisslosen, dreisten Kolumnen. Und den Berliner Autor Wolfgang Kohlhase für seinen Dialogwitz, der neben etlichen Romanen auch zahlreiche Drehbücher verfasst hat, etwa zu Andreas Dresens Kultfilm »Sommer vorm Balkon«.

Gar nicht so lustig, die Existenz einer Humoristin. Manchmal verfolgen sie Alpträume: »Ein voller Kinosaal, ich inszenierte den gelungensten Gag, den besten der Filmgeschichte, warte, freue mich darauf, bis Mike Müller das sagt – und niemand lacht ... Ich sterbe tausend Tode.«

Sie schenkt Kaffee nach. Kleines Schlaraffenland: Kuchen, Mandeln, Aprikosen aus der Migros. »Ich liebe die Migros.« Eine duftende Kindheitserinnerung. Einmal die Woche rollte der grüne Migroswagen ins Fricktaler Dorf. Das »Grösste« für das Mädchen, an den Waren vorbeizuflanieren, die Gerüche, feinen Sachen, die Schokolade. »Der Volg war auch toll.« Güzin Kar liebt alles, was mit Essen zu tun hat. Ihr Faible für Supermärkte finden wir in ihren Filmen wieder, etwa in »Alles bleibt anders«, wo Nana Krüger und Gardi Hutter im blauen Überkleid an der Kasse sitzen.

Einmal, am Filmfestival Locarno, unterwegs mit guten Freunden, geht ihr plötzlich alles auf die Nerven, die schicken Partys mit den hundert Moderatorinnen, die sie immer verwechselt, die 10 000 Mister Schweiz, von denen sie auch nie weiss, wer wohin gehört. »Das ganze blöde Getue.« Güzin Kar fühlte sich einsam, kaufte in der Migros zwei Joghurts und ein bisschen Schoggi, setzte sich an den See. Sie wollte das Vertraute sehen, die Milchpackungen, in drei Sprachen angeschrieben.

Güzin Kar hasst Partys. Visitenkarten führt sie nicht, und dürfte sie etwas verbieten, wäre es Networking. »Wer hat das nötig, Wirtschaftsleute vielleicht, aber ehrlich, wer kreativ arbeitet, braucht doch diesen Bullshit nicht, das Rumrennen, sich anpreisen.« Locarno sei kein Ort der Aufträge. Man sieht die Leute, die man eh sieht. »Gute Drehbuchautoren sind die Einzigen, die nicht auf Festivals und Empfänge gehen müssen; sie werden angerufen.« Sagt Laila Stieler, Kars Dozentin auf der Filmschule, eine der besten Drehbuchautorinnen Deutschlands.

Kein einziger Auftrag über Connections. Die Leute sehen Güzin Kars Filme – und rufen an. Sind manchmal erstaunt, wenn sich eine Frauenstimme meldet. Sie haben sich unter Güzin einen Mann vorgestellt. Cornelia Funke verpflichtete sie für die Verfilmung ihrer *wilden Hühner*; sie mag den Humor der Drehbuchautorin, ihre Kinderfiguren. Komik bezieht aus dem, was Kinder von Erwachsenen unterscheidet; »sie müssen weniger weit in die Zukunft denken und können sich mit Haut und Haar in eine Situation hineingeben«. Cornelia Funke erwies sich als grosszügige Starautorin, selbst als Güzin Kar dreist eingriff, raffte, eine Figur einfügte. Der Erfolg gab ihr recht.

Auch Laila Stieler ruft an. »Eine Ehre!« Zusammen schreiben sie das Drehbuch *Ein verlockendes Angebo*t (2006). Die Geschichte geht so: Maria (Christiane Paul) und Jan (Devid Striesow) leben in einer Kleinstadt im Osten Deutschlands, irgendwo in Thüringen. Gegend und Leute sind geprägt von Arbeits-, Perspektivlosigkeit und trockenem Humor. Maria kann nicht Nein sagen, als sie eine gutbezahlte Stelle als Köchin in einem noblen Hotel in Berlin bekommt. Sie wird zur Pendlerin, ihre Beziehung zur Wochenendbeziehung, beide lassen sich auf Affären ein. »Wir wollten dort beginnen, wo die meisten Liebesgeschichten aufhören, nach den ersten Jahren der Verliebtheit, wenn keiner mehr auf grosse Veränderung wartet und noch weniger damit rechnet.«

Wie schreibt man ein Drehbuch zu zweit? Die beiden sitzen eine Woche zusammen, prüfen Ideen, suchen Figuren, skizzieren die Szenen. Teilen sich dann auf, besprechen täglich telefonisch nächste Schritte, schicken sich das Tageswerk zu. Laila Stieler schreibt die Passagen, in denen eher die Frau, Güzin Kar jene, in denen eher der Mann aktiv ist. Beide schreiben, aus der jeweils anderen Perspektive, die Dialoge der Partnerfigur mit. Irgendwann mischen sie »wild durcheinander«. Sie sind eingespielt, leben ganz in der Logik der Figuren; meistens passen die Einzelteile perfekt zusammen. Etwa die Rollerblade-Szenen.

»Bei Laila läuft Maria voller Sehnsucht durch den Park und beobachtet Jugendliche beim Rollerbladen. In meiner Szene merkt ihr Berliner Liebhaber, dass sie traurig ist, fragt, was sie möchte, insistiert, bis sie rausrückt: ›Mit dir zusammen Rollerblade fahren im Park‹ ...«

Güzin Kar war skeptisch. Zwei Gleichberechtigte in derselben Funktion? »Wir fanden unsere Methode, es war ein tolles Experiment.« Immer möchte sie das nicht; es gibt Geschichten, die schreibt sie lieber allein. »Danke, Ernst«, erklärt die fiktive Autorin im Episodenroman, »aber ich bin nicht teamfähig. Ich kämpfe beim Schreiben schon gegen mich allein. Gegen zwei Autoren würde ich Amok laufen.«

Eine Einzelkämpferin. Film sei Teamwork, aber mit klaren Hierarchien. »Der Regisseur hat auf dem Set immer recht, auch wenn er nicht recht hat.« Und der Produzent hat das letzte Wort ... Im Übrigen amüsiert sie sich über Männerkollegen, die sich gern aufplustern. Frauen seien diskreter. Bettina Oberli stolziere nicht herum mit der Mitteilung, sie habe den erfolgreichsten Schweizer Film gedreht. Stina Werenfels brüste sich nicht mit namhaften Festivals.

Und Güzin Kar? Nach vier Jahren Studium zurück in der Schweiz, arbeitet sie sieben Monate lang, ein Brotjob. Bezahlt die Schulden zurück, die sie mit ihren Filmen während des Studiums gemacht hat. Schreibt nachts und an den Wochenenden das erste Drehbuch *Lieber Brad*. Es wird gleich verfilmt. Der Start ist geschafft. Inzwischen kann sie ein halbes Dutzend Filme vorweisen – und viel mehr Anfragen ablehnen, als sie annimmt. Auch Aufträge, die ihr ein Vermögen eingebracht hätten, eine komplette Serie für einen deutschen Sender – »um stattdessen meinen kleinen Kinofilm zu machen, der vielleicht gar nie gedreht werden kann«.

Sie lehnt nicht nur grosse Aufträge ab, sondern auch alle Interviews zu politischen Themen und Teilnahmen an politischen Veranstaltungen. Sie hat eine Meinung, aber nicht zu jedem und allem und nicht für die Öffentlichkeit. Ihr Menschenbild wird in ihren Geschichten, ihren Filmen plastisch. Im Übrigen ist es ihr nicht egal, in welchem Blatt sie ihre Kolumnen publiziert. Ihre politische Haltung ist in vielem linker als diejenige der »Weltwoche«. Doch eine Zeitschrift, die wider den Konsens schreibt, interessiert sie. Artikel, die das Gegenteil dessen vertreten, was ihr lieb und teuer ist. Sie regt sich zwar erst einmal auf, »so ein Idiot, was bildet der sich ein«. Fragt sich dann, ob der Journalist ein Idiot ist, weil er anders denkt, oder weil er schlecht recherchierte. Beim Befund »Recherche gut«, geht Güzin Kar über die Bücher.

Es zählt das bessere Argument. Oder der bessere Dozent. Eigentlich wollte sie Regie studieren, sitzt aber die letzten zwei Jahre an der Filmakademie in der Klasse Produktion und Drehbuch. Weil Ulrich Limmer an die Schule kam. »Ein Zeichen von oben.« Er ist nicht nur ein hervorragender Produzent und Autor (*Schtonk, Comedian Harmonists, Das Sams, Räuber Hotzenplotz*), sondern auch ein engagierter Förderer eigenwilliger Leute – zu Güzin Kars Freude erwarb er die Filmrechte für *Ich dich auch*.

Dass sie im Fach Drehbuch abschloss, bereut Güzin Kar nicht; das Drehbuch sei schliesslich die Grundlage jeden Films. Regie lernte sie später. Doch nicht jedes Buch, das sie schreibt, will sie auch selber inszenieren. Wird sie in der Verfilmung ihres eigenen Buches Regie führen? Uli Limmer würde sie gern verpflichten; just bei der Komödie geht viel verloren auf dem Weg vom Drehbuch zur Regie. Güzin Kar macht es vom Drehbuch abhängig. Erst einmal freut sie sich auf die erneute Duoarbeit mit Laila Stieler. Harte Arbeit, eine Kolumnensammlung ist noch lange kein Film. »Die Figuren brauchen einen anderen Hintergrund. Leila spricht von einer anderen Tiefe, ich von Sehnsucht. Sie analysiert präzis, ich spüre die Sehnsüchte auf, sie ist genauer in der Psychologie, ich bin lustiger.«

Ich bin gespannt auf die Figuren dieses emotionsreichen Kinospielfilms. Auf Riccardo, den die Ich-Erzählerin verkuppeln will: »Scheissedreck«, sagt er, »Leben mit eine Frau isch Scheissedreck. Freiheit kaputt! Goffertelli.« Auf Tom, ihren besten Freund, mit dem man über alles reden kann. Auf Luis, den perfekten Verehrer. »Er ist aufmerksam, pünktlich, organisiert den Transport der gigantischen Spülmaschine, die man soeben gekauft hat, und bemerkt und lobt auch die kleinste Veränderung an mir. Kurz: Der Mann ist nicht zum Aushalten.« Benimmt sich wie »das Klischee einer Frau«. Neugierig bin ich vor allem auf die Ich-Erzählerin, die so prächtig leiden kann. »In Zeiten von Depressionen bin ich froh, nicht nur die mitteleuropäischen Leidensmethoden, sondern auch die orientalischen verinnerlicht zu haben. Auf Orientalisch leidet es sich viel intensiver. Manchmal bin ich versucht, die alten Klagelieder hervorzukramen, die ich als Kind sang, wenn ich daran dachte, meine Eltern mit plötzlichem Kindstod zu strafen.«

Dass die westliche Spasskultur das Klagen abgeschafft, verdrängt hat, bedauert Güzin Kar. »Wer hierzulande klagt, ist ein Versager. Klagen ist nicht jammern, Klagen hilft, ein Unheil zu überwinden.« Die türkischen Klagelieder klingen Güzin Kar noch in den Ohren. Wer das Gefühl hatte, ihm sei Unrecht geschehen, beklagte sich lauthals beim Schicksal, bei wem auch immer. Das Eingeständnis sei wohltuend, dass man sich angesichts eines Unheils machtlos fühlt und erst einmal drauflos klagen muss. »Klagen ist wie ein umgekehrtes Gebet. Im Moment der ersten Klage geht es einem schon besser. Güzin Kar sammelt Klagelieder, Klagegedichte. Zum Beispiel »Black Is The Colour Of My True Love's Hair« von Nina Simone (1933–2003), der afroamerikanischen Sängerin, Pianistin, Bürgerrechtlerin. »Ich liebe den Soul in ihrer Stimme.«

Auch Güzin Kars Ich-Erzählerin wird wieder klagen. Hoffen wir doch. Vielleicht wenn die dicke Produzentin ihr Drehbuch zerfetzt: »Der erste Satz ist gut. Der Rest ist Mist. Und dafür haben Sie zwei Wochen länger gebraucht?« Nun, »das Problem sind nicht die Anfänge meiner Geschichten. Die kann ich gut. Das Problem sind die Enden. Sie geraten mir immer etwas schief, sind zu lang oder zu unentschieden. Was gäbe ich dafür, Geschichten so beenden zu können wie Onkel Zülfü, der nach einem Streit mit Tante Hülya, in dem jeder das letzte Wort haben wollte, zu Bett ging und sagte: ›Ich sterbe jetzt.‹ Er starb, und er hatte das letzte Wort.«

Quellen:

Musik für einen Gast: Güzin Kar, DRS 2, Samstag, 7. April 2007
Güzin Kar: *Ich dich auch. Ein Episodenroman für Paarungsgestörte,* Zürich 2006
Güzin Kar: »Endlich die Männer verstehen«, *Weltwoche* Nr. 33/06
Patrick Frey: »Das Herz ist ein elastischer Muskel«, *Weltwoche* Nr. 36/06

Die streitlustige Appenzellerin

Sibylle Neff

Malerin

Sibylle Neff wohnt am Landsgemeindeplatz in Appenzell. An der Landsgemeinde 1990 wirft sie Teller aus dem Fenster, während der Landammann den Eid schwört – ein »Tonderwetter« gegen das Staatsritual.

Was bringt sie so in Rage? Das fehlende Frauenstimmrecht? Nein, das nicht. Sie war nicht einmal richtig dafür, fand nur, die ledigen Frauen, die keinen Mann delegieren konnten, müssten auch zu ihrem Recht kommen. Zornig ist sie über einen jahrzehntelangen Streit mit der Feuerschaugemeinde um ein Wegrecht auf ihrem Grund und Boden. Sie wehrt sich für ihren Vorgarten, für ihre Ruhe am »Gerechtigkeitsplatz« – überzeugt vom »bewussten Grundlagenirrtum« und »Staatsbetrug«, von der »Rechtsverweigerung der Behörden«. Kauft 1997 unter einem Decknamen die Nachbarliegenschaft samt amtlichen Papieren – schriftlicher Beweis für den »Grundbuchschwindel«. Verteilt während der Herbstsession 2000 den Parlamentariern Flugblätter vor dem Bundeshaus: »Hier in Bern muss gelingen, was Carlo Schmid als hochgeachteter Landammann längst versprochen hat: Mich als Opfer eines Behörden-Betrugs noch vor meinem Tod aus moralischer Pflicht zu rehabilitieren und mir öffentlich meine Ehre vor dem Volk wiederherzustellen.« 2001 schlägt sie den »Staats-Betrug« an ihre Fassade: »Die Appenzell-I.Rh.-CVP sind ›keine Halbmörder‹, wenn sie mich nach 41-jährigem Krieg mit vorbedachtem Schwindel und Betrug mit seelischen Qualen und Folterungen gescharfrichtet haben ...« 2003 schliesslich der Wink mit dem Sarg: »Da hinein bringt ihr mich, wenn ihr mir nicht endlich Recht gewährt!«

Am 17. März 2007 sitzt die 78-Jährige listig lebendig auf dem Stuhl des Grossratspräsidenten. Zur Feier des Tages. Zur Versöhnungsfeier. Weit über 200 Gäste feiern mit. Sibylle Neff bekommt erstmals in ihrem Leben einen Preis, den Innerrhoder Kulturpreis. Die Unbotmässige, geehrt von der Obrigkeit, gegen die sie ein halbes Leben lang kämpfte. »Präsidentin von Innerrhoden für eine Stunde, Donã Quijote von Appenzell für die Ewigkeit: wunderlich und widerspenstig, misstrauisch und eigenwillig, erfolgreich und finanziell unabhängig« (*NZZ*). »Wir bringen Dir die höchste Wertschätzung von Land und Volk entgegen«, sagt Landammann Bruno Koster – und erinnert an die gemeinsame Geschichte, an die »Kämpfe und Krämpfe zwischen subjektivem Bürgerrecht und willkürlicher Staatsmacht«. Der Preis sei mehr als eine Ehrung für besondere Befähigung; er sei die »sichtbare Akzeptanz von Andersartigkeit«, von »unangenehmer, oft schmerzender Kritik«. »Unser Staat hat Mängel. Ich entschuldige mich für Ungerechtigkeiten, die Dir und Deiner Familie widerfahren sind. Dein Kampf war nie sinnlos, und Recht haben ist relativ (...). Wichtig ist, was wir aus der

Geschichte lernen.« Sibylle Neff ist gerührt: »Das ist mehr als ein Kulturpreis«, sagt sie, »jetz han i e rechti Freud.«

Auf diese Entschuldigung hat sie lange gewartet. »Aber Mensch, Mann, Landammann!«, schreibt sie an Carlo Schmid in einem nicht abgeschickten Brief. »Sind Sie das für Innerrhoden geborene, getaufte und gewählte Wesen, das den geheimen Schlüssel hat, zu binden und zu lösen, zu biegen und zu brechen? Machen Sie endlich, was Ihre Aufgabe ist! Zumal Staatsdiener sagen: ›De Carlo machts!‹ Handeln Sie endlich, da Sie selber festlegten, dass diese Aufgabe nur die Ihre sein kann! Sonst sind Sie nicht dieser Mensch mit Seele, welchen ich und das Volk in Ihnen zu sehen glaubten ...«

»Ich glaube nicht«, erklärt Carlo Schmid, »dass wir bewusst und willentlich der Sibylle Neff Unrecht zufügten. Es gibt keine Behörde, die fehlerlos ist, keine Personen, die fehlerlos sind. Von daher bewegt sich das bei uns im Rahmen des gut schweizerischen Durchschnitts.«

Der gut schweizerische Durchschnitt brachte Sibylle Neff beinahe um den Verstand. Nun löste Nachfolger Bruno Koster die Sache. Carlo Schmid fehlte unter den Gratulanten; zu viel Geschirr war zerschlagen. Einst ihr Anwalt und gleichzeitig Landammann, tröstete Schmid seine Mandantin vor Jahren mit einem englischen Sprichwort: »Du kannst ein Pferd in den Stall bringen; aber zehn Männer können es nicht dazu bringen, zu saufen! – ohne dass ich den Amtsinhaber mit einem Pferd verglichen haben möchte!« Und im Geleitwort zur Monografie, die Bruno Knobel zum 60. Geburtstag der Künstlerin publiziert, schreibt er: »Sibylle Neff braucht einen Freiraum, den es in der Kleinräumigkeit unseres kleinen Kantons nicht geben kann. Grenzübertretungen sind in jenen engen Verhältnissen, die Sibylle Neff als Künstlerin mit liebender Hand abbildet, als Person aber als beklemmend empfindet, unabwendbar. Ich würde der Jubilarin wünschen, dass sie sich ins Unabwendbare füge, stünde nicht zu befürchten, gefügig verlöre sie ihre Kraft.«

Damals hatte sie noch Kraft, »immense Kraft«, »d Sibylle«, wie sie alle nennen, das Enfant terrible, die kleine Frau mit der spitzen Feder und dem unruhigen Geist, die sich allzeit unerschrocken einmischte: »In einer ungerechten Gesellschaft kann Ungehorsam zur wichtigsten Tugend werden.«

Vieles gründet in familiären Geschichten. Sibylle Neff kommt am 14. März 1929 in Basel als uneheliche Tochter der kaum 18-jährigen Berta Ullmann zur Welt. Was heute beinahe cool ist, war damals skandalös. Doch die junge Mutter ist stolz, tüchtig, begabt. Seit der Kindheit vertraut mit Handstickerei, eröffnet sie in Appenzell ein Geschäft. Sibylle kapiert rasch, dass vor allem Tüchtigkeit und Leistung zählen. Kaum des Schreibens mächtig, entwirft sie ein »Inserat« für das mütterliche Unternehmen: »Berti Ulman Handstickereien, Ob. Bahnhofstr. Appenzell empfiehlt sich alenn reicken leuten wo Geld haben.« Mutter und Tochter führen ein sparsames Leben, zuweilen inspiriert von »romantischen gedanklichen Höhenflügen«: Sibylle findet das Schöne dort, wo es kostenlos zu haben ist – in der Natur.

Dem Vater, »einem labilen Halbkünstler«, begegnet Sibylle ab und zu im Dorf. Sie betet für ihn, legt später Geld zur Seite, damit er nicht im Armenhaus sterben müsse. 1940 heiratet die Mutter den Spengler Hermann Neff. Das elfjährige Mädchen liebt ihn. Doch die Behörden wollen Sibylle ins Waisenhaus stecken, vermuten Unsittliches, misstrauen der Erziehung. Mutter und Tochter leisten erfolgreich Widerstand. Das Adoptionsgesuch des Stiefvaters wird abgelehnt, weil der leibliche Vater noch lebt; aber seit 1962 darf Sibylle den Namen Neff tragen. Das Mädchen erlebt die Geburt des Halbbruders Hermann (1943) als »grösste Freude meines Lebens«. Sechs Jahre lebt die Familie im Schmittenbach, abseits vom Dorf, ohne jeden Komfort. Sibylle ist glücklich. Die Rückkehr ins Zentrum, in eine »rittersaal-kulissenähnliche« Wohnung im stattlichen Haus »zum Hof«, bedeutet sozialen Aufstieg. Hermann Neff, inzwischen selbständig, hat seinen Betrieb im Haus Nummer 8 am Landsgemeindeplatz untergebracht.

Sibylle entdeckt das Zeichnen und Malen, füllt Notizbücher mit Modezeichnungen, lässt sich von der Bauernmalerei inspirieren. Johann Baptist Zeller, der berühmte malende Taglöhner, ein Nachbar der Neffs, rät ab und zu, staunt vor allem: »Wüllsgott Meedel, daa chönnt i nüüd«. Als er 1959 stirbt, erwirbt

Sibylle auf Geheiss der Mutter für wenig Geld Zellers Malutensilien.

22-jährig erwacht sie aus ihren Träumen, will eine »richtige Malerin« werden, »bedeutendere Dinge malen als die vertraute, bescheidene Umgebung«. Kunstgewerbeschule St. Gallen? Die Familie zögert – die Kosten, die Anfechtungen der Stadt –, stimmt dann zu. Die Schule, beeindruckt von den Arbeiten, lässt Sibylle prüfungsfrei zu. Eine geschäftliche Krise des Stiefvaters beendet nach vier Monaten das Studium. Sibylle will sich selber durchbeissen wie einst die Mutter. Die Hoffnung, an die Schule zurückkehren zu können, zerschlägt sich. Sie hat dennoch profitiert: modelliert, skizziert, Farbenlehre und Perspektive studiert. »Ich wusste nicht, dass es Licht und Schatten gibt, malte naiv, fast einfältig, unbeholfen, zaghaft. Ich musste frecher werden.« Malt zum Beispiel einen »kubistischen Güggel«: »Hätte ich an der Schule bleiben können, ich wäre modern geworden. Jetzt bin ich weder Fisch noch Vogel – eher Fisch.«

Zu Hause fährt sie fort, wo sie aufgehört hatte, malt die Natur, die kleine Welt vor ihren Augen. Allerdings mit Elan – angetrieben von der Mutter. Diese wittert den Erfolg, mehr und mehr Leute interessieren sich für die Arbeit der Tochter, der damalige »Kulturchef« Hermann Grosser ist »ganz vernarrt« in die Bilder. »Mutter war streng und eine gute Verhandlungspartnerin beim Verkauf.«

Bruno Knobel erinnert sich, wie er um 1960, angeregt von einem NZZ-Artikel, die sogenannte »Bauernmalerin« besuchte, herzlich aufgenommen von der Familie, »die inmitten stilvollen Bauernbarocks und mehrerer Katzen musizierte und sang«. Er erkennt in den Skizzen die hervorragende Zeichnerin, ahnt, dass sie zu weit mehr fähig ist, rät zum Ausbruch aus dem traditionellen Rahmen. Doch die Mutter will keine Experimente. Wimmelt auch die Anfrage für ein Appenzeller Kinder-Bilderbuch ab. Malen »bloss für ein Buch«, dafür ist die Zeit zu kostbar. Die ledige Tochter werde älter und müsse vorsorgen. Sibylle ist knapp über 30.

Sie malt sich in die Herzen der Schweizerinnen und Schweizer. Frauenzeitschriften und Tageszeitungen porträtieren sie:

die »Jungfer vom Hof«, die »jüngste Bauernmalerin«, die »letzte Sennenmalerin«, die »Volksmalerin«. Hätte die Schweiz »etwas mehr künstlerisches Selbstvertrauen«, könnte sie aus Sibylle Neff »mit Leichtigkeit ihre ›Grandma Moses‹ machen«, behauptet der *Tages-Anzeiger*. Wohltuend, wie jemand so erfrischend offenherzig seine Heimatliebe zeigt in einer heimatkritischen Zeit. Rudolf Hanhart, Konservator des Kunstmuseums St. Gallen, korrigiert 1965 die gängige Charakterisierung: Neffs Bilder seien unter keinem Titel der alten Bauernmaler-Tradition zuzurechnen. 1979 kommt die *Neue Zürcher Zeitung* zum selben Schluss. »Zu gut kann sie zeichnen, zu offensichtlich ist ihre Entwicklung zu immer sicherer Bildorganisation ...« Keine Routine, keine Klischees; sie verstehe präzis zu charakterisieren, zu variieren und verfalle nie der Folklore. »Das ist in allen Teilen überlegenes und kritisches Sehen, welches Menschen wie Dingen in mitmenschlicher Sympathie begegnet.«

An der 1. Triennale der Naiven Kunst 1966 in Bratislava wird Sibylle als strahlender Stern gefeiert und zu den zwölf besten naiven Malerinnen der Welt gezählt. Jacky Kennedy bittet sie nach Gstaad und erwirbt ein Bild. 1969 stellt die Malerin an der 2. Triennale aus. Ihre Bilder hängen neben Werken von Rousseau, Adolf Dietrich, Grandma Moses, mit der sie oft verglichen wird.

»Ich brauche ein Thema, und im Hintergrund muss Landschaft sein«, sagt sie. »Ich brauche einen Inhalt ›hinter‹ dem Bild, damit sich Betrachter etwas denken müssen.« Und etwas zu lachen haben. Sibylle Neff hat Humor, den scharfen Blick der Karikaturistin, auch das unterscheidet sie von den Bauernmalern.

Sie geht von Beobachtungen, von Geschichten aus: Der Bauer, der Zeitung lesend vor der Muttersau sitzt, weil er aufpassen muss, dass sie das »überzählige Ferkel« nicht erdrückt. Das Wallfahrer-Ehepaar auf der Rückkehr, »die Frau geduldig, wie eine Frau sein soll, lächelnd, etwas bleich, der Mann gewaltig froh, des vielen Betens abzukommen«. Im Bild »En alte Ledege« ist der Mann erst auf den zweiten Blick zu sehen, wie er seine vielfach geflickte Wäsche aufhängt, »so geflickt, wie es eben ein alter Unverheirateter vermag«. »Eesamm ond elee« zeigt einen einsamen Bauern, »das Kaffeebeckeli mit dem blauen Kaffee, dem die Bohnen gezählt waren, das Fensterlicouvert auf dem Tisch, grünlich glänzend, die Steuern!« Oder wir sehen den »rechtschaffenen, altledigen Inauen am Berg oben«, schläft spät nachts selig ein, eine Fotografie ans Herz gedrückt, Brieflein und Tabakpfeife neben dem Bett: »Das Glück des Einsamen«. »Die meisten hoffen doch auf Liebe, aber es gab zu viele alte Ledige, zu wenig Frauen.«

Sibylle Neff malt sie gern, die hageren, »verwercheten«, einsamen, »nicht subventionierten« Bauern: »Typen«, »Seelenlandschaften«. »Mal nicht solche Psychopathen«, wünscht die Mutter, »mal doch fröhliche junge Männer mit roten Backen und Chruseli.«

Sie malt auch die Idylle – als Chronik, Trost, Mahnung. Die heile Welt als Symbol für Recht, Ordnung, Frieden. »Ich suche gerne fröhliche, unbeschwerte Menschen auf. Vieh, Blumen, Wasser, Wind und Wolken, den Tag, die Nacht – sie alle liebe und male ich, und kein Detail ist mir zu gering. Ich suche das Gute und finde es«, notiert die 36-Jährige. In »Winterlandschaft Dorf Appenzell« mit dem Bauernhaus im Schmittenbach, wo Neffs zur Miete waren, erinnert sich die Malerin an das weite, freie Land, das heute dicht überbaut ist. Manche Bilder erscheinen nur so lange als naive Bauernmalerei, bis man den Bagger entdeckt, der die intakte Landschaft zerschneidet, 1974 etwa beim Bau der Umfahrungsstrasse Steinegg. Die »Disharmonie« dieser Bilder mag die Malerin nicht.

»Der nervöse Arzt« hingegen bietet feinstes Kabarett. Sibylle Neff sitzt im Wartezimmer des Dorfarztes zusammen mit zahlreichen Patienten. »Wen wunderts, wenn ein Landarzt im hügeligen Appenzellerland von den Hausbesuchen zurückkommend im Wartezimmer mehr Patienten als Stühle vorfindet, dass er nervös ist?«, fragt sie. »Fast mit der Tür ins Haus, mit heftigen Worten ›flog‹ urplötzlich Er, der Arzt, Wild hiess er ja auch mit seinem Geschlechtsnamen, ins Wartezimmer.« Sie erzählt von den verschiedenen Patienten, am Schluss vom Bäuerlein, dem die Geduld riss: »I glob i gange doo, Tokter, du bischt chrenker as i.«

1974 fuhr sie mit ihrer Mutter nach Paris an eine Kunstausstellung, im Februar, es war kalt. Bruno Knobel schildert, wie die zwei »in einer wohlfeilen Absteige im kleinen Zimmerchen auf einem mitgebrachten Kocher »Chääs-Magronen« zubereiten. »Wir kamen in sehr noble Kreise«, erzählt Sibylle Neff, »wo wir zufällig Fotos meiner Bilder zeigen durften.« Ein begeisterter Herr möchte à tout prix eine Ausstellung organisieren, erst aber ein Bild für sich malen lassen, ein Paris-Bild. »Er ermunterte mich, seine Stadt auch zu schätzen und zu lieben. Das brauchte er mir nicht erst zu sagen. Denn ich weiss längst, dass ich etwas lieben muss, um es malen zu können. Aber Paris lieben – eine fremde, kalte Stadt? Nie!«

Das Bistro, an dem sie täglich vorbeigingen, wächst ihr dann doch ans Herz. »Hin und wieder kehrten wir dort ein und assen oder tranken etwas Kleines, Warmes. Ich skizzierte zwei oder drei Mal auf einem Set und zeigte die Zeichnungen diesem gewichtigen Monsieur – »eine Ansammlung ausgeflippter, verpuffter, verruchter, verkrachter Existenzen. Ich sah, dass die Skizzen ihn freuten. Am 1. März sind wir weitergefahren über München, Wien nach Bratislava.«

Zu Hause arbeitete sie drei Monate am »Café Voltaire«, »zwei Drittel der Zeit wie im Fieber, und zum Schluss war ich richtig froh, mit Paris fertig zu sein«. Der Monsieur bekommt das Bild nicht. Zu sehr gefiel es der Mutter: »Es wird nicht verkauft.« Sibylle könne ja noch eines malen. Sie malt keines mehr. Auch nicht in Spanien, Italien, Österreich, nicht in der Tschechoslowakei. Im Ausland blieb ihr Skizzenheft leer.

»Sibylle Neff verkauft Bilder am Laufmeter und kann den vielen Bestellungen gar nicht mehr Herr werden«, meldete der »Brückenbauer« im Dezember 1968. Das war vermutlich übertrieben. Aber als die Mutter das erste Bild verkaufte, konnte Sibylle kaum glauben, dass jemand dafür bares Geld auf den Tisch legt. Die mütterliche Managerin empfing die Kundschaft ausser Hörweite für Sibylle; die »schönsten« Bilder erklärte sie als unverkäuflich – sie habe auch Freude daran. Eine Lebensversicherung ganz im Sinn der Malerin; Sibylle hätte am liebsten gar nichts verkauft. Manchmal wollte sie ein unbedacht verkauftes Werk zurückkaufen. Manchmal setzte sie einen »Gemütswert« (Knobel) an, froh, wenn er dem Kunden zu hoch war, glücklich über das »gerettete« Bild.

»Zerberus der scheuen, hochbegabten Künstlerin ist die rundliche, resolute Mutter. Sie sammelt Kritiken, führt Buch über die Bilder, bewirtet gastfreundlich die vielen hochgestellten Kunden ihrer Tochter« (Meyers Modeblatt). Sibylle Neff verehrt ihre Mutter, schildert sie als intelligent, überbesorgt, auch verbittert, als kämpferische Frau. Erinnert sich, wie diese sie zu Beginn einer Landsgemeinde tadelte, weil sie gerade einen Stoss Teller abwusch, und Ehrfurcht, »Stillsein« verlangte. Genau diese Teller flogen dann 1990 auf den Platz.

Der legendäre Staatsmann Raymond Broger soll Mutter Neff eine Familientyrannin genannt haben. Sibylle ist nicht verlegen: »Ja, es gibt Mütter, die tyrannisieren ihre Familie. Es gibt aber auch Politiker, die tyrannisieren ein ganzes Volk.« Bruder Hermann Neff vermutet, der Einfluss der Mutter, »die autoritär alles befohlen hat«, sei der Schwester nicht gut bekommen. »Wohl hat Mutter einen schützenden Rahmen um Sibylle aufgebaut und ihre Kunst, um es profan und abschätzig zu sagen, vermarktet, aber sie hat nie ganz begriffen, was Sibylle für eine Künstlerin ist.« Lange sei das Verhältnis zur Schwester »intakt« gewesen, »bis zum Tag, an dem ich sagen musste, die Welt, in der Sibylle lebt, ist nicht meine Welt. Ich bin bürgerlicher, kenne zwar Künstler, interessiere mich für Kunst, aber meine Gedankenwelt ist einfacherer Natur; dafür komme ich wahrscheinlich mit dem Leben besser zurecht.«

Sibylle Neff hätte gern geheiratet, gern ein paar »Gööfli« gehabt. »Ich habe von der Hoffnung gelebt. Das ist schön, von der Hoffnung leben, dann ist man verliebt. Bis ich 40 war, hoffte ich immer und war verliebt, die anderen wussten es nicht. Die Hoffnung ist vielleicht schöner als die Erfüllung. Ich konnte warten und leben wie eine Klosterfrau. Es musste wohl so sein, man arbeitete und war glücklich dabei. Liebeskummer plagte mich nie. Ich wollte nur *einen* Mann, für ihn hätte ich eine wahnsinnige Liebe gehabt. Doch ich bekam in meinem ganzen Leben nie einen Liebesbrief. Eigentlich müsste ich ja traurig sein, kei-

ne normale Liebe gelebt, ein Leben lang nur die Katzen flattiert zu haben.« Sie ist zufrieden. »Mich hat die Mitleidliebe getragen.« Begegnete Sibylle Neff Leuten, die in Verlegenheit waren oder geplagt wurden, überkam sie tätiges Mitleid, das sei »fast mehr als die Liebe. Oder ist es Liebe?« Sie wehrt sich für alle, die sich selbst nicht helfen können oder dürfen, für alle, die nicht so couragiert sind, auch finanziell nicht so unabhängig. Aufopfernd pflegt sie die Eltern. Der Vater stirbt 1977 nach fünf Herzinfarkten, die Mutter 1987.

Bruno Knobel schildert sie, wie sie in der Küche sitzt und malt, mit nadelfeiner Pinselspitze, den Fingernagel als Palette nutzt, vor den Augen eine stark vergrössernde Brille – und in minutiöser, monatelanger Arbeit die Bilder mit »figürlichen Winzigkeiten« belebt – ganz im Gegensatz zum lockeren, schnellen Strich der Zeichnungen. Zur Arbeit hört sie Radiomusik, doch auch »die schluchzendsten Schlager« lassen sie ungerührt. »Ich hörte sie einmal mitsummen, mit einer schmelzenden Stimme: ›Es geht eine Träne auf Reisen ...‹, und halblaut murmeln: ›Soll sie doch gehen, dann ist sie wenigstens weg.‹«

In einer Mai-Nacht des Jahres 1989 träumt Sibylle Neff schlecht, steht auf und malt das Aquarell »Alptraum Nr. 1«: »Ich stehe nackt und angekettet bei der Schlachtviehversteigerung. Mein Geburtsdatum ist mir aufs Gesäss tätowiert. Die Menschen starren mich unverschämt an. Nur ein Hund und eine Kuh suchen meine Nähe.« Jede Person auf dem Bild hat ihre Geschichte. Der »Alptraum« der 60-Jährigen gehört zu ihren »unidyllischen« Bildern, zu den gemalten Pamphleten.

An der Landsgemeinde 1985 zum Beispiel montierte sie ein riesiges Plakat an ihr Haus. Eine Frau kniet am Boden, schrubbt, darüber, einen Fuss auf ihrer Schulter, der Landsgemeinde-Mann mit Degen und erhobener Schwurhand. Aus einem offenen Sarg blickt eine Greisin. Ein Manifest für das Frauenstimmrecht? Auch. Ihr Verhältnis dazu ist ambivalent. Sie ist weder Feministin noch Männerfeindin. Aber wenn die Männer zur Schlachtfeier am Stoss wallfahren und ihren Mannesmut beschwören, erinnert sie daran, dass damals die Frauen den bedrängten Männern zur Hilfe kamen – Männern, »die ebenso wenig durch Mut bestechen wie der Appenzeller Bläss«.

1973, bei der ersten Abstimmung über ein Frauenstimmrecht, war sie kritisch realistisch: »Gleiche Rechte für Mann und Frau? Wir wollen ja nur an die Landsgemeinde, aber nicht zum Militärdienst.« Vier Jahre später ist sie eher dafür, »weil uns ungut gesinnte Männer bodigen wollen, da wir ja ›nur Frauen‹ sind.« Meint, das Frauenstimmrecht bräuchten vor allem Alleinstehende, Unverheiratete, die nicht über Verwandte oder Ehemann zu ihrem Recht kommen. Ein paar Jahre danach meint sie: »Wenn Frauen das Stimmrecht nicht wollen, ist das fraulich, wenn Männer es nicht geben, halte ich das für unmännlich.« Ende November 1990 wird es durch einen Bundesgerichtsentscheid »eidgenössisch« verordnet.

»Ihre politischen Aktionen waren immer zwiespältig«, erklären Kenner. Sibylle Neff selber ist im Zwiespalt, einerseits für die Rechte der Frau, aber nicht für das Frauenstimmrecht an der Landsgemeinde. Auch ohne Frauenstimmrecht will sie die Dinge »ins Recht« stellen, an den rechten Platz. Unfähig, Unrecht hinzunehmen, wehrt sie sich gegen selbstherrliche Männerbehörden, gegen Willkür, Macht, Inkompetenz. »Beim Verlassen der Kirche ist ihr Heiligenschein neu poliert – aber einem in die Augen schauen können sie nicht.« Vor Gericht unterlag sie meist. Doch sie habe gelernt, notiert sie ins Tagebuch, »in Appenzell-Innerrhoden die Unerträglichkeit zu ertragen«.

Die streitlustige Appenzellerin

Sie lässt nichts unversucht. Fährt grobes Geschütz auf. Kämpft so rechthaberisch wie fantasievoll. Beschäftigt eine Reihe von Anwälten. Schreibt Leserbriefe, malt Plakate, formuliert Inserate. Kritisiert, protestiert, moralisiert, agiert. Gegen »Beton, Stahl, Filz und Unrecht«. Zitiert die Grossen der Weltliteratur, Shakespeare zum Beispiel: »Es gibt zwei Sorten von Menschen: die Gerechten und die Ungerechten. Die Einteilung besorgen die Gerechten.« Sie zieht vorübergehend aus, ins ausserrhodische Teufen, will einen »Menschenschutzverein« gründen, eine »Klagemauer« einrichten. Mischt sich als »Einfraupartei« in Wahlkampagnen ein: »Wählt XY zum neuen Polizeidirektor. Er ist nicht gewalttätig und erst noch klug!« Unterzeichnet mit »Bürger, die vor- und rückwärts denken«. Ihr Credo: »Wer für die Zukunft lebt, muss auch mit der Vergangenheit leben. Wer mit der Vergangenheit lebt, lebt für die Zukunft. Wer nur für die Gegenwart lebt – ist ein Egoist!« Nach dem negativen Entscheid der Innerrhoder Regierung, einen Obolus an die Kantonsfontänen auf dem Bundesplatz zu bezahlen, überreichte sie dem Berner Baudirektor 10 000 Franken aus dem eigenen Sack ...

Sie wehrt sich, erst mit der Mutter, später allein. »In Appenzell ist eine alleinstehende Frau wirklich allein.« »Und weil es Willkür erwiesenermassen gab ..., mag gelegentlich auch blosser Verdacht auf Willkür dort zur Gewissheit geworden sein, wo er ungerechtfertigt war«, schreibt Bruno Knobel über dieses »Missionsbedürfnis der gekränkten Moralistin, die die Welt besser haben möchte, als sie ist«. »E ke Ringi«, sagt sie selber, eine Unbequeme, scharfzüngig, schlagfertig, starrköpfig. Sie provoziert Kopfschütteln, Wut, Gelächter, peinliches Schweigen, manchmal auch ein Publikationsverbot. Den Behörden ist sie Schreck und Ärger, den Bewunderern und Beschenkten eine appenzellische Jeanne d' Arc. »Schlimm ist, dass ich gut sein möchte, aber nicht gut sein darf.« 1982 verurteilt sie das Bezirksgericht zu fünf Tagen Gefängnis bedingt und 600 Franken Busse wegen »Beschimpfung«. Sibylle Neff listet auf dem amtlichen Papier die Kosten auf: 7 380 Franken 50 Rappen ohne Rechtsanwalt! Und grollt: Ist »Beschimpfung auf Provokation« nicht straffrei?

Sie bedauert das Schicksal des »Landesverräters« Jean-Louis Jeanmaire, empört sich über den Justizskandal, den skandalösen Prozess, angezettelt von Kurt Furgler. Immer von Jeanmaires Unschuld überzeugt, versteht sie nicht, »dass man mit einem Menschen im Rechtsstaat Schweiz so umgehen kann«. Weder die Armee noch jene Schweiz des kalten Krieges, die Jeanmaire zum Jahrhundertverräter stempelten, waren 1992 an der Abdankung offiziell vertreten. Sibylle Neff ergriff das Wort – und stellte die provokative Frage: »War Tell etwa ein Mörder?« Ein Jahr später schreibt sie an Kurt Furgler: »Gratulation, Niklaus Meienberg ist tot.« Getötet habe ihn wohl »die Lieblosigkeit und Ungerechtigkeit der heilen Schweiz«.

Seit Jahren verstauben Pinsel und Palette. »Malen ist wie singen; wenn das Herz gefroren ist, kann man nicht mehr singen.« Sie begründet ihre Abstinenz auch unsentimental: Steuergelder vermeiden, also weder Bilder malen noch verkaufen. Sibylle Neff ist eine reiche Frau. Nach der grossen Einzelausstellung 1979 in Zürich richtet ihr Konservator Roland Inauen im Museum Appenzell 1999 die erste heimatliche Solo-Ausstellung ein. Zum 70. Geburtstag. Die Besucher stürmen das Museum; die Ausstellung wird verlängert. »Sie sprengte den Appenzeller Kosmos, sie sprengte auch eingefleischte Männerstrukturen« (Roland Inauen). Für die engere Heimat bleibt sie die Bauernmalerin.

Montag, 30. April 2007. Der Tag nach der Landsgemeinde. Sibylle Neff empfängt mich unter der Haustür. Ein Paar Schuhe in der Hand, schimpft mit dem übermütigen Bläss, Laura, die ganz wild ist auf Schuhe und schon allerlei »verschnetzlet« hat. In die Höhe deshalb mit den neuen roten Schuhen. »Lieb sein! Platz! Bei mir sieht es ja aus wie im Krieg.« Weisser Flieder blüht im kleinen Vorgarten. Seit 31 Jahren wohnt sie hier in der rechten Hälfte des schönen Appenzeller Hauses aus dem 16. Jahrhundert. Im Hausgiebel der schwarze, aufrechte Bär, das Innerrhoder Wappentier.

Schade, meint sie, dass gestern der liberale Paul Wyser nicht Ständerat wurde. Er ist vor zwei Wochen der SVP beigetreten, wie Sibylle Neff auch. Er, weil eine FDP fehlt in Innerrhoden, sie, weil ihr die CVP nicht hilft: »Bundesrat Blocher würde mir sicher helfen.« Sie war dieses Mal nicht im Ring; sie betreute Gäste, und der Wind verwehte den Schwur, der ihr jedes Mal »durch Mark und Bein« geht. Nicht im sentimentalen Sinn. Ein Hohn, »im Namen des dreieinigen Gottes Frauen, Witwen, Waisen zu schützen, nach bestem Wissen und Gewissen das zu tun, was sie nicht tun. Wenn sie schon schwören, sollen sie recht leben, ehrlich sein. Nicht am Morgen brav in die Kirche rennen und nachher Salz auf die Schnecken streuen.«

Zurzeit hat sie andere Sorgen. Sie ist müde, die sieben Bypässe, ein geschwollener Fuss. Die Wohnung aufräumen will sie. Vorher die zahlreichen Glückwünsche zum Kulturpreis verdanken. Ihre Widersacher seien »billig weggekommen« mit den »lompige 5000 Fränkli«. Konnten erst noch ihre Entschuldigung fein »einbetten«. »Sie hätten ohnehin nicht zahlen können, was sie an Wiedergutmachung hätten zahlen müssen.« Was wird sie mit dem Preisgeld machen? An der Landsgemeinde siebenmal sieben Messen lesen lassen für die gestorbenen Widersacher, und siebenmal sieben für die lebenden. »Das ist eben mein schwarzer Humor.« Vielleicht bringt sie das Geld den Karthäusern ins Welschland. Oder dem Dalai Lama; »der würde mir am besten passen«.

Sie redet hastig, unentwegt, mit mir, mit sich, sucht Unterlagen, liest vor, lacht, ergötzt, erinnert, echauffiert sich: »Schlunggi, die da oben, Mafia!« »Darum muss ich immer so viel reden, weil ich den Leuten eine Gebrauchsanweisung geben will, mich zu verstehen.« Stellt mir ihr Heer von Schutzengeln vor: »Jedes Mal, wenn ich etwas Schweres überstanden habe, war ein Schutzengel mehr da.« Sie habe zweimal fast den Verstand verloren, nur fast, sie sei nicht verrückt, »ich habe nie gesponnen«. »I bi eefach zwenig domm gseh.« Kluge Leute könne man hier nicht brauchen. »De Carlo, de Sackeremoscht, weiss genau, dass ich im Recht bin. Man muss denken und für alles, was man denkt, Belege suchen. Man kann nie genug denken. Das Denken ist der sechste und der siebte Sinn. Wohin ich auch gehe, die Augen gehen mit. Das ist vielleicht das ›Häxli‹ in mir.« Oder die Hellsichtige. Schon als Kind hat sie »alles begriffen, alles gespürt«. Sie habe ein fotografisches Gedächtnis, einen detektivischen Sinn. Der »Beobachter« verglich sie einmal mit Agathe Christies Ermittlerin Miss Marple, der kleinen, zerbrechlichen Lady, die in ihrem Dorf St. Mary Mead in vierzig Jahren sechzehn Morde aufdeckte.

So arg ist es nicht in Appenzell. Doch bis 1994 fehlte die Gewaltentrennung; da brauchte es die aufmerksamen Augen der Öffentlichkeit. Und überhaupt: »Wenn d'Hönd chönntid schwätze, wöörs ke Bolizei bruuche.« Arnold Künzli, linker Philosoph, wunderte sich, dass der Landammann Kontrolleur und Kontrollierten in einer Person vereint, und fragte sich, ob Montesquieu nicht bis Appenzell gekommen sei. Raymond Broger (1916–1980), »König von Innerrhoden« genannt, Landammann von 1966 bis zu seinem Tod, charakterisierte die Zustände als »organische Gewaltenkonfusion«.

Vetternwirtschaft, Landschaftsverschandelung ist Sibylle ein Dorn im Auge. Vehement kämpft sie für den Lindenbaum bei der Lourdeskapelle. Für den Eisensteg über den Dürrenbach. »Gebe Fr. 20 000 Belohnung!«, inseriert sie, wenn »mir jemand den alten, idyllischen Eisensteg, der über den Dürrenbach führte und den mir der Loipen-Club Urnäsch während meiner Krankheit gestohlen hat, vollständig wieder zurückbringt«.

Sie wettert gegen den Golfplatz in Weissbad. Die Jaucheflut (»besingen abends ihre schöne Heimat, welche sie nachmittags mit dem Jauchefass impften!«). Vor allem den Abbruch des Hauses Bachmann, das »Monsterprojekt« der »Papeterie-Ketten AG«, die »Villigerschachtel«. »Die beste Methode, auch Schweizer Narren zu überzeugen, ist, sie ihre Dummheit ausführen zu lassen«, schreibt sie in einem Leserbrief. »Ihr müsst Euch schämen für einen solchen Quatsch von Bunker, welchen ihr an der oberen Ecke des Landsgemeindeplatzes eingepflastert habt (...). Sind es die heimatschützerischen ›Pioniere‹ und ›Kulturbanausen‹, die abhold jeglichen Schönheitssinnes und aller guten Geister verlassen, Ja sagten zu der viereckigen Kiste? (...) Mich wird man mit Millionen nicht zum Schweigen bringen; ich kann nicht verstehen, dass jemand mit Hirn einen solchen Bau bewilligen kann.«

Zum Mittagessen im Hotel »Appenzell« bestellt sie eine halbe Portion. Sie lebt sparsam, kauft Lebensmittel am liebsten zum halben Preis. Der Käse werde ja nur besser, dann macht sie »Chääs-Bölle-Flade«, überhaupt kocht sie gern. Nach dem Essen spazieren wir zur kleinen Sibylle-Neff-Ausstellung im Museum Appenzell. Die eigenen Bilder zu betrachten, scheint ihr genierlich. »Was ist schon Kunst? Ich bin eine Appenzeller Malerin. Als ich in Zürich ausstellte, hatten sie schon eine wahnsinnige ›Chogete‹ mit mir und meinen Bildern. Die *NZZ* meinte, das seien Bilder, die man nicht mehr vergesse, Ikonen, als würde eine Klosterfrau malen. Da dachte ich schon, dass etwas dran sein müsse, aber so richtig wird man das erst in 80 Jahren wissen.«

Kunstwissenschaftliches Geschwätz mag sie nicht. »Kunst ist, das Leben zu meistern.« Ihr liebster Refrain. »Kampf ist wichtiger als Kunst. Kampf ist die Hauptnahrung des Lebens, Kunst ist ›nur‹ das Dessert. Kampf ist das Leben, unsere Art des Seins. Darum herausschreiben oder malen, was man denkt! Wettertannig sein! Genug mit den Sachzwängen! Die Kunst des Sehens, der Genügsamkeit, des Überlebens: Alles ist letztlich eine Kunst des Kampfes.«

In ganz Appenzell ist keine Postkarte aufzutreiben mit einem Bild von Sibylle Neff, nicht einmal im Museum. Sie will nicht. Ärgert sich grün und blau über die kommerzielle Ausbeutung der »echten Appenzeller Malerei«. Über die entsetzliche Verkitschung der tausend Nachahmer. Ein Blick in Schaufenster an der Hauptgasse genügt: Schund, gepinselte Billigware. »Ein Walt-Disney-Dorf.«

Ich begleite sie zurück. Eine Freundin pflanzt ein paar Cosmeen- und Malvensetzlinge in ihren Vorgarten. Ein Nachbarsbub bringt Laura zurück. Ich hole Wasser im grossen Brunnen am Landsgemeindeplatz. Wird sie wieder malen? »Mein Gott, für wen und was noch malen in dieser Gesellschaft!« Eher ein Buch publizieren. Acht Kilo Papier sind schon beschrieben. Auf dem Tisch liegt das Buch von Al Gore: *Wege zum Gleichgewicht. Marshallplan für die Erde*.

Müssig zu fragen, wie das Leben der Sibylle Neff verlaufen wäre ohne kräftezehrende Händel. »Das ist einfach mein Leben«, sagt sie. »Es ist immer weitergegangen, es kam mir immer etwas in den Sinn zum Vorwärtsmachen. Nicht, was man am Ende erreicht hat, ist wichtig, sondern was man Land und Volk nützte.« Im Übrigen sei es besser, »auf den Füssen zu sterben, als auf den Knien zu leben«. Galgenhumor – bis hin zum Testament: »Seit 1929 gelebt. Seit 1943 gearbeitet, gefühlt, gewirkt. Seit 1960 gestritten für eine ehrlichere Welt. Das Leben lang gelitten. Dennoch den Glauben behalten habe ich, Jungfrau Sibylla Veronika Neff. Ich habe mich gefreut an den kleinen Freuden des Alltags, geliebt, wer liebenswert oder bemitleidenswert war. Nun jetzt müde zur Ruhe gegangen. Danke Gott! Statt Blumen bitte ich Sie, eine Stunde für einen randständigen Menschen aufzubringen. Nach der Beerdigung 1 frisches Bürli und 2 Wienerli. Aber alle müssen zuvor die Hände waschen.«

Quellen

Bruno Knobel: *Die Appenzeller Malerin Sibylle Neff*, Rorschach 1989
Angela Meschini: *Nicht für die Liebe geboren?* Ein Film mit Sibylle Neff, 1994
Sepp Reichmuth: *Sibylle Neff*, Appenzell 2001
Bruno Koster: Rede zur Verleihung des Innerrhoder Kulturpreises am 17. März 2007
Hans Widmer: Laudatio zur Verleihung des Innerrhoder Kulturpreises am 17. März 2007

Slampoetin als Traktor

Lara Stoll

Studentin

»Wenn ich ein John Deere Traktor 7810 Powershift mit Gewicht in der Fronthydraulik wäre, dann ...« Dann hätte Lara Stoll keine »Frauenprobleme« mehr. Keine Was-zieh-ich-heute-an-Sorgen, der Traktor »ist grün ... immer«. Keine Probleme mit der Figur, der Traktor »braucht keine engen Dieseljeans, er trägt Diesel pur in seinem 344-Liter-Tank«. Keine Lust auf Hüte, der Traktor hat bereits sechs Zylinder. Kein Frust mit Schuhen, der Traktor hat Riesenreifen.

Null Frauenprobleme also. Auch keine Männerprobleme. Als Traktor ist sie immer die Stärkere, schleppt ab, was sie will, fährt platt, wen sie will. Mario würde sie »einfach überwalzen«, wäre sie ein John Deere Traktor 7810 Powershift. »Und dann rase ich mit 40 Stundenkilometern durch die Strassen von Wagenhausen und posaune auch herum, dass du ganz schön billig warst, Mario, wer lacht jetzt, hä?!« Muhamed ergeht es nicht besser, für Philipp und Thomas erfindet sie je eine besonders sadistische Folter. »Am besten überfahr ich einfach alle Männer, ausser die Dicken ... die sind allgemein netter.« Um nicht als »total Männerfeindliche« rüberzukommen, überfährt sie auch noch ein paar Frauen. Und, einmal in Fahrt, noch ein paar »nervige« Undefinierbare, plus zwei, drei unfähige Politiker.

Die Ballade vom Traktor ist Laras berühmtester Text. Steckt ein frustriertes Landei dahinter? Warten Traktoren statt Männer vor der Haustür? Liegen mehr Kühe in den Ställen als Einwohner in den Betten? »In Rheinklingen gibts leider nur Bauernhöfe«, mailt sie auf meine Frage nach einer Beiz für unser Gespräch. Die Homepage der Kommune zeigt mir das »schmucke Thurgauer Dorf im Nordwesten der politischen Gemeinde

Wagenhausen«, zwischen Diessenhofen und Stein am Rhein in Felder und Wiesen und an den blauen Rhein gebettet. Der Name hat weder mit dem Fluss zu tun noch mit der Burg Hohenklingen. Ein Alemanne namens Rikile soll sich hier aus römischen Trümmern eine Behausung gebaut haben, und so hiess die Siedlung vorerst »Richlingen«.

»Richlige« sagt Lara. Sie lebt gern hier. Zwanzig Meter vom Rhein im Haus der Grosseltern, zusammen mit ihrer Familie. Ein stabiler Hort. Der Grossvater, kürzlich verstorben, war immer am Werken, führte die Milchhütte im Dorf, schaute im eigenen Wald zum Rechten, betreute im Sommer ein paar Rinder. Hier ist Hansruedi Stoll geboren. Laras Vater arbeitet als Maschinenmechaniker seit über 20 Jahren in einer Stuhlfirma. Elisabeth Stoll, die Mutter, Aargauerin, gelernte Sekretärin, Gemeinderätin, betreut das Bauamt. Der 21-jährige Bruder Denis ist Hochbauzeichner und angehender Bauführer. Lara fragt sich, wie die Eltern sich wohl kennen gelernt haben, »der Aargau ist ja nicht grad um die Ecke«.

Politik findet sie »interessant«, spricht aber nicht gern über Dinge, von denen sie zu wenig versteht, zu wenig weiss. Natürlich geht sie an die Urne, diskutiert mit der Mutter, mit dem Bruder. Natürlich ärgert sie sich hin und wieder; zu »motzen« gibt es genug. Doch den »Bünzlistaat« relativiert sie im selben Atemzug: »Mit Blick auf andere Länder können wir doch zufrieden sein. Meckern ist einfach, wir können immerhin abstimmen, etwas verändern.« Hat sie ein Lebensziel? »Glücklich sein, irgendwann zurückschauen können und sagen: ›Das hast du gut gemacht‹.«

Lara Stoll ist zwanzig geworden am 2. Mai 2007. Die Freude auf den runden Geburtstag war »extrem«. Vor drei Jahren noch fühlte sie sich uralt, »oh Schreck, schon siebzehn!« Jetzt steht vorne die stolze Zwei, auch wenn das Lebensgefühl nicht wirklich anders ist. Sie erfand doch erst gerade Geschichten für ihre zahlreichen Plüschtiere. »Wilderte« im Wäldchen am Rhein in der Natur herum, kletterte auf Bäume, grub Löcher, rutschte Hänge hinunter. Träumte von einer Karriere als Fallschirmspringerin, Tierärztin, Rennfahrerin. Oder lebte mit ihrer

»Zweitfamilie«, den Simpsons, in der fiktiven US-Stadt Springfield.

Schaffhausen ist nicht Springfield, aber ein »spezielles Kaff«, findet Lara Stoll, »einfach megaherzig«. Die Thurgauerin fühlt sich ganz als Schaffhauserin. »Das ist mein Städtchen.« Sie entdeckt immer Neues, ist an vielen Orten zu Hause: in der Kammgarn, im Tabacco, Domino, Tabtap. Schaffhausen ist die Hochburg der Slammer. »Schreibst du Gedichte, Kurzgeschichten oder sonst was? Prima, dann trag sie doch vor kleinem Publikum vor. Nutze die Gelegenheit, wenn du den Leuten was zu sagen hast!« Der Aufruf fällt auf fruchtbaren Boden. Mitte Dezember 2002 reissen acht junge Leute aus Schaffhausen, Frauenfeld und Zürich das Publikum von den Sitzen. Der Schaffhauser Poetry Slam im August 2003 ist ausverkauft. Gabriel Vetter gewinnt, er trat zum ersten Mal als Slammer auf. Mittlerweile europäischer Champion und Berufsschreiber, erhielt er 2006 den Kabarettpreis »Salzburger Stier«.

Lara, angefixt vom Theater, steht mit Gabriel Vetter auf der Bühne, erfährt, dass er den nächsten Slam in Schaffhausen moderiert, geht hin, ist »total begeistert«, packt nach schlaflosen Nächten die Chance, wählt jedoch aus drei Texten »genau den schlechtesten«. Es gibt Dinge, sagt sie, »die kann ich einfach«. Meist stürzt sie sich spontan, aber uninformiert in eine Sache. Geht es schief, rappelt sie sich auf und bleibt dran, bis es klappt. Im Herbst 2005 kommt sie in Amriswil ins Final und gewinnt ex aequo mit Patrick Armbruster, dem Lyriker, Kurzgeschichtenschreiber, Gründer der Website story.ch.

Lara wittert Morgenröte, beteiligt sich in der U-20-Liga, gewinnt am 2. September 2006 die Schweizer Meisterschaft und setzt sich zwei Monate später als »Königin Lara I.« an der deutschen U-20-Meisterschaft in München die zweite Krone auf. »Es lohnt sich, an einer Sache dranzubleiben.« Die *NZZ* beschreibt ihr Erfolgsrezept: »Sie vermischt Wortwitz mit Schauspiel, Komik mit Ernst, beschreibt Lebenslust und Frauenfrust (...). Dabei schiebt sie die Hüfte vor und blickt grimmig ins begeisterte Publikum.«

Die Eltern befremdet Laras Leidenschaft. Sie sehen, wie das Mädchen sich unter Druck setzt, meinen, die Liga sei zu hoch, die Tochter zu jung, die Texte zu krud. Am ersten Slam sitzt die Mutter dennoch im Publikum, inzwischen sind die Eltern »recht angetan«, nette Aufsätze wären ihnen allerdings lieber – »aber so bin ich halt«.

Wie ist sie denn, Lara Stoll? Nun, meint sie im schaffhauserisch gefärbten Thurgauerdialekt oder umgekehrt, sie sei »unglaublich spontan, kontaktfreudig, lebensfroh«. In neuen Situationen zurückhaltend, aber offen, bemüht, sich möglichst schnell einzufügen. Sie zieht sich gern schön an, findet das Äussere wichtig, aber nicht zentral. Modezeitschriften interessieren sie wenig, sie beobachtet, was die Leute tragen – und trüge nie etwas, das ihr nicht gefällt, nur weil es Mode ist.

Es gibt schon Dinge, die sie »stressen, belasten«. Vor Auftritten ist sie manchmal »meganervös«, es kommt auf die Verfassung an, aufs Publikum, ein bisschen Nervosität muss sein. Sie coacht sich selber: »Versuch, das Beste zu geben und wenn es nicht klappt, hats eben das Publikum nicht verstanden!«

Ein eigener Text, ein Mikrofon, fünf Minuten Zeit, um die Zuschauer zum Lachen, Weinen, Staunen zu bringen. Mit Liebesgeschichte oder Schauerstory, auch mit Nonsens. Fünf Freiwillige aus dem Publikum bilden die Jury, nach der Performance wird auf drei gezählt, dann die Noten verteilt (1 bis 10), die beste und schlechteste gestrichen, »falls Freunde oder Feinde in der Jury sitzen«. Die vier besten der acht bis zwölf Bühnenpoeten bestreiten den Final, dort entscheidet der Applaus.

Requisiten sind verboten, Kostümierung ebenfalls. Lara wählt bequeme Kleider und Schuhe, mit denen sie fest auf dem Boden steht – nein, »keine Glücksunterwäsche«. Um sich besser auf Mimik und Sprache konzentrieren zu können, liest sie den Text ab – am liebsten die Traktor-Vision. »Er ist witzig und ich kann bei der Performance aufs Ganze gehen. Die Leute mögen es, wenn es richtig rockt.« Seltsam, dass sie an den Schweizer Meisterschaften in einer Kirche (St. Leonhard, St. Gallen) rumrockte, ein Ort, den sie fast nur an Weihnachten erlebt. Stolls sind keine Kirchgänger. In Laras Klasse hingegen an der Pädagogischen Maturitätsschule in Kreuzlingen war Religion ein Dauerthema: Da sagte jeder Dritte, er sei »sehr religiös«, viele engagieren sich in Freikirchen. Der endlosen Diskussionen müde, beschloss man eine Art Waffenstillstand: »Ihr könnt uns nicht missionieren, wir können euch nicht ändern, lassen wir das.«

In der guten Stube der Stolls glänzt der Riesenpokal der deutschen Meisterschaft. Lara ist stolz auf ihre Trophäensammlung, die braunen und grünen Flaschen im Regal – eine Flasche amerikanischer Whiskey ist der traditionelle Preis für den Gewinner. Sie mag ihn nicht, ihr Slampartner Renato Kaiser hingegen trinkt am liebsten schottischen »Oban«.

Der Whiskey erklärt die Herkunft. Was in der Schweiz noch jung ist, begann 1975 in New York mit den puertoricanischen Poeten Miguel Algarin und Miguel Pinero im »Nuyorican Poets

Café«, mit Bob Holman, der die Fernsehplattform »MTV Poetry Unplugged« initiierte. Mit Bauarbeiter Marc Kelly Smith und seinem Chicago-Poetry-Ensemble, ab 1986 im legendären »Green Mill Jazz Club«. 1994 ging der erste Poetry Slam in Berlin über die Bühne. 1995 veranstalteten Holman und Algarin ein Deutsch-Nuyorican-Poetry-Festival in New York; neben Bastian Böttcher (Bremer Rap-Poet), Durs Grünbein (Büchner-Preisträger), Andre Michael Bolton (Trommler und Dichter) begeisterte der Schweizer Lyriker Christian Uetz. Vier Jahre später war Poetry Slam auch in der Schweiz etabliert.

Ein »Kontrastprogramm« zur virtuellen Medienwelt, eine »Live-Erfahrung mit Literatur«. So sieht es Lara Stoll. Garantiert die bessere Unterhaltung als eine hehre Dichterlesung. »Junge Leute haben mit Kino, Fernsehen, Internet den Bezug zur traditionellen Literatur verloren.« Sie selber sitzt auch lieber vor dem Fernseher und lässt den ganzen »Serienscheiss« auf sich »einprasseln«. Schon fast ein Hobby, meint sie, jedenfalls beste Entspannung. Natürlich liest sie Bücher. Markus Werners abgründiges Verwirrspiel im Roman *Am Hang* gefällt ihr, Dürrenmatts Requiem auf den Kriminalroman: *Das Versprechen*. Die dämonischen Träume eines E.T.A. Hoffmann, der im Märchen *Der goldene Topf* den Archivarius Lindhorst sagen lässt: »Letztlich ist es das Leben in der Poesie, das ... die Erfahrung der Wirklichkeit ertragen lässt.«

Die etwas andere Poesie in die Schulen zu bringen, bemühen sich die Schaffhauser Cracks in Workshops, Schreibsessionen, Literaturlektionen. Über interne Wettkämpfe qualifizieren sich die Nachwuchspoeten fürs U-16- und U-20-Finale in der »Kammgarn« Schaffhausen. Auch die Maturitätsschule in Kreuzlingen weiss längst, was Poetry Slam ist. Lara trat ab und zu auf, veranstaltete einen Slam im Rahmen ihrer Maturaarbeit, führte eine ganze Klasse in diese Kunst ein und moderierte den abschliessenden Wettstreit – in der Hoffnung, der eine und die andere wage den Schritt auf die Bühne.

Gegen zwanzig aktive Slammer touren derzeit durch die Deutschschweiz. Anfangs war Lara Stoll oft die einzige Frau, die jüngste dazu, inzwischen hat sie Gesellschaft. »Die Idee der

Nachwuchsförderung hat voll funktioniert.« Die meisten Wettkämpfer sind zwischen 20 und 35; ältere gibt es auch. »Poetry Slam ist für jedermann.«

Lara Stoll schreibt gern, schon immer, Kurzgeschichten, Tagebuchnotizen, Schulaufsätze. Dann eben Slams, diese »ganz andere Art von Schreiben«, die Möglichkeit, auf kreative Weise den »inneren Freak« rauszulassen. Sie tut es mit sarkastischen Prosatexten, bevölkert von hysterischen, exzentrischen, hypochondrischen Figuren. Die Dame auf dem John Deere Traktor kennen wir. Krasses Gegenteil ist die Geschichte vom Plummer-Vinson-Syndrom.

Lara wartet im Wartzimmer des Arztes. »Bist die Nächste, bist die Nächste, die Nächste. Eine blöde Angewohnheit, wenn das eigene Gehirn sich die hirnrissige Gewohnheit angewöhnt hat, dauernd diejenigen Wörter zu echoen, zu wiederholen und wieder hervorzuholen, die man einfach überhören möchte. Aber jeder hat ja so seine stillen Macken.« Die Patientin hat sie definitiv. Das Stichwort »Blutabnahme« und möglicher Eisenmangel wächst zur ungeheuerlichen Krankheit, zum Plummer-Vinson-Syndrom, martert die junge Frau ein Wochenende lang – bis sie am Montag zum Telefon greift. »Die ältere Schwester Stefanie am anderen Ende der Leitung steht bei diesem Begriff völlig auf der Leitung: ›Hä? Was für'n plumpes Symptom?‹ – ›Na das Plummer-Vinson-Syndrom!‹ ›Plummer-Vinson-Syndrom, Plummer-Vinson-Syndrom. Na, davon hab ich ja no nie was gehört, kleine Spinnerin. Jedenfalls ist mit Ihrem Eisenbestand alles in Ordnung, haben wohl im Licht einfach n' bisschen blass ausgesehen, wir haben die Birne jetzt aber repariert.‹« So schnell lässt sich die eingebildete Kranke nicht abwimmeln. Bis Schwester Stefanie empfiehlt, doch mal den Eiweisshaushalt kontrollieren zu lassen; Eiweissmangel führe zu übermässiger Aufregung und Reizbarkeit, ihr einen Termin gibt zum Blutabnehmen ... »Das Geschichtchen dieser kleinen Hypochonderin ist hier zu Ende. Für die romantischen Zuschauer hat sie fröhlich aufgehängt und sich einen Blumenstrauss gekauft, für die eher tragisch Veranlagten hat sie einen Hühnerstall geplündert, bis ins Unermessliche Eier vertilgt und ist dann schliesslich an einer Überdosis Cholesterin, noch mit einer Eierschale in der Hand, gestorben.«

Brillantkomisch spielt Lara Stoll auch die vertrackte Geschichte von »Karl, 38, ledig, fährt einen Opel und hat einen Seitenscheitel auf der rechten Seite. Das wichtigste von allem aber: Er hat eine Zwangsneurose inklusive einen Zählzwang, sprich, er muss alles mindesten dreimal machen, weil er während einer Handlung mindestens einmal an etwas Schlechtes denkt und es nicht reicht, es einfach noch mal zu machen, weil er die entsprechende Handlung ohne einen negativen Gedanken ja mindestens einmal auch bei einer ungeraden Zahl vollbringen muss und zusätzlich immer das absolute Mehr der Anzahl Versuche erreichen muss. So denkt Karl. Karl wäre des Weiteren eigentlich Schweinemetzger, weil er aber beim Schlachten aus unerklärbaren Gründen immer schlechte Gedanken hatte, musste er, da er ja fast immer drei Schweine anstelle von einem schlachtete, seine Metzgerei aufgeben, weil ihm irgendwie die Schweine ausgingen. Gut, dachte Karl, werd ich eben Einbrecher.«

Lara Stoll, die Sprachspielerin, experimentiert lustvoll mit »Hobbylinguistik«. Mit Fantasien über das Wort »Scheintot, scheinbar tot sein«. Fazit: »Eine tolle Sache.« Mit Turnübungen zum »vielschichtigen« Wort »eigentlich«. »Wenn ich sage, ›eigentlich gehts mir gut‹, heisst das eigentlich (...), dass es einem im Grunde genommen gar nicht gut geht, sondern eigentlich schlecht, sonst würde man ja sagen: ›Mir gehts gut.‹ Eigentlich voll blöd.«

Manchmal fliegen ihr Ideen zu, manchmal muss sie diese heranzwingen. Der Traktor fiel ihr ein, als sie mit dem Bus nach Hause fuhr. »Manchmal wäre ich gern ein Bus«, denkt sie, »nein, ein Traktor ist cooler.« Sie recherchiert, Wikipedia ist die erste Quelle. »Mir ist wichtig, dass alles stimmt, was ich erzähle.« Zumindest die technischen Details ... Wird sie selber falsch zitiert oder werden die Fakten unkorrekt wiedergegeben, regt sie sich »tödlich« auf – was immerhin Stoff liefert für einen neuen Text.

Schon beim Schreiben überlegt sie, wie sie das Publikum bei Laune halten will. Nur weiss sie nie, wie und wo ein Text endet und was dazwischen alles passiert. »Eine Megaglückssache«, zum richtigen Zeitpunkt am PC zu hocken und die zündende Idee zu haben. »Wie eine Reise, spannend.« Manchmal gelingt ein Text auf Anhieb. Wenn nicht, lässt sie ihn liegen, vergisst ihn, schreibt allenfalls Monate später weiter.

Proberezitals vor Familie, Freunden? Eine schreckliche Vorstellung: »Als würde ich einem Schauspieler sagen, spiel mal etwas vor. Völlig hohl.« Sie braucht das Ambiente. Und sie liebt den Auftritt: »Einfach auf die Bühne gehen und sausen lassen, das macht schon Spass.« Texte, bei denen sie unsicher ist, reicht die Pendlerin im Zug an Kolleginnen und Kollegen weiter – und verlässt sich auf ihr Urteil. Schwierige Wörter übt sie zu Hause, »weil man sich mit Versprechern jede Pointe versauen kann«. Endgültig hört sie den Text erst auf der Bühne, merkt, wo es hapert, überarbeitet ihn wieder und wieder.

Etwa zwanzig Texte liegen in ihrem Mäppchen, vier, mit denen sie besonders gut ankommt. Kein Problem, eine Geschichte mehrmals vorzutragen, schon gar nicht in verschiedenen Städten. Sie könne unmöglich so viele neue Texte schreiben. In intensiven Zeiten stand sie jedes Wochenende auf der Bühne, manchmal an zwei Wettkämpfen, zog durch die Deutschschweiz, auch mal nach Fribourg, wo Renato Kaiser studiert, ab und zu nach Deutschland.

Müde vom Unterwegssein, tritt sie zurzeit vor allem im privaten Rahmen auf, doch ganz werde sie von Poetry Slam wohl nicht loskommen. »Ich bin ein unruhiger Geist, muss immer etwas machen, mich voll reinhängen und dann wieder etwas anderes finden.« Eine Alternative, eine »Marktlücke«, etwas ganz Neues, das vielleicht angrenzt an Poetry Slam. Das Kapitel Theater ist auch nicht abgehakt. An eine konkrete Traumrolle denkt sie nicht; gern spielte sie eine Person, »die völlig anders ist, so unverkennbar wie möglich«.

Die Schuljahre in Kreuzlingen lässt Lara Stoll ohne Bedauern hinter sich. »So viel Didaktik, so viele Praktika.« Als ein Fest erlebte sie den dreiwöchigen Sprachaufenthalt im französischen Blois, wo sie Tee und selbstgebackene Kuchen servierte in einem »herzigen rosaroten Café mit vielen alten Damen«.

Und da die Arbeit erst kurz vor Mittag begann, konnte sie abends unendlich lange ausgehen.

Wie geht es denn der forschen Traktorpilotin mit realen Männern? Sie lacht, versichert, ihr Umgang sei nicht »ganz so schlimm« wie in den Texten. »Über die ›Jungs-sind-doof‹-Phase bin ich ziemlich sicher hinaus.« Interessant findet sie, dass auch Männer ihres Alters ganz andere Themen haben – und geniesst es, mit den Mitschülern einfach Unsinn zu machen – »ja, das können sie gut«.

Nach der Matura hätte sie gern bei einer Zeitung volontiert, wollte aber unbedingt noch den Traktortext verfilmen als Beilage zur Bewerbung. Sie kam schliesslich zu spät, die Stellen waren weg, worüber Lara nicht unglücklich ist, der Tagesjournalismus sei ohnehin nicht ihr »Ding«. Radio oder Fernsehen schon eher. Das Mundwerk ist geschliffen. Sie hat Glück, der Musiksender Viva offeriert ihr ein halbjähriges Praktikum.

Im Übrigen schreibt sie die »Lightstory« für *Express*, das Ausgeh-Magazin der *Schaffhauser Nachrichten*. Der Auftrag gefällt ihr; »ich muss nicht so krampfhaft Pointen suchen wie für einen Slamtext«. Sie schildert den verzweifelten Versuch, sich eine Partynacht um die Ohren zu schlagen. Oder den ebenso verzweifelten Versuch, einen simplen Betty-Bossi-Kuchen zu backen. Nichts als Scheitern.

Im Herbst 2007 beginnt Lara Stoll ihr Studium in Zürich: Populäre Kulturen (ehemals Volkskunde), Publizistik und Filmwissenschaften. Dieser Mix hat sie »angesprochen«. Was sie erwartet, weiss sie, wie so oft, nicht genau. Hat sie keine Lust auf Ausland? Schon, auf die USA zum Beispiel – Bush ist ja längst unter den Traktorleichen. Der »American Way of Life« à la Simpsons interessiert sie, die Fitness-Gurus, religiösen Eiferer, Fernsehjunkies, Fast-Food-Opfer. Ein paar Monate, länger nicht; sie fürchtet die Verwirrung der Gefühle, nicht mehr zu wissen, wo sie hingehört, nicht mehr zurückzuwollen, vielleicht. Eines Tages, meint sie, werde sie es wagen.

Bis dahin wird sie sich mit TV-Serien begnügen. »Ja manchmal wär ich wirklich gerne ein John Deere Traktor 7810 Powershift mit Gewicht in der Fronthydraulik. Aber man kann halt nicht alles haben, deshalb geh ich nachher nach Hause und tue das, was alle Frauen tun. Ich setz mich mit einem Riesenbecher Schokoeis vor die Glotze und veranstalte einen ›Desperate Housewifes‹-Marathon.«

Mit Schleier und Karategürtel

Dorothea Jaroš

Klosterfrau

Eine Klosterfrau à la Jackie Kennedy oder Marilyn Monroe aus der Werkstatt des Pop-Künstlers Andy Warhol? Eine Klosterfrau in grellen Farben, mal blau-orange, mal rot-schwarz, knallig mondän. Schwester Dorothea Jaroš verblüfft die Besucher ihrer Website. Die Verwandlung ist »leider nur eine Illusion«, ein Amüsement, sich in anderen Farben zu sehen. Adobe Photoshop machts möglich. Wir haben es mit einer fröhlichen Spielerin zu tun. Computerfachfrau dazu: In der Mädchen-Sekundarschule Guglera im freiburgischen Giffers betreut sie die Informatik: fünfzig Computer, Internet, Intranet.

Wo Technik ist, fühlt sich die Klosterfrau im Element. Sie liest Gebrauchsanweisungen von A bis Z und studiert dicke Handbücher, als wären es Unterhaltungsromane. Seit ihr Vater seine »heissgeliebte Dampfmaschine« verkaufte, um einen der ersten Computer zu erstehen, schlägt ihr Herz für diese geheimnisvollen, unperfekten Wesen. Da die Schule sich einen Maschinenpark nicht leisten kann, muss sie sich mit Macs und PCs aus zweiter Hand begnügen. Geschenke mit Tücken. Doch Schwester Dorothea lässt sich von keinem »Error« mehr ins Bockshorn jagen, verliert den Humor nicht, auch wenn so ein »Miststück« sie tagelang zum Narren hält. Sie programmiert, repariert, aktualisiert die Homepage, animiert und instruiert Schülerinnen und Lehrpersonen.

Nur logisch, verabredeten wir uns auf digitalem Weg. »Nehmen Sie das Postauto bis zur Käserei Eichholz; ich hole Sie ab.« Da steht sie im grauen Ordenskleid, blass, zierlich, und lacht wie auf der Homepage. Wir fahren hinauf zur Guglera, Institut St. Josef. Ein markantes Gebäude mit rotem Anbau mitten im Grü-

nen, vor 145 Jahren von der Ingenbohler Gemeinschaft gegründet. Manche Mädchen kommen aus schwierigen Verhältnissen. Ende Juni 2007 schliesst die Schule. Nach erfolglosen Bitten bei Kantonsbehörden um finanzielle Beiträge kann sich das Kloster Ingenbohl trotz guter Auslastung des Internats weder personell noch finanziell weiter engagieren.

Hier im oberen Sensebezirk zwischen Wald und Wiesen ist Dorothea Jaroš aufgewachsen, in einem kleinen Tal mit ein paar zerstreuten Bauernhäusern. Der Vater arbeitete als Heizer in einer Fabrik; das bisschen Land ernährte die grosse Familie nicht. Nach Eva und Susanne, vor Martin und Paul wird Dorothea geboren – nachts um halb drei, zwischen Stier und Zwillingen. Sie fühlt sich der zwiespältigen Doppelnatur zugehörig: vielseitig, wissbegierig, körperlich und geistig agil, heiter. Zu Hause besorgte sie am liebsten die Tiere: Hühner, Enten, Tauben, Truthähne. Kaninchen, Geissen, Schweine. Zwanzig Minuten querfeldein gings in die Primarschule Alterswil, kurzweilig, im Hudelwetter anstrengend.

Noch heute kommt sie nicht vom Fleck, weil sie über jedes Gräslein staunt. In der Natur erlebt sie »die göttliche Präsenz«. Staunt »über die Nacht, die Sterne, die immense Weite des Weltraums, die unendliche Tiefe der Atome«. Sie will sich diesen Blick bewahren, unablässig kundtun: »Hier ist ein Wunder am Werk, das keine Wissenschaft verdecken kann.« Die Natur, Fundament ihrer religiösen Erfahrung. In Freiburg macht Dorothea die Matura Typus B mit Latein – eine Naturwissenschaftlerin, die Sprachen liebt, »obwohl Rechtschreibung und Grammatik nicht meine Stärke sind«.

Der Vater mit tschechischen Wurzeln, in Deutschland aufgewachsen, kam als Jugendlicher in die Schweiz, heiratete eine Freiburgerin. Peter Jaroš erkrankte früh an Parkinson und war lange Jahre bettlägerig. Die Belastung kittet die Familie zusammen; sie trifft sich auch heute regelmässig. Die Geschwister sind verheiratet, eine Schwester zum zweiten Mal. Eva heiratete 1986, im Jahr, als Dorothea ins Kloster eintrat.

Was treibt eine Neunzehnjährige zu diesem Schritt? »Das Herz.« Bereits in der Primarschule spielte sie mit dem Gedanken, ihre Lehrerin vor Augen, das lebendige Vorbild. Die Familie Jaroš lebt religiös, »nicht straff und streng«, geht aber regelmässig zur Kirche. Als Dorothea in kindlichem Eifer von ihrem Vorhaben erzählt, lachen alle. Ausgerechnet sie, die in der Messe nie still sitzen kann. Das Kind lässt sich nicht beirren. Das Wagnis lockt, die Sehnsucht nach dem Mysteriösen. »Ich wollte geliebt werden, so wie ich bin, von ihm, von dem ich glaube, dass er Gott ist und in mir spricht. Das war die erste Motivation, von einem konventionellen Lebensplan abzuweichen.« Eines Tages weiss sie, »das ist mein Weg« – ohne alle Gründe benennen zu können.

Klosterfrauen im Dorf bemühen sich um ihre Schwester Susanne, die stillere, brävere, und laden sie ein nach Ingenbohl. Susanne sträubt sich. »Gib die Einladung mir«, sagt Dorothea, damals in der ersten Sekundarklasse, reist für ein Wochenende in die Innerschweiz – ihre erste grosse Zugfahrt alleine –, stiefelt hinauf ins Kloster, weitaus die Jüngste, schaut sich alles an: »Okay, das ist in Ordnung.« Die Mutter erschrickt:

»Du kannst doch nicht ins erstbeste Kloster eintreten, im Freiburgischen sind auch Klöster.« Zwei Jahre, bevor es ernst gilt, schenkt sie der Tochter ein Buch über andere Klöster. Dorothea blättert – und bleibt dabei: »Ich gehe nach Brunnen.« »Die Entscheidungskriterien waren nicht wirklich hieb- und stichfest, aber sie passten für mich.« Die religiöse Berufung steht an erster, das soziale Engagement an zweiter Stelle. »Ingenbohl ist ein tätiger Orden. Ich will anderen dienen, die Schätze, die mir geschenkt wurden, weitergeben, ein kleines Stückchen der Liebe Gottes sichtbar machen.«

Die Gemeinschaft der »Barmherzigen Schwestern vom heiligen Kreuz« gehört zur franziskanischen Ordensfamilie und ist in weltweit 17 Provinzen und 4 Vikariate eingeteilt. Rund 700 Schwestern in 42 Niederlassungen gehören zur Mutterprovinz Schweiz. Nur ein gutes Dutzend sind unter 55. Der Gründer Pater Theodosius Florentini hielt Schule und Armenpflege für die dringlichsten Anliegen seiner Zeit. 1844 eröffnete der bündnerische Ordensmann in Altdorf ein Schwesterninstitut, das in zahlreichen Gemeinden der Zentral- und Ostschweiz Volksschulen übernahm. 1845 wurde er Dompfarrer von Chur, machte sich einen Namen als Prediger und feuriger Sozialapostel, führte Heimarbeit in die Familien ein, brachte die Volksschule seiner Pfarrei in Schwung, gründete ein Pensionat für höhere Mädchenbildung und 1850 sein erstes Spital in Chur. Als die Behörden einen Ausbau verhinderten, dislozierte er 1855 in ein Bauerngut auf einem Hügel Ingenbohls im schwyzerischen Brunnen am Vierwaldstättersee – das Mutterhaus.

Der Weg von Dorothea Jaroš scheint ähnlich gradlinig. War sie nie hin- und hergerissen zwischen Welt und Himmel? Sie war. Die Sechzehnjährige »verguckt« sich in der englischen Jugendherberge Interlaken in einen Australier, durchleidet Höhen und Tiefen. »Ein Bild von einem Mann! Interessanterweise blieb die Klarheit, als Abtrünnige jemanden zu betrügen.«

Einfach ist es nicht, Ja zu dem und Nein zum andern zu sagen. Der Gruppendruck in der Schule ist enorm. Dorothea setzt sich oft ins Abseits und fühlt sich mehrheitlich allein. Erst kurz vor der Matura, als die Klasse über ihre Zukunftspläne spricht, legt sie ihr Vorhaben offen. Und siehe, die meisten fanden es passend – »das war schön«.

Die klösterliche Gemeinschaft fordert die neunzehnjährige Novizin. Immerhin ist sie nicht allein: Vier Frauen zwischen zwanzig und vierzig bereiten sich ebenfalls auf den geistigen Weg vor. Nach der Erstprofess wechselt Dorothea in die St.-Josef-Stiftung in Bremgarten, ein Behindertenheim. Sie will Werklehrerin werden, arbeitet mit Holz und Metall, zeichnet leidenschaftlich, spielt klassische Gitarre, stickt in diversen Techniken, klöppelt – eine »witzige Sache«. Der Grossvater, Lumpen- und Eisenwarenhändler, hat ihr einen Satz Klöppel geschenkt.

Sie »kniffelt« und »knobelt« fürs Leben gern. Flickt kaputte Bücher, repariert marode Computer. Der Apfel fällt nicht weit vom Stamm. Der Grossvater ein Bastler, der Vater ein Tüftler und Erfinder. Pröbelte mit einer Turbine. Mit Biogas. Kaum eine Idee lässt sich realisieren. »Meist griff er zu hoch, doch er fertigte auch Dinge, die uns nützten.«

Die Aufnahmeprüfung für die ersehnte Ausbildung gelingt nicht; nur ein Fünftel der Kandidaten bekommt die Chance. »Ihnen steht doch alles offen«, meint ein Berufsberater, rät dann zu Naturwissenschaften – weshalb nicht Physik? Dorothea Jaroš stürzt sich ins Studium an der Universität Freiburg, merkt nach fünf Semestern, dass sie »im Elfenbeinturm« sitzt, eine Sprache spricht, die nur ihre Mitstudenten verstehen, dass sie isoliert ist in ihrer Klostergemeinschaft. »Zu elitär, zu eingleisig.«

Was nun? Sie entscheidet sich für Sekundarlehrerin. Zu Physik, Mathematik, Informatik kommt Biologie, Zeichnen, Werken. Während des Studiums unterrichtet sie zwei Jahre Latein in der Sekundarschule Plaffeien, Metropole des Sense-Oberlandes. Übernimmt in der Guglera erst ein paar, dann immer mehr Stunden. 1997 schliesst sie die Ausbildung ab.

Der Gong ruft zum Mittagessen. Schwestern und Schülerinnen essen getrennt. »Du hast immer die Wahl« heisst der Text, den Hausoberin Schwester Christina zur Einstimmung liest und der mit der Forderung schliesst: »Gib die Schlüssel für dein Leben niemals aus der Hand.« Tönt nach Viktor Frankl, bemerkt

Bruno Mülhauser, der einzige Mann am Tisch: Hauswart der Schule, Landwirt, gelernter Bäcker-Konditor, Dirigent des Jodlerklubs und Gemeindeammann der Nachbargemeinde Rechthalten mit gut tausend Einwohnern.

Einige Schwestern tragen zivil. »Wir haben die Wahl.« Dorothea Jaroš entschied sich fürs Ordenskleid, behielt aber ihren Taufnamen. Auch das ist heute möglich. Dorothea, griechisch »Geschenk Gottes«, »Geschenk der Göttin«. Dorothea, die Heilige, Märtyrerin der katholischen Kirche, wies laut Legende ihren Freier Apricius zurück, den heidischen Statthalter von Cäsarea. Gefoltert, zum Tod verurteilt, murmelte sie auf dem Weg zum Schafott unablässig den Namen Jesus. Jurist Theophilus hörte es und spottete, er wolle auch an Jesus glauben, wenn sie ihm Blumen und Früchte aus dem Garten ihres Bräutigams brächte. Da erschien ein Engel mit einem Korb voller Blumen und Früchte – und der bekehrte Theophilus wurde zusammen mit Dorothea enthauptet.

Schwester Dorothea ist weitaus die Jüngste am Mittagstisch. Natürlich wünscht sie sich ab und zu Gleichaltrige, für gewisse Themen fehlt ein Gegenüber, sie lebt einen anderen Rhythmus als ihre älteren Mitschwestern. »Wer kann schon alles haben!« Mit gutem Willen lässt sich Gesprächsstoff finden. Und kommt ein Bedürfnis wirklich zu kurz, sucht sie nach anderen Möglichkeiten.

Die mangelnde Bewegung liess sich ihr Körper nicht bieten. Sie übte Judo, bis eine Verletzung zum Aufhören zwang, dann Karate. »Meine kämpferische Seite.« Seit vier Jahren trainiert sie zweimal wöchentlich im Karate-Club Sense – »das Minimum«. Dorothea trägt den blau-grünen Gurt. Ihr gefällt das ganzheitliche Training »vom kleinen Zeh bis zur Scheitelspitze«, Beweglichkeit, Konzentration, Gleichgewicht, Vorstellungskraft, Durchhaltewillen – der »Kampf gegen sich selber«. Der Kampf mit einem Gegner. Neugierig beobachtet sie, was interdynamisch abläuft, welche Gefühle das weckt, wenn sie anpackt, stösst, zieht, schreit oder schlägt.

Auf Wettkämpfe verzichtet sie. Nicht weil der Kampfgeist fehlt. »Mir geht es nicht primär ums Gewinnen. Zudem werde

ich demnächst 40.« Ziel von Karate, übersetzt »Weg der Leeren Hand«, ist Charakterbildung, nicht der Sieg. Der Begründer des Zen-Buddhismus trainierte die Mönche körperlich, damit sie das stundenlange Meditieren aushielten.

Dorothea Jaroš' Club lehrt den Shotokan-Stil, eng am ursprünglichen Karate, philosophischer, mit strikteren Ritualen als andere. Die Grüsszeremonien etwa, »den Meister grüssen, alle anderen grüssen, knien, nochmals grüssen, sich sammeln vor Beginn und im selben Geist verabschieden«. Dass ein Meister befiehlt und die Schüler bedingungslos gehorchen, findet eine Mitschwester »schrecklich militärisch«. Dorothea schmunzelt: »Es tut ganz gut, einmal auf der Schülerseite zu stehen.« Hauptverantwortliche fürs Training ist übrigens eine Frau, »Spanierin, heissblütig, temperamentvoll, autoritär – Potzdonner!«.

Lässt sich Karatekultur vergleichen mit klösterlichen Ritualen, der Verpflichtung zum Gehorsam? »Innerhalb unserer Gemeinschaft ist heute vieles diskutierbar, Gott sei Dank! Wir sprechen von ›mündigem Gehorsam‹ und bewegen uns auf derselben Ebene wie unsere gewählten Vorgesetzten. Normen und Regeln erleichtern die Kommunikation, den Alltag. Doch jede Konvention muss von Zeit zu Zeit auf Gehalt und Richtigkeit geprüft werden. Sich dann gegen die allgemeine Meinung zu stellen, braucht Mut.« Heilige, die auf ihre innere Stimme hörten, begeistern Schwester Dorothea, »Heilige, die zum Heil ihrer selbst und zum Wohl der anderen mit ihrem Leben ernst machten«.

Die Schulglocke klingelt. 12.45 Uhr. Lateinstunde für Schwester Dorothea. Sie übt mit Sarah Zumbühl und Selin Atesli den Akkusativus cum Infinitivo. »Nur der Lateiner ist so kurz angebunden.« Die Mädchen konzentrieren sich, freuen sich: »Cool, wir haben AcI begriffen!« »Wir arbeiten ohne die Ablenkungen einer staatlichen Schule und werden maximal gefördert«, erklärt Selin. Sie will Wirtschaft und Recht studieren. Schwester Dorothea ist ihre Lieblingslehrerin, »streng, aber sehr geduldig – und gerecht. Sie denkt sich in unsere Probleme hinein«. Jedenfalls mauserte sich die »Mathematik-Niete« zur fixen Rechnerin. Ein halbes Jahr büffelte Dorothea Jaroš mit ihr. »Ich habe schon lange nicht mehr so viel kapiert«, ergänzt Sarah Zumbühl. Sie wird Medizin studieren. Ihr gefällt die strikte Trennung von Schule und Elternhaus, das Internatsleben. Auch wenn das Essen nicht immer schmeckt und die Regeln streng sind: keine Zigarette, kein Handy tagsüber. »Eine Sache der Disziplin«, meint Selin lakonisch, man muss sich anpassen können. »Im Übrigen sind wir eine Mädchenschule, vierzig Mädchen die ganze Woche zusammen, das gibt schon ab und zu Zickenkrieg.«

Die Guglera bietet drei Niveaugruppen, um den Schülerinnen »möglichst gerecht« zu werden, sie »möglichst weit zu bringen«. Souverän, ruhig, humorvoll wirkt Schwester Dorothea. Schwer vorstellbar, dass sie in den ersten Jahren ab und zu »fürchterlich abgestürzt« ist, und, bedrängt von der Stoffmenge, »den Faden auch mal selber verloren hat«.

Zurück im Besuchszimmer der Schule, erzählt Dorothea Jaroš von ihrer Weiterbildung, die sie demnächst abschliesst, existenzanalytische Beraterin, Gesprächsführung in problematischen Situationen – ein Lehrgang in der Nachfolge des Wiener Psychologen Viktor Frankl, Begründer der Logotherapie. Sie setzt sich heute weniger unter Druck, hat nicht ständig den Lehrplan vor Augen, kann den Schulstoff lockerer nehmen, besser auf schwierige Schülerinnen eingehen, auch mal fünf grad sein lassen, sich auf Wesentliches besinnen. »Sie brauchen nicht perfekte Mathematiker zu sein, sondern sollen sich in Fächern, die sie interessieren, einigermassen wohl und sicher fühlen.«

So bedauerlich das Ende ist, dass die Guglera geschlossen wird, kommt Schwester Dorothea entgegen. »Zwischenhinein gern Lehrer«, widerstrebt ihr alles Autoritäre. Kommt dazu, dass der strapaziöse Internatsbetrieb persönliche Freiräume massiv beschränkt. Eine öffentliche Schule käme ihrem Bedürfnis nach Rückzug ins eigene Kämmerlein eher entgegen. Von »Kämmerlein« kann nicht die Rede sein. Ein grosses, helles Zimmer mit Blick auf die Jurahöhen. Eine imposante Holzfigur, Tonskulpturen, Pflanzen, Bücher, Gitarre. Computer natürlich. Kartonschachteln. Aufbruchstimmung. Sie wird ein halbes Jahr in Tschechien leben, zurück zu den Wurzeln reisen, auch wenn sie dort keine Verwandten kennt. Tschechisch immerhin ist ihr schon ein wenig vertraut: Wie so manches brachte sie sich die Sprache selber bei. Eine Virtuosin im Selbststudium.

Bevor sie auszieht, will sie noch ihre Kassetten digitalisieren. Sie türmen sich, von Klassik bis Tina Turner und Michael Jackson, Rockband Queen und Pink Floyd. Keine Ländler-, Jodel-, Volksmusik. Aber Mozarts »Zauberflöte«. Weil sie kein Geld hatte für Musikkassetten, kaufte sie ein Aufnahmegerätchen und stellte es vor den Fernseher. Sie kennt die Oper auswendig. Schwärmt vom Singen in der Familie. Wie sie beim Radiohören mitsangen. Vom üppigen Liedervorrat ihrer Eltern. »Weiss ich einmal gar nichts mehr, kann ich immerhin diese Lieder singen.«

Noch zieht es Dorothea Jaroš zu Vielerlei. Zum Schreiben, eine Leidenschaft seit der Primarschule. Sie beschrieb jeden »Fresszettel«, den Schutzumschlag der Zeitschrift *Tierwelt*. Als die Gymnasiastin eine Woche im Bett lag, entwarf sie eine eigene Schrift, weil die Geschwister ständig in ihren Manuskripten stöberten. Sie nutzt die Geheimschrift noch heute, für Geschichten, persönliche Notizen – und setzt auf meine Bitte in Windeseile einen Satz auf meinen Block.

Was schreibt eine Klosterfrau? Sanfte Gedichte? Religiöse Traktate? Sie erfindet Fantasy- und Science-Fiction-Geschichten. »Den Kopf frei machen und einfach loslegen, sich etwas vorstellen, etwas entwickeln, das noch nicht existiert. Dinge kreieren, Namen, Planeten, neue Lebensbedingungen.« Die meisten Storys sind erst unterwegs, einige, bereits »uralt«, wachsen immer weiter. Die einzig abgeschlossene umfasst 200 Seiten. Seit der Begegnung mit der Raumschiff-Enterprise-Serie mag sie Filme mit einer »durchdachten Fantasiewelt«: *Herr der Ringe, Harry Potter, Star Wars, Spider-Man*. Ins Kino lässt sie sich von Geschwistern einladen – »es ist auch schöner zu zweit«.

Die Jugendliche kaufte sich Spider-Man-Heftchen vom knappen Taschengeld. Die Erwachsene liebt Comics. Die Reihe des polnischen Zeichners Grzegorz Rosiński, die Geschichte des Waisenkinds Thorgal, das bei einem Wikingerstamm aufwächst. Eine nachdenkliche Figur, doch einer rauen Welt ausgesetzt, muss Thorgal sich mit machtgierigen Herrschern, bornierten Göttern, Fabelwesen, Naturgewalten, Fanatikern herumschlagen und vollbringt sagenhafte Heldentaten.

Dorothea Jaroš lebt in diesen Bildergeschichten, erlebt die Kraft, mit schwierigen Dingen fertig zu werden, beinahe »als religiöse Erfahrung«. Als letzten Kinofilm vor dem Kloster sah sie *Highlander*, das Märchen von Connor MacLeod, der unzählige Kämpfe besteht, tödlich verwundet wird, unsterblich wieder aufersteht. »Absolut nichts Religiöses. Doch ich fühlte mich innerlich gestärkt, voller Energie, zum Bäume Ausreissen. Der Film wirkte wie eine Farborgie, öffnete alle Fächer meines Geistes, brachte sie zum Fliessen.« *Die Nebel von Avalon*, Geschenk zum Klostereintritt, kennt sie fast auswendig und las mittlerweile alle Bücher von Marion Zimmer Bradley. Die »Bücherfresserin« schafft locker zwei, drei Bücher pro Tag. Auch der *Medicus* oder das *Sakrileg* vermittelt »Gotteserfahrung«. »Lebenskraft« erlebt sie beim Schreiben, Zeichnen, Musizieren, im Karate. »Das alles macht mich offener für das wirkliche Leben.«

Das wirkliche Leben hat Dorothea Jaroš ein paar Mal arg gebeutelt. Die göttliche Regie erkennt sie »vor allem im Rückblick«. Sie selber hätte sich manches anders gewünscht. Beispiel Klostereintritt. Sie hätte nach der Matur gern ein Au-pair-Jahr in Frankreich oder England verbracht. Doch das Kloster, informiert über ihre Pläne, wollte keine Verzögerung. Beispiel Werklehrer. Sie hätte zu gerne die Ausbildung gemacht, doch die Prüfungsresultate sprachen dagegen. Der Verzicht auf den Traumberuf war hart. Beispiel Physikstudium. Zweieinhalb Jahre kämpfte sie mit der Materie – und musste plötzlich »die Richtung ändern, zurückkrebsen, sich neu orientieren, Mann, oh Mann!« Bitterstes Beispiel, die Profess auf Lebenszeit. Nach den obligaten Exerzitien bereit für diesen Schritt, beschied das Mutterhaus »Nein«. Was war passiert? Dorothea studierte, nahm nur selten teil an der betagten klösterlichen Gemeinschaft. Ihre Bemühungen jedenfalls gelangten nicht zur Oberin. »Hallelujah! Da ringe ich zehn Tage mit dem Entscheid, und dann dies.« Dorothea Jaroš schickt sich in das Verdikt, nimmt einen zweiten Anlauf, sagt noch einmal Ja, doch die Zurückweisung nagt jahrelang.

Nicht die hochgestimmten Feiern, just diese dunklen Momente erlebt sie als »wahre Gottesbegegnungen«, als tragendes Fundament. »Und glitzert nach allem Heulen und Zagen der Lebensfunke wieder, ist es ein Glücksgefühl.« Dabei ist Gefühlsduselei nicht ihre Art. Es muss sie eine Sache schon »wahnsinnig aufwühlen«, bis sie losheult. Meist ist es ein Streit, und Streit ist der Harmoniebedürftigen »fürchterlich zuwider«. Jetzt aber lacht sie. »Ich finde mein Leben sehr interessant! Obwohl ich es nicht völlig selber wählte, sondern mich auf ein gewisses Ziehen einliess, ist es ein Ziehen hin auf das, was das Beste aus mir rausholt. Und sieht auch der Lebensweg von aussen eher eng aus, entspricht er mir ganz.«

Ausser den obligaten Ferien. Sie ist kein Ferientyp. Die Sonnenallergie behindert sie, und am liebsten pflegte sie in Ruhe ihre zahlreichen Liebhabereien. Doch zum klösterlichen Leben gehören jährlich eine Woche Exerzitien, Familienferien und drei Wochen in einem Ingenbohler Ferienhaus. Vor letzteren hat sie sich möglichst gedrückt – und blieb einfach, wo sie war. Mit dem Laptop, Geschenk ihres Bruders, fallen Ferien leichter. Sie wird strategische Computerspiele spielen. Sie liebt alles, was Leben simuliert, ihren Knobelsinn herausfordert, in das sie sich hineinleben und -denken muss. In »SimCity« zum Beispiel bringt sie eine Stadt zum Funktionieren. Sie mag auch Gesellschaftsspiele, »Mühle« etwa. Verlieren musste sie allerdings erst lernen. Für ihre Schülerinnen entwickelte sie schon eigene Spiele. Ein »Aggressionsspiel« à la Leiterlispiel, so fies, dass es eben aggressiv macht – und Grundlage liefert für ein Gespräch zum Thema.

Bedauerlich, dass in der Guglera nicht öfter gespielt wird. Alle sind bis an und über die Grenzen engagiert. Ursache der steigenden Krankheitsfälle, glaubt Schwester Dorothea, die selber schon einer Depression nahe war mit bis zu dreissig Schulstunden plus diverse Aufsichten plus die ganze Informatik. Schwierig, Nein zu sagen, wenn alle am Limit sind. Schwierig, dem Gruppendruck zu widerstehen. Die Zeit fürs Karatetraining zu nehmen. Noch herrscht der alte Geist, der Glaube, ein gutes Leben bestünde aus Arbeit. »Das geistige Leben schützt uns nicht vor psychischen Erkrankungen und falschen Werten. Wir müssten uns besser auf die Finger schauen.« Mehr reden, spielen, länger am Tisch sitzen, öfter Kaffee trinken.

Ende Juni hat die Dauerüberforderung ein Ende. »Ein bisschen staatliche Unterstützung, und die ›gute Sache‹ könnte weitergeführt werden. Schwester Dorothea redet sich in einen heiligen Zorn.« »Wie viel geht verloren mit der Verstaatlichung sozialer Werke! Der Einsatz der Schwestern ist nicht vergleichbar mit demjenigen von Angestellten, das ist leider so.« Im Raum Freiburg führten Schwestern in fast jedem Dorf die Primarschulen. Für Gottes Lohn. Was den Ordensschwestern auch verübelt wird. Die Gewerkschaft des Pflegepersonals etwa schiebt ihnen die Schuld zu am schlechten Image und niedrigen Lohn. Arbeitet Schwester Dorothea für »Gottes Lohn«? Aus AHV-technischen Gründen bekommt sie einen Minimallohn zugeschrieben. Das nötige Geld erhält sie von der Hausoberin, muss aber Buch führen über das »Geld in eigener Verantwortung«.

Während die einen mehr brauchen, andere fast nichts, braucht Ingenbohl dringend neue Perspektiven. Der Umbruch ist enorm. Novizinnen sind rar. Wer sich heute sozial engagieren will, benötigt keinen Orden. Auch ein religiöses Leben lässt sich ohne Kloster arrangieren, in der Fokolar-Bewegung zum Beispiel, die sich international für die Ökumene engagiert, für den Dialog unter den Religionen. Wegweisend in Ingenbohl ist das jährliche Provinzkapitel als politisches Organ. Schwester Dorothea wird im Herbst 2007 zum ersten Mal mitreden über die Zukunft des Ordens.

Denkt sie an eine Kirchenkarriere? Sie sieht sich in der Pflicht mit ihrer Mitgift, einer »gewissen Intelligenz«, einem »einigermassen offenen Herz«. Ihre Devise: Sich bestmöglich auf eine solche Aufgabe vorbereiten, und, sollte es dazu kommen, auf die Zähne beissen, die eigenen Interessen hintanstellen. Vor einer Klasse zu stehen, war ihr früher auch undenkbar. Inzwischen weiss sie: »Es lohnt sich, für gewisse Dinge ins Rampenlicht zu treten.«

Zum letzten Mal an diesem 26. April ruft die Glocke. 16.30 Uhr, Informatikstunde. Im Computerraum präparieren die Schülerinnen ihre Powerpoint-Präsentationen. Probleme ohne Ende. Schwester Dorothea behält den Überblick, rät, greift in die Tasten. Ab und zu der erlösende Schrei: »Schwester, es funktioniert!« Bewerbungsdossier, Sängerbiografie, Katzengeschichte. Politik scheint die Mädchen nicht zu interessieren. Es ist der 21. Jahrestag nach der Katastrophe von Tschernobyl. Für Schwester Dorothea gehören die Nachrichten zum Tagesprogramm. Sie wählt, stimmt ab. Eine ernsthafte kritische Staatsbürgerin. Abgesehen vom Thema Privatschulen ärgert sie, dass Frauen immer noch benachteiligt sind, »dass man sie so scharf ins Visier nimmt, so viel härter kritisiert. In der Politik, an der Universität. In der katholischen Kirche, wo man sie nicht einmal zu Wort kommen lässt. Da läuft vieles nicht gut.«

Frauen im Priesteramt könnte sie durchaus akzeptieren. Doch sie versteht auch die Gegner, die nicht in der gleichen »Offenheit und Toleranz« aufgewachsen sind wie sie. Sie wünschte sich eine »Übergangsform«. Vielleicht aber »muss es Knall auf Fall kommen«. Restriktive Politik vertreibt sie nicht aus der Kirche. Sie selber fühlt sich keineswegs diskriminiert. »Ich habe keine Priesterberufung, bin keine Theologin, keine Missionarin.« Aber risikofreudiger wäre sie auf jeden Fall. »Ich könnte ja meinen eigenen Orden gründen, mit Priesterinnen, mit verheirateten Priestern. Einfach nochmals neu beginnen. Päpstin zu werden, ist allerdings nicht mein Ziel.«

Dorothea, die Fantastin. Sie kennt die Legende der Päpstin Johanna, die gegen Ende des 11. Jahrhunderts amtiert haben soll. Sie kennt Esther Vilars »Antrittsrede der amerikanischen Päpstin«, Vilars Forderung, die Frauen sollen ihre unterwürfige Haltung aufgeben: »Es sind die Frauen, die etwas verändern können.« Was aber hält Dorothea Jaroš von Vilars Generalthema? Der Angst vor der Freiheit, der Sehnsucht, alle persönliche Verantwortung in die Hände eines anderen zu legen, sich aus freien Stücken dessen Befehlen zu beugen? Das wäre wohl der »einfachste Weg«, meint sie, ist aber überzeugt: »Nur das entschieden selbst gewählte Leben ist ein verantwortungsbewusstes Leben; nur dann nehme ich meine Berufung ernst und lebe meine wahre Freiheit.«

Toleriert die Gemeinschaft der »Barmherzigen Schwestern« Freundschaften? »Heute dürfen Schwestern befreundet sein.« Untergründig allerdings motten die alten Ängste weiter, die sexuellen Hintergedanken, der Verdacht, man könnte lesbisch sein, eine »fatale« Beziehung eingehen. Sie hat diese Ängste nicht, fürchtet sich nicht davor, auch mal an einer Frau etwas schön zu finden. »Verstehe ich die Bibel richtig, ist alles möglich, was echte Liebe ist – Liebe, die für den andern und sich selber das Beste will.« Auch die Liebe zwischen einer Frau und einer Frau könne »etwas Gutes« sein. Unbegreiflich für ihre Schülerinnen, dass sie eine sexuelle Beziehung nicht vermisst, dass ihr wohl ist in ihrer Haut.

Verheiratete Priester findet sie schon nahezu ein Muss. Nicht nur, weil eine tägliche Messe in der Guglera mangels Priestern nicht möglich ist. »Aber unser katholisches Volk ist noch nicht so weit. Die Kirche wird niemals eine Spaltung riskieren.« Konnten Priester sich früher gegenseitig fördern und stützen, sind sie heute weitgehend auf sich allein gestellt, unter hohen Erwartungen und enormem Druck. Argwöhnisch beobachtet. »Einer nach dem andern macht Fehler, stürzt ab. Wir riskieren, dass uns der Priesterstand ausstirbt oder Formen annimmt, die wir nicht wollen, dass Fundamentalisten, Fanatiker überhand nehmen. Die möchte ich ehrlich nicht als Seelsorger.«

Schwester Dorothea ist »missionswiderspenstig«. Sektierertum, Rechthaberei, Unterdrückung sind ihr zuwider. »Gelebte Religion verbindet«, davon ist sie überzeugt, ob nun jemand aus dem Mysterium der Natur lebt, aus dem Mysterium Christi oder Buddhas. »Missionieren gehört nicht zu meinen Pflichten. Der Weg zum Glauben lässt sich nicht indoktrinieren. Glauben muss von innen kommen. Schon deswegen könnte ich nicht Papst sein. Stellen Sie sich vor, ich würde verkünden: ›Liebe Leute, ihr dürft glauben, was ihr wollt!‹ – ganz nach Augustinus' ›Ama et fac, quod vis‹, ›Liebe und tu, was Du willst‹. Das Chaos wäre vollkommen.«

Dorothea Jaroš begleitet mich zum Ausgang. »Schwester«, ruft eine ältere Ordensfrau: »Bitte helfen Sie mir! Ich kann den Computer nicht mehr abstellen.«

Die zornige Wanzenmalerin

Cornelia Hesse-Honegger

Naturwissenschaftliche Zeichnerin

Der 26. April 1986, die Katastrophe von Tschernobyl, veränderte die Existenz der naturwissenschaftlichen Zeichnerin Cornelia Hesse-Honegger. Ungewollt rutscht sie in die Rolle der Atomkraftgegnerin. Fünfundzwanzig Jahre zeichnete sie für die wissenschaftliche Abteilung des Zoologischen Museums der Universität Zürich vor allem durch Gift mutierte Taufliegen. Für ihre eigene Arbeit entdeckte sie die Blattwanze und schärfte damit den Blick für die Welt der Insekten.

Seit dem Reaktorunfall in der Nähe der ukrainischen Stadt Pripjat untersucht sie Auswirkungen künstlicher Radioaktivität auf die Natur rund um Schweizer Atomkraftwerke und internationale Atomanlagen. Sie will wissen, weshalb ihren geliebten Wanzen die Fühler abfallen. Malend klärt sie auf. Unmöglich, findet ihr Professor, der Genetiker Hans Burla, Naturschutz mit dem Pinsel zu betreiben. Doch je länger Cornelia Hesse-Honegger forscht, desto öfter fragt sie sich, mit wie viel Krankheit, Missbildungen und Mutationen wir uns abfinden wollen.

Sie stellt sich die Fallout-Gebiete der Tschernobyl-Wolke als riesiges Labor für Biologen vor. Doch dem Unfall folgte die Entwarnung: Die Radioaktivität sei unerheblich – kein Grund zur Panik, kein Grund für eine andere Energiepolitik. Die skeptische Forscherin fliegt im Juni 1987 nach Schweden, fährt nach Gysinge Bruk in der Nähe von Österfärnebo. Ein »wunderschöner Ort«, mit dem höchsten radioaktiven Niederschlag Westeuropas. Die Sorgen der Bevölkerung beruhigt man, der Sand in den Sandkästen wird nicht ausgewechselt. Cornelia Hesse-Honegger findet Grausliches. Der Klee treibt weinrote Blätter statt grüne, blüht rosa statt gelb. In Österfärnebo und Gävle

haben Wanzen ungleiche Flügel und Fühler in Form von Würsten. »Es war, als hätte jemand die Jalousien hochgezogen. Ich war verwirrt und befürchtete, irgendwie übergeschnappt zu sein.«

Im September fährt sie ins Tessin. Das Fischen im Luganersee ist verboten, auch das Essen von Beeren, Pilzen und Schafkäse. Die sieben Wanzen, die sie neben dem Hotel in Melano findet, sind alle deformiert. Auf einer zweiten Exkursion findet sie wieder geschädigte Wanzen, Blätter mit gestörten Symmetrien. Sie fängt drei Pärchen »Drosophila melanogaster« und züchtet die Fliegen in Zürich bis in die vierte Generation. Manche Nachkommen sind deformiert, vor allem im Gesicht, an Augen, Abdomen und Flügeln. Sie kontaktiert Professoren der Universität Zürich; diese winken ab, eine Studie rechtfertige sich nicht, die Strahlendosis sei niedriger als auf einem Schweizer Berg. Ausserdem wäre ein Referenzbiotop heranzuziehen; mit den wenigen Individuen sei nichts bewiesen; Tausende von Blattwanzen müssten untersucht werden. Cornelia Hesse-Honegger narkotisierte und untersuchte jeweils die Wanzen und liess gesunde

Tiere wieder laufen. Später behielt sie alle als Beweise, korrekt angeschrieben in Insektenkästen.

Die Konfrontation mit den Biologen macht ihr klar: Die »niederen Strahlendosen« sind der heikle Punkt. Ist aber der Fallout der Tschernobyl-Wolke so harmlos wie behauptet, müssten in der Umgebung der Schweizer Atomkraftwerke die Wanzen gesund sein, weil die radioaktiven Emissionen aus den Kaminen dort noch niedriger sind. Statt des Käferfestes findet sie ein Krankenlager. Schlimme Missbildungen rund um Gösgen, Leibstadt, auch um das Paul Scherrer Institut, das grösste Energieforschungsinstitut der Schweiz.

Unter dem Titel »Der Verdacht« publiziert sie 1989 Bilder ihrer Trouvaillen im *Tages-Anzeiger Magazin*: »Meine Bilder der abnormen Wanzen unterbreitete ich mehreren Zoologen, mit denen ich seit Jahren zusammengearbeitet hatte. Die Genetiker sagten, unabhängig voneinander, eine Veränderung der Erbfaktoren als Folge von Tschernobyl sei auszuschliessen. In der Natur gebe es viele spontane Mutationen (...). Mir selber fehlen

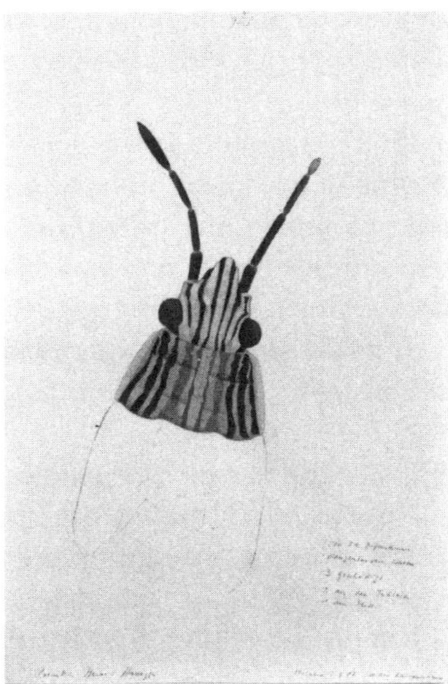

Wanzenlarve aus Melano, Tessin (1987) mit einer Missbildung am rechten Fühler

die Möglichkeiten, mit wissenschaftlichen Methoden Erbschäden nachzuweisen und sie auf radioaktive Bestrahlung zurückzuführen. Aber ich fände es notwenig, dass die Spezialisten sich entschliessen könnten, abzuklären, ob die Missbildungen an den im Tessin und in Schweden gefundenen Insekten als natürliche Mutationen zu betrachten sind, oder ob sie ›künstlich‹ hervorgerufen wurden.«

Der Artikel schlägt ein wie eine Bombe. Schreckt Politiker auf, verärgert Biologen. Einmal mehr reagieren sie aggressiv, die Strahlung sei absolut ungefährlich. Auf Anregung von Nationalrat Jörg Werder gibt der Bundesrat eine Studie in Auftrag; der Zoologe Johannes Jenny sammelt 10 000 Feuerwanzen im Rahmen seiner Doktorarbeit; ein Drittel der Insekten sind geschädigt. Cornelia Hesse-Honegger malt sie, »entsetzlich missgebildete Wanzen«. Und treibt ihre Studien rund um die Atomaufbereitungsanlage Sellafield in England weiter. Reist 1990 mit einer Gruppe nach Tschernobyl, sammelt mit Chirurgenmaske und Gummihandschuhen ausgerüstet Wanzen in der menschenleeren 30-Kilometer-Zone. Notiert ins Tagebuch: »Ich möchte Schritt für Schritt das Alphabet der Strahlenkrankheiten bei Wanzen entziffern können.« Die Funde und das Schicksal der Bevölkerung erschüttern sie.

Im September 1992 präsentiert Jenny seine Studie. Er habe im Umfeld der Atomanlagen nicht mehr Missbildungen als in anderen Regionen gefunden. Fazit: »Der Einfluss der Radioaktivität – falls es ihn gibt – ist nicht grösser als die vielen anderen Einwirkungen.« Cornelia Hesse-Honegger kritisiert verfälschende Arbeits- und Darstellungsmethode, findet aber kein Gehör. ETH-Präsident Jakob Nüesch fordert sie auf, ihre Niederlage anzuerkennen.

Sie beginnt von vorn. Beschliesst eine umfangreiche Studie an 40 Standorten im Aargau, wo vier Atomkraftwerke und das Paul Scherrer Institut in Betrieb sind. Sammelt zwischen 1993 und 1996 2 600 Wanzen, untersucht 65 Insekten pro Standort, lernt, »die Sprache der Missbildungen zu entziffern und einzeln darzustellen«. Dazu gehören geografische Karten, Aquarelle der Blattwanzen, Fotos, Texte, Protokolle. Diese Art Feldfor-

Harlekinwanze in der Nähe von Three Mile Island, Pennsylvania, USA (1991) mit verkrümmtem Scutellum und assymetrischen schwarzen und gelben Flecken

schung ist neu, sie kann sich auf nichts abstützen. Das gefällt ihr. Sie lacht. Sie lacht viel. Galgenhumor. Sammelt alle Arten und Individuen, die ihr begegnen – eine Abmachung mit sich selber. Sie will eine »ehrliche Arbeit« machen; bei einer Auswahl sind immer Voreingenommenheiten im Spiel. Sie nimmt, wenn möglich, nur erwachsene Tiere; sich paarende Wanzen lässt sie in Ruhe – und freut sich über jede Art, der sie zum ersten Mal begegnet.

Sie reist in die USA: nach Three Mile Island, ins Atomtestgebiet Nevada, nach Hanford, wo die alten Plutoniumfabriken stehen. Nach La Hague in der Normandie, wohin die Schweizer ihren Atommüll zur Aufbereitung schicken. Sie traut ihren Augen nicht; der hochradioaktive Abfall wird an der Endstation vom Zug auf Lastwagen gehievt und durch Dörfer und Städte zur Atomanlage gefahren.

Betroffene des Atomkraftwerkes Grundremmingen in Bayern bitten Cornelia Hesse-Honegger, mit ihnen eine Studie im Umfeld der riesigen Atomanlage zu machen. Sie fürchten das geplante, mangelhaft konstruierte Zwischenlager an einem Ort,

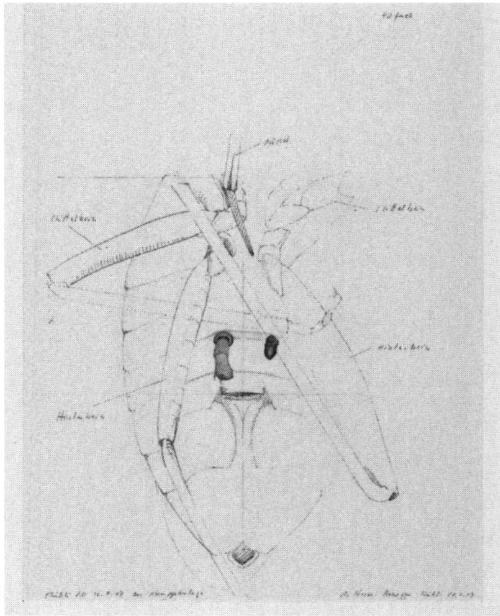

Weichwanze aus Flühli, Entlebuch, südlich der Atomkraftwerke Gösgen und Leibstadt. Zusätzlicher Beinstummel sowie der Ansatz eines Beines wachsen aus dem Bauch (Juli 2007)

den die Donau regelmässig überschwemmt. Die Opponenten fanden keinen Biologen für diese Arbeit, auch nicht gegen Bezahlung. Cornelia Hesse-Honegger macht die Arbeit, unentgeltlich, sammelt drei Sommer lang Wanzen. Trotz Protesten wird im August 2006 das Zwischenlager eröffnet, mit ein paar Verbesserungen, immerhin. Die »umfassende Pionierstudie« ermutigt sie, wieder mehr vor der eigenen Haustür zu forschen, wie jetzt im Entlebuch, einem Tal, das genau südlich der AKWs Gösgen und Leibstadt liegt, und in dem konstant die Bise bläst.

Kunstfachleute sehen in ihr die naturwissenschaftliche Zeichnerin, Wissenschaftler hingegen die Künstlerin. Den einen zu realistisch, den anderen zu ästhetisch. Wissenskünstlerin nennt sich Cornelia Hesse-Honegger. Sie lehrt uns das Staunen: mit derart wundervollen Bildern, dass wir uns schämen für jede totgeschlagene Fliege. Sie lehrt uns das Fürchten: mit schaurig-schönen Zeichnungen missgebildeter Insekten. Ihre Insektensammlung ist weltweit einzig; Zeugnisse einer schönen und zugleich bedrohten Lebenswelt im Grenzbereich zwischen Kunst und Wissenschaft.

Am Tag unseres Gesprächs feiern die Medien den 300. Geburtstag des Naturwissenschaftlers Carl von Linné (1707–1778). Cornelia Hesse-Honegger bewundert ihn. Linné begründete die wissenschaftliche Benennung der Arten, beschrieb 7 000 Pflanzenarten, gegen 6 000 Tierarten, entwickelte in seinem Hauptwerk *Systema naturae* (1735) ein Klassifizierungssystem: Gattungsbegriff plus Zusatz für jede Art. »Homo sapiens« für den modernen, den wissenden Menschen; »Coccinella septempunctata« für den Siebenpunkt-Marienkäfer. Diese Nomenklatur ist noch heute Grundlage der modernen biologischen Systematik.

Vor zwanzig Jahren beschäftigte Cornelia Hesse-Honegger sich im Linné-Museum zu Uppsala mit dem engagierten Aufklärer. Linné war nach Finnland gereist, um die unberührte Natur zu studieren, Hesse-Honegger reiste nach Schweden, um geschädigte Pflanzen und Wanzen zu untersuchen. Dank Linné wissen wir: Symmetrie gehört zu den Prinzipien gesunder Organismen. »Durch Linnés Ordnung wurde mir die Unordnung, die wir heute anrichten, bewusst.«

Ein Provokateur, der »Kanzleibeamte des Herrgotts«, wie Cornelia Hesse-Honegger. Dass Linné dem Liebesleben der Pflanzen menschliche Züge verlieh, empörte viele Zeitgenossen. Zu obszön, das Bild der Staubblätter, die sich um einen Stempel gruppieren, als ob sich »zwanzig Männer und mehr in demselben Bett mit einer Frau« ausbreiten. Einer sprach von »geradezu abscheulicher Hurerei« und wollte der studierenden Jugend den Zugang zu dieser »unzüchtigen Methode« verwehren.

Cornelia Hesse-Honegger treibt Unzüchtiges auf ihre Art. Provoziert die Wissenschaftler mit dem, was sie sieht. Frühestes Vorbild ist nicht Linné, sondern Maria Sibylla Merian (1647–1717). Im Korridor neben dem Kinderzimmer der Honegger-Mädchen hing ein Kupferstich dieser ersten Vertreterin der modernen Entomologie, die schon als Jugendliche Insekten erforschte. Erst sammelte sie Seidenraupen, dann »alle Raupen«, die sie finden konnte, um ihre Verwandlung zu beobachten. Cornelia will werden wie sie: »eine forschende Malerin oder eine malende Forscherin.«

Cornelia Hesse-Honegger, 1944 in Zürich geboren, erinnert sich an die Schule als »einzige Leidenszeit«. Ihre Begabungen nützten ihr nichts. »Was der Lehrer von mir verlangte, verstand ich nie so ganz.« Sie lebt in einer anderen Welt. Im Elternhaus gehen Intellektuelle und Künstler ein und aus, von Max Frisch bis Sam Francis. Gespräche über zeitgenössische Kunst gehören zum Alltag. Der Vater Gottfried Honegger, Bildhauer und Maler, gehört zur Generation der Zürcher Konkreten. Als Proletarierkind 1917 in Zürich geboren, lernte er Schaufensterdekorateur im Lebensmittelverein (LVZ), gründete mit seiner späteren Frau Warja Lavater ein Atelier für angewandte Grafik. Vital interessiert an Fragen des öffentlichen Raums, mischt er sich ein mit kulturpolitischen Visionen, mit eigener Kunst. Kunst habe einen sozialen Auftrag, sei »kulturelles Rückgrat« der Gesellschaft. Er ist überzeugt, das Minimale rege die Fantasie an, eine schöne künstliche Umwelt beeinflusse nicht nur unser Wohlbefinden, sondern auch unser Denken und Handeln. Er würde Oscar Wilde gewiss beipflichten, der auf die Frage, weshalb die Amerikaner so gewalttätig sind, meinte: »weil sie so hässliche Tapeten haben«. Gottfried Honegger sagt: »Natur ist Geometrie, Geometrie ist das Leben« – und die Tochter fügt hinzu: »Genau diese Geometrie zerstören wir mit künstlicher Radioaktivität.«

Warja Lavater (1913–2007), die Mutter, Grafikerin wie ihr Mann, schuf das Signet für die Landesausstellung 1939, das Logo für den Schweizerischen Bankverein (die drei Schlüssel gehören nach 60 Jahren und Namenswechsel noch immer zum Erscheinungsbild der UBS). Berühmt wurde sie mit ihren Piktogrammen – klassischen Märchen in einer künstlerischen Zeichensprache – »Imageries«. Schneewittchen. Rotkäppchen. Das hässliche Entlein. Als erstes Buch edierte das Museum of Modern Art New York 1962 Lavaters *Wilhelm Tell.* Ein grosser und ein kleiner blauer Punkt stellen Tell und Sohn Walterli dar, das Dreieck auf der Stange Gesslers Hut, braune Kreise das Volk.

Ihre Codes beflügeln die Fantasie; ihre Helden sind Aussenseiter. Eine »fabelhafte Erzählerin, mit strahlenden Augen und Händen, die tanzten wie Schmetterlinge«, die »Liebenswürdigste der Subversiven« (Annemarie Monteil).

Grossmutter Mary Lavater-Sloman (1891–1980), die berühmte Schriftstellerin, schrieb historische Romane – detailversessen, quellenerpicht. Die Tochter einer Hamburger Reederfamilie verliebte sich im damaligen St. Petersburg in den Schweizer Ingenieur Emil Lavater, Ururneffe des berühmten Johann Caspar Lavater, Pfarrer am St. Peter in Zürich und Autor der »Physiognomischen Fragmente zur Beförderung der Menschenliebe und Menschenkenntnis«. Der Ingenieur war unterwegs für Sulzer Winterthur. Das Paar heiratete 1912, im folgenden Jahr kam Warja zur Welt. Während der Oktoberrevolution floh Emil Lavater nach Moskau, arbeitete später in Athen und zog 1922 mit seiner Familie nach Winterthur. Ab 1943 lebte Mary Lavater-Sloman mit ihrem Mann in Ascona und liess sich nach seinem Tod in Zürich nieder.

Grossmutter trug die »Weltgeschichte im Hosensack«. Ihr Lebensstil imponierte der Enkelin. »Der Papst hätte auf Besuch kommen können, sie wäre um neun Uhr abends zum Quellenstudium verschwunden.« Ihr Tagesrhythmus war unumstösslich. Der Gatte brachte ihr das Frühstück ans Bett; von fünf Uhr früh bis elf schrieb sie, kochte das Mittagessen. Mittagsschlaf, Korrespondenz, Nachtessen. So entstehen über zwanzig Werke: Romane über Katharina die Grosse, Annette von Droste-Hülshoff, Heinrich Schliemann, Heinrich Pestalozzi, Johann Kaspar Lavater. Die problematische Vernetzung der Historie mit der Aktualität zeige sich im Roman *Schweizerkönig* (1935) aus der Zeit des Westfälischen Friedens, »dessen Held Johann Rudolf Wettstein unverkennbar dem umstrittenen Oberstkorpskommandanten Ulrich Wille nachgebildet ist« (Charles Linsmayer). Cornelia Hesse-Honegger schmunzelt: »Historiker kritisierten meine Grossmutter, Illustratoren meine Mutter, wissenschaftliche Zeichner schliesslich meine Arbeit.«

Cornelia Hesse-Honegger wohnt im Zürcher Seefeld, im gleichen Haus wie die Schwester Bettina Egger, die innovative

Kunsttherapeutin. Eine lichte, moderne Jugendstilwohnung. Afrikanische Masken an der Wand. Moderne Kunst. Werke des Vaters, natürlich. Kunst ist und war allgegenwärtig. Die Zehnjährige sammelte Kunstpostkarten und verbrachte viele Sonntage mit ihnen. »Es gab aggressive, symbolische, politische, historische, geometrische, aber auch naturalistische Bilder. Eine Gruppe war ihr »Louvre« – Hans Holbein, Jan Vermeer, Paolo Uccello, Leonardo da Vinci bestimmten ihr Sehen, Denken, Gestalten.

1958 bricht die Familie auf nach New York, erst die Eltern, ein halbes Jahr später die Töchter. Penthouse in Manhattan, 21. Stock. Cornelia ist beeindruckt von den Avantgardekünstlern, »arm wie Kirchenmäuse«, von Sam Francis, der riesige Bilder kreiert. Al Held, der auf Einpackpapier für Käse malt. Sie machen exakt das, was sie für richtig halten. Das ist der jungen Frau eine Lehre fürs Leben. Das Amerika-Jahr bringt ihrem Vater den künstlerischen Durchbruch. Cornelia zieht mit den Eltern nach Paris und beginnt ein Jahr später mit dem Vorkurs an der Kunstgewerbeschule Zürich, »wo man mir meine kindliche Malweise austrieb«. Ausgelacht wegen ihrem Kauderwelsch, fühlt sich die »scheue Teenagerseele« rettungslos isoliert und zieht sich zurück mit Büchern.

Ihren Beruf erlernt sie »massgeschneidert«. 1961 beginnt sie die Lehre als naturwissenschaftliche Zeichnerin am Zoologischen Institut der Universität Zürich. Weil Vater Honegger die Kunstgewerbeschule untauglich fand für diese Ausbildung, überredete er seinen Freund Hans Burla, Lehrstellen einzurichten für naturwissenschaftliche Zeichner; Vertrautheit mit dem Denken des Wissenschaftlers sei wichtig, das Sachliche müsse im Vordergrund stehen, nicht das Ästhetische. »Mein Vater, dem alles Verstaubte ein Greuel war, ist ein begnadeter Einmischer.« Er legt auch Hand an bei der Umgestaltung des Zoologischen Museums; die strohgefüllten Giraffen und Gazellen mit ihren starren Glasaugen mussten weg. Ein Naturkundemuseum brauche Arbeitstische und Mikroskope für die Besucher …

Die Lehrlinge dürfen alle Grundvorlesungen der Biologen besuchen inklusive Sezieren. Als Erstes zeichnet Cornelia Honegger die Inversion eines Chromosoms der »Drosophila subobscura«, einer winzig kleinen Fliege. Damit sie für das Institut »ein bisschen rentierte«, darf die »Magd der Wissenschaft« für eine Dissertation acht Zeichnungen und zahlreiche Tabellen herstellen. Sie entdeckt einen Sachfehler, wird fortan fast in jeder Arbeit auf Denkfehler stossen. »Zeichner sind eine wichtige Kontrollinstanz. Bildwerdung ist ein Erkenntnisprozess. Zeichnen oder Malen fördert die Wahrnehmung. Wir sollten wieder vermehrt zeichnen, malen, sehen.«

1962 bekommt sie einen Platz an der Stazione Zoologica in Neapel bei der Tierzeichnerin Ilona Richter, die Monografien über Nachtschnecken und Medusen illustriert. Die Schülerin lernt, die Tierchen – oft nicht grösser als ein Millimeter – mit der Binokularlupe in ihren typischen Bewegungen zu skizzieren und zu malen. Mit dem Messokular kann sie bereits umgehen (sie hat Fliegen bis achtzigfach vergrössert, ausgemessen und präzise dargestellt). Mit zunehmender Fertigkeit bringt sie innerhalb einer Woche eine ganze Schnecke aufs Papier. Wissenschaft wird für die junge Frau real; sie träumt davon, »eines Tages an vorderster Linie der Forschung zu stehen«.

Zurück in Zürich zeichnet sie fast jeden Tag im Zoo. Gar nicht einfach, Tiere zu zeichnen, die sich bewegen. Sie muss das Gesehene im Gedächtnis speichern und es dann vom innern Bild ablesen. Für eine Publikation in der Zeitschrift »du« darf sie für den Zoodirektor einen giftigen Steinfisch (Inimicus filamentosus) malen. Der Fisch mit der »Landschaft« auf dem Kopf ist »bizarr schön« – und neugierig. Sie malt ihn von vorne und von der Seite; sechs Monate sitzt sie vor dem Aquarium. Als die Bilder fertig sind, stirbt er: »Ich hatte einen Freund verloren.« Ein Drachenkopffisch und ein Rotfeuerfisch kommen dazu. Für die vier Bilder benötigt sie ein Jahr, »nicht zuletzt deshalb, weil die Fliegen, die sich auf meinen Malkasten niederliessen, fortwährend die Farben frassen …«

Wissenshungrig besucht Cornelia Honegger Volkshochschulkurse über Literaturgeschichte und Philosophie. Das abendliche Aktzeichnen bei fünf Lehrern an der Kunstgewerbeschule wird zur Leidenschaft. Sie übernimmt, was ihr passt; beeinflussen lässt sie sich von keinem. 1967 zeichnet sie mit Gift mutierte Fliegen: »Drosophila subobscura«. Die Taufliege vermehrt sich rasant und eignet sich für die Züchtung im Labor. Die verunstalteten Fliegengesichter bewegen und faszinieren die 23-Jährige. »Ich malte sie auch in meiner Freizeit.« Mutanten werden sie nicht mehr loslassen. Sie setzt den Kopf einer mutierten Fliege einem normalen Fliegenkopf gegenüber – und das Ganze auf roten Hintergrund. Der Professor kritisiert farbige Hintergründe als unwissenschaftlich. Cornelia Hesse-Honegger realisiert, wie wichtig ihr gestalterische Freiheit ist.

Wanderjahre führen sie an die Ecole Supérieure des Beaux Arts in Paris, wo sie »die Geheimnisse des Gestaltens« in grösseren Flächen erprobt. Sie gewinnt dreimal das Eidgenössische Kunststipendium für angewandte Kunst; sie ermöglichen Aufenthalte an meeresbiologischen Insituten Banyuls-sur-mer und New York. Dank Publikationen im *du* erhält sie den Auftrag, Meerestiere im Südpazifik zu malen, in Hawaii, im Barrier Riff (Australien). In der französischen Kolonie Neukaledonien, wo der Nickelabbau eine unfruchtbare Steinwüste hinterlassen hat, der feine Staub die Korallenriffe zerstörte.

Wieder in Zürich, findet Cornelia Hesse-Honegger alles langweilig und grau. Dank dem Entomologen Willi Sauter entdeckt sie die Blattwanze. 1969 heiratet sie Silver Hesse, Architekt, Sohn von Heiner Hesse (zweiter Sohn des Schriftstellers Hermann Hesse) und Filmemacherin Isa Hesse-Rabinowitch. Nach einem halben Jahr in Ghana, wo ihr Mann ein Praktikum absolviert, enden die Wanderjahre definitiv. 1972 kommt Simon zur Welt, 1975 Camil. Die Familie lebt in einem Holzhaus am Waldrand in Gockhausen, wo die Hausfrau und Mutter im verwilderten Garten einen neuen Mikrokosmos entdeckt. In freien Stunden malt sie Insekten und Spinnen, arbeitet für das Zoologische Institut, gibt Kurse an der Volkshochschule. Findet im Garten Marienkäfer diverser Farben und Muster und malt im Sommer 1976 das erste Aquarell – auf Millimeterpapier. Sucht auf Wanderungen im Tessin und Wallis nach ihr unbekannten Marienkäfern, was Mann und Freunde auf harte Geduldsproben stellt. 1981 sind 37 Deckflügel auf dem Bild.

Vor allem entdeckt sie die systematische Arbeit mit Blattwanzen, Heteroptera, zwischen einem und siebzehn Millimeter gross. Ihr Schicksalstier. Lederwanze, Ritterwanze, Stinkwanze, Streifenwanze, Kohlwanze, Glasflügelwanze, Feuerwanze, Baumwanze, Wiesenwanze, Gartenwanze, Hexenkrautwanze, Kieferzapfenwanze. Die Birkenwanze gehört zu ihren liebsten. Wie schön sie alle sind, gepunktet, gestreift, gefleckt.

Sie sammelt besessen, malt Flügelpartien, Schildchen – Grundlage für ihre Forscherarbeit. Die Insekten gehören zum Stamm der Gliederfüsser, sind hauptsächlich Pflanzensauger, entwickeln sich vom Embryo zum erwachsenen Tier (Imago) meist durch fünf Häutungen (ohne Puppenstadium); dabei werden die Larven dem ausgewachsenen Tier immer ähnlicher. Wanzen stehen am Anfang der Nahrungskette, leben über Generationen am selben Ort – hervorragende Bioindikatoren.

Die Leder- oder Saumwanzen (Coreus marginatus), in der Nordschweiz eine der häufigsten, sitzen oft zu Hunderten auf Brombeerbüschen in der Sonne, den Kopf verschmiert mit Brombeersaft. Eine solche Wanze von ihrem Sonnenplätzchen wegzunehmen und zu töten, fällt ihr schwer. Sie lässt auch immer Gemüse, Obst, Beeren stehen. Ein einziges Mal findet sie eine Weichwanze, kaum zwei Millimeter gross, entzückt über die klaren Formen und wunderschönen Farbabstufungen.

»Ein Glück«, Blattwanzen für sich entdeckt zu haben. Das erste Wanzenbildchen datiert vom Sommer 1969, 4,7 auf 3,7 Zentimeter gross, die linke Körperhälfte einer rot und schwarz gefleckten Ritterwanze. Die Arbeit erfordert Konzentration, Pingeligkeit. Drei bis sieben Wochen dauert es, bis eine ganze Wanze kunstvoll auf dem Papier ist. Die Farbe Grün zu erfassen, fällt ihr am schwersten. »Ach, du malst immer noch diese Käferchen!« Freunde wundern sich über die seltsame Beschäftigung.

Jährlich weniger Blattwanzen zu finden, beunruhigt Cornelia Hesse. Hans Burla beschwichtigt: Es gibt Schwankungen in der Natur, die schwierig feststellbar sind. Um nicht die letzten Wanzen im Garten auch noch auszurotten, zeichnet sie sämtliche Fliegen, deren sie habhaft wird, über 80 Arten.

Sie fühlt sich ab und zu isoliert, in den Jahren als grüne Witwe, ihrer »Latenzperiode«. Sie stört, dass die Betreuung der Kinder so gering geschätzt wird, »immerhin eine der wichtigsten sozialen Aufgaben«. Sie lernt dank ihren Buben, einfache Fragen zu stellen. Sich auch mal einzugestehen: »Das weiss ich nicht, das sollten wir herausfinden.« Sie schreibt mit den Kindern dem Bundesrat, die Schweiz solle ihren Atommüll nicht länger ins Meer vor der spanischen Küste kippen.

Als die Diskrepanz zwischen Haben und Wollen unerträglich wird, verlässt sie Ehemann und Vorstadtidylle, kehrt mit Kindern und Hund in die Stadt zurück. Findet ein paar kleine Schädlinge im Blumentopf, Nematoceren, Fliegen. Besser als nichts. Eine Monografie über einheimische Drosophila-Arten wird zur letzten Arbeit für das Institut: 257 Strichzeichnungen und drei Farbtafeln; der Direktor wird pensioniert, die anderen Professoren hatten eigene Zeichner. »Das Leben beginnt fast bei null.« Der Verlust an Sicherheit, der Druck, als Zeichnerin auf dem Markt Fuss zu fassen. »Dazu kam, dass meine Poren bis zur Schmerzgrenze offen waren, ich hatte das Gefühl, keine Haut zu haben ... Der private Schmerz, die Chemiekatastrophen in Seveso und Bophal, Frankreichs Atombombenversuche im Pazifik.

1985 hört sie, im Zoologischen Institut werde mit Stubenfliegen gearbeitet, mutiert nicht mehr mit vergifteter Nahrung, sondern mit Röntgenstrahlen. Die Erkenntnis trifft sie wie ein Blitz: »Laborfliegen sind die Prototypen, wie wir mit dem Leben umgehen und die Natur zurichten. Mit dem Dünkel von Göttern wird an Tieren herummanipuliert, ihr Aussehen verändert, sie werden benutzt und vernutzt. Ich wusste sofort: Diese Fliegen muss ich malen.« Prototypen der verseuchten Welt: gelbe Augen, Beinteile, die aus den Fühlern wachsen, löffelförmige Flügel und gelber Körper ...

Im selben Jahr wird sie eingeladen, auf dem ersten Cortona-Seminar der ETH (im italienischen Cortona) einen Vortrag zu halten. Sie wählt ihr Lieblingsthema: »Kunst und Wissenschaft. Gegensätze als dialektische Einheit.« Ihre Arbeit wird ernst genommen, das Ende des Cartesianischen Zeitalters gefeiert.

Es herrscht Aufbruchsstimmung, die Hoffnung auf ein ganzheitlicheres Morgen.

Es folgt Tschernobyl, der 26. April 1986, der Schrecken, dann die Desillusion. Die Biologen sind nicht interessiert, die Konsequenzen der Katastrophe zu untersuchen. Rastlose Jahre, obsessive Beharrlichkeit. Ihre Forschungsreisen, das Malen finanziert Cornelia Hesse-Honegger selber. Leisten kann sie sich ihren »gesellschaftlichen Auftrag« nur, weil sie seit 1986 jährlich sechs bis zehn Dessins entwirft für André Stutz und seine Seidenfirma »fabric Frontline«. Ihre streng serielle Anordnung und wissenschaftliche Präzision überraschen. Der Erfolg der Couture-Stoffe, Foulards, Krawatten ist enorm. Vielfach kopiert, mag sie eines Tages die Stoffdekors nicht mehr sehen; und da ihre exakten Naturdarstellungen juristisch nicht als Kunst gelten, sind sie nicht geschützt. Die ersten Sujets: Scherenschnitt mit Tiersilhouetten, einheimische Marienkäfer, der Laufvogel Kasuar. Dieser kommt als Erster aus der Produktion; »er war so schön und gab mir Hoffnung, von meiner Arbeit leben zu können«. Auf Stoffen nur das Schöne abzubilden, ist für sie in Ordnung. »Es ist wohl besser, das um sich zu haben, was wir lieben, was bewahrenswert ist.«

Yves Saint Laurent schneidert mit dem Marienkäfer-Dessin Jacke und Gilet für Popstar Elton John. Das St. Galler Modehaus Akris erwirbt Stiefmütterchen und Frühlingsblätter von zwanzig Baumsorten, Jil Sander ein Ensemble aus Nacktschnecken, Seesternen, Korallen. Nun versammelt das Buch »Art on Silk« ihre Seidenstoffe mit Pflanzen, Tieren und Gestein. Das luxuriöse Material passt zu der eleganten Insektenmalerin. »Kunst hat den Auftrag«, schreibt sie im Vorwort: »nebst der natürlichen eine künstliche Schönheit zu schaffen.« Diese sei in einer zunehmend künstlichen Umwelt die einzige Alternative, unsere Welt als »humanes Ganzes« zu erleben.

Das Schöne und das Hässliche. Im Oktober 1990 stellt sie in der Grafik-Sammlung der ETH Zürich über 100 Tschernobyl-Bilder aus – das ganze Spektrum ihrer Arbeit. Sie wird zum ersten Mal ernst genommen. Der Verkauf zweier Aquarelle rettete sie vor dem Ruin, die Bilderrahmen auf Mass kosteten ein Vermögen. 1992 bestimmt das Bundesamt für Kultur Hesse-Honeggers Zyklus »Nach Tschernobyl« zum Schweizer Beitrag für die Triennale XVIII »Design und Umwelt« in Mailand. Die Mailänder Ausstellungskommission lehnt die 38 Aquarelle ab; die Schweiz droht mit Boykott; der Gastgeber gibt nach; die internationale Presse ist begeistert. »Kein Wort in Schweizer Zeitungen, kein Schweizer Politiker an der Ausstellung.« Aber der österreichische Kulturminister Rudolf Scholten ist da und holt die Ausstellung der umstrittenen Künstlerin nach Wien. Bis 1999 waren die Bilder unterwegs, in Schweden, England, Kanada, auch in der Schweiz. Manchmal ist das Publikum verärgert, weil es pure Schönheit erwartet, doch die meisten erkennen das Bedrohliche instinktiv, das »visualisierte ungute Gefühl«.

Fast nur von ausländischen Museen ausgestellt zu werden, stimmt sie traurig. Sie erinnert sich an die Gruppenausstellung »Helvet Art« in St. Gallen (1988). Der Kritiker des *Tages-Anzeigers* liess sich lang und breit darüber aus, dass Bilder mutierter Fliegen nicht an eine Kunstausstellung gehören. »Ich lachte und weinte gleichzeitig. Als das vorbei war, schwor ich mir, das es mir künftig egal sein werde, ob andere meine Bilder für Kunst halten oder nicht.« Kurz danach publizierte sie erste Aquarelle der Blattwanzen. Prompt meldete sich die andere Seite: Die Bilder seien keine wissenschaftlichen Zeichnungen; sie wurden nicht aufgenommen in die grosse Ausstellung über wissenschaftliche Illustrationen im Museum für Gestaltung in Zürich. »Nun denn, sagte ich mir, will keiner mich haben, werde ich auch von keiner Seite vereinnahmt. Wer querfeldein geht, reist besser mit wenig Gepäck.«

Seit der Tschernobyl-Katastrophe wird geforscht, in Weissrussland, Russland, in der Ukraine, in Deutschland. Keine Langzeitstudie in der Schweiz, kein flächendeckendes Krebsregister. Einzig eine Studie eines Tessiner Arztes belegt, dass viele Frauen im Tessin im Juni 1986 abgetrieben haben aus Angst vor Missbildungen. Cornelia Hesse-Honegger echauffiert sich: über den verschleiernd harmlosen Dokumentarfilm am Schweizer Fernsehen zum 20. Jahrestag des Unfalls. Wie, fragt sich die Forscherin, ist eine Demokratie zu führen, wenn das Volk belogen wird? Sie entwickelt eine »Wahnsinnsstinkwut«, dass die Grünen und die Roten ihre Hausaufgaben nicht machen, dass die Schweiz keine unabhängigen Universitäten hat, also brachliegt, was Angestellte der Universitäten sich nicht zu erforschen getrauen. Dass in Fernsehdiskussionen widerspruchslos angenommen wird, Atomkraftwerke erzeugten keine CO_2-Emissionen. »Es wird zu viel geschwatzt, zu wenig gehandelt.« Das »Nationale Ärztekomitee für Atomausstieg« leiste hervorragende Arbeit, und noch wirken ein paar dissidente Wissenschaftler in Deutschland, in der Schweiz, »alle uralt, Nachwuchs fehlt«. Die Leute haben gekämpft; viele sind resigniert. Die Arbeit der AKW-Gegner sei wichtig, aber das Grüne und Umweltfreundliche leider oft handgestrickt; es kann so nicht ernst genommen werden.«

Cornelia Hesse-Honegger ist müde. Seit Jahren wird in der Schweiz nicht mehr berichtet über ihre Arbeit, was den Eindruck erwecke, sie arbeite gar nicht mehr an ihrer Forschung. Statt zu resignieren, packt sie das Verdrängen an der Wurzel und schafft Lehrmittel für Kinder, zum Beispiel die gestalterischen Facetten von Kreis, Quadrat, Dreieck und Linie von den Höhlenbewohnern bis in die Moderne. Als Dozentin (Universität Mainz, Schule für Kunst und Mediendesign F + F u.a.) stellt sie fest, dass unseren Kinder und jungen Erwachsenen der Zugang zu Kunst und Kulturgeschichte fehlt. Deshalb kreierte sie eine Kunstgeschichte des 20. Jahrhunderts für die Oberstufe (Elk-Verlag Winterthur). Überall werde die kognitive und intellektuelle Hirntätigkeit als das eigentliche Ausbildungsziel verstanden und der gestalterischen Arbeit nur der Rang von etwas zugebilligt, was gar nicht zum wirklichen Leben gehört. »Kunstunterricht wird zur Bastelstunde, wenn nicht zur Beschäftigungstherapie degradiert. Seelenkraft und Wahrnehmungsfähigkeit verkümmern.«

Die zunehmende Aggression der Kinder erklärt sie mit den Unmengen Phosphat in Cola, Eistee, Schoggistängel. »Ich habe mit meinem Sohn mal eine Phosphat-Diät gemacht, sie wirkte Wunder. Die Kinder sind so sauer, weil sie so viel säurebildendes Zeug essen.« Wiederholt informierte sie zuständige Stellen, überzeugt, die Aggression auf dem Schulplatz liesse sich um die Hälfte reduzieren.

Die Männer ihrer Generation enttäuschten sie, die 68er-Revoluzzer, die dann Karriere machten in Militär, Industrie, Universität. Ihr Häuschen haben, ihr Auto – und ohne mit der Wimper zu zucken Gutachten für multinationale Firmen schreiben, die zum Beispiel das Gift »Agent Orange« für den Vietnam-Krieg produzierten. Sie sassen an empfindlichen Posten, intelligente Leute. »Ich wartete lange Jahre auf einen mutigen Akt, auf eine kontroverse Aktion. Nun sind sie pensioniert.« Auch die Gleichgültigkeit der Naturwissenschaftler enttäuscht sie, die sich nicht exponieren aus Furcht um Stelle, Image, Forschungsgelder.

2007, an einer Tagung auf dem Monte Verità zum USA-Iran-Atomkonflikt, organisiert von der Internationalen Atomenergieorganisation IAEO (gegründet 1957 im Rahmen des Programms »Atoms for Peace«), begegnet Cornelia Hesse-Honegger einem Westschweizer Funktionär der IAEO. »Trifft sich gut«, sagt die Feldforscherin, sie male geschädigte Wanzen. Empörte Reaktion. Ein Skandal, findet sie, seit 1959 »überwacht« beziehungsweise »erforscht« Nuklearpromotorin IAEO selber die gesundheitlichen Risiken: Als würde man einen Dieb in den Laden stellen und sagen, pass auf, dass nichts gestohlen wird ... Die Atomlobby legt die Schwellenwerte fest, bestimmt, was gefährlich ist, was nicht. Wer anderer Meinung ist, wird ausgegrenzt. 1996, zehn Jahre nach Tschernobyl, anerkannte die IAEO dreissig Todesopfer als Folge des Unfalls, 2006 dann fünfzig, »obwohl viele Untersuchungen belegen, dass es sich um Tausende handelt«. Die IAEO (Friedensnobelpreisträgerin 2005) geht von »maximal 4000 Langzeitopfern aus«. Die WHO spricht von fünfstelligen Opferzahlen, hält sich aber trotz aufrüttelnder Erkenntnisse zu Tschernobyl an ein von der IAEO verordnetes Schweigen zu den gesundheitlichen Folgen radioaktiver Belastung. Genetische Schäden sind tabu.

Cornelia Hesse-Honegger redet sich in Rage. Fährt wie die Wanze »aus ihrer Haut«. Geht »an die Decke«. Rauft sich »jedes Haar einzeln«. So spricht sie – und lacht mit dem ganzen Körper. »Dass radioaktive Strahlung mutagen wirkt, gehört zum Allgemeinwissen, aber die Konsequenzen werden nicht berücksichtigt.« Cornelia Hesse-Honegger sieht die Atomspaltung in »evolutionsgeschichtlicher Dimension«, die kaum bedacht, geschweige denn erfasst wird. »Was uns bei einer präzisen und hellwachen Beobachtung der Natur in den nächsten Jahrzehnten dämmern könnte, ist, dass wir diesen epochalen Einschnitt seit mehr als einem halben Jahrhundert verschlafen.«

Naturwissenschaft sei eben eine Form von »Herrschaftswissen« im doppelten Sinn: Herrschaft über die Natur, Herrschaft als Wissenszulieferer. Wie Wissen technologisch angewendet werde, entscheiden andere, die Politik, die Wirtschaft. Sie fragt sich, ob das, was sie an ihren geliebten Blattwanzen beobachtet, einst der Gattung Homo sapiens bevorsteht.

Cornelia Hesse-Honegger sammelt weiter, in Vietnam, in der Schweiz. Sie wird sich freuen über eine Art, die sie noch nie gesehen hat. Auf die Kraft der Kunst vertrauen. An zuständige Bundesräte schreiben. Auf hellsichtige Wissenschaftler hoffen, auf eine Wissenschaft, die den Menschen dient. Sie wird weiter malen, nicht zuletzt, weil diese deformierten Insekten einen schrecklichen Zwang auf sie ausüben.

Quellen

Cornelia Hesse-Honegger: *Art on Silk*, Zürich 2007

Feli Schindler: »Künstler, Unruhestifter und Utopist«, *Tages-Anzeiger*, 11. 6. 2007

Annemarie Monteil: »Sie entwarf auch das Logo der UBS«, *Tages-Anzeiger*, 5. 5. 2007

Daniel Dreesmann: »Ich, der grösste Botaniker und Zoologe«, *NZZ am Sonntag*, 20.5.2007

Cornelia Hesse-Honegger: »Radioaktivität und Natur – ein Erfahrungsbericht«, *Natur + Mensch* 5/2006, Schaffhausen (hrsg. vom Rheinaubund)

Cornelia Hesse-Honegger: »Nicht zu einfach«, in: *Die Augen meiner Augen sind geöffnet. Erfahrungen der Dankbarkeit. Eine Hommage an David Steindl-Rast*, Freiburg im Breisgau 2006

Charles Linsmayer: »Mary Lavater-Sloman«, in: *Historisches Lexikon der Schweiz*, Bern 1998–2000

Cornelia Hesse-Honegger: *Heteroptera. Das Schöne und das Andere oder Bilder einer mutierenden Welt*, Frankfurt 1998

Cornelia Hesse-Honegger: *Nach Tschernobyl,* hrsg. vom Bundesamt für Kultur anlässlich der XVIII Triennale di Milano, Baden 1992
Cornelia Hesse-Honegger: »Wenn Fliegen und Wanzen anders aussehen, als sie sollten«, *Tages-Anzeiger Magazin* Nr. 4/1988, Zürich
René Ammann: »Die zweite Natur«, *Das Magazin* Nr. 6/1992, Zürich

Die juhzende Hexe

Christine Lauterburg

Sängerin, Schauspielerin

Sie kommt aus dem Dunkel, fast ganz in Schwarz, wischt mit dem Hexenbesen ein paar imaginäre Spinnweben von der schwarzen Decke der schwärzesten Disco Zürichs, bevor sie den Besenstiel so virtuos traktiert, dass allen im Publikum klar ist, wer heute Abend den Ton angibt. Christine Lauterburg ist der Star, unprätentiös, unfassbar, geheimnisvoll. Sie trägt schwarze Caprihosen, Stiefel, Gilet, rosa Rüschenbluse, silberne Trachtenketten um die Hüften, rotes Tuch über der Schulter. Ein bisschen Hexe, ein bisschen Heidi.

Der stürmische 3. Juli 2007 passt zur Eröffnung der Reihe »Alpine City«: »Schräg und schrill – Hudigäggeler im Zürcher Club Hey.« Zur Premiere kommt die Gruppe »Doppelbock« mit Christine Lauterburg. »Strubusset vorusse, hurniblet u schneit, we nume der Luft nid no z'Hüüsli wägtreit. / We d'Bise tuet chutte, äs macht mir nid bang, me seit ja sträng Herre regiere nid lang. / Jtz isches im Stübli gar heimelig z'sy, me laht sech chli zäme u jutzed drby.«

»Geht es mir schlecht, schaue ich nach, wo Christine Lauterburg gerade auftritt.« Myrtha Lanz aus Winterthur reist der Sängerin nach, trinkt ein Glas Wein, schmunzelt über die musikalische Therapie. Christine Lauterburg enttäuscht auch an diesem Abend nicht: Sie ist komisch und melancholisch. Fein zart und wieder grob. Energisch, wild, rau. Sie klagt, trotzt, stampft, tanzt. Sie jubelt und jodelt: hell, glockig, bergbachrein. Sie singt von Liebe und Tod, von Heimat und Krieg. Entzückt mit einem entharmonisierten »Vreneli ab em Guggisbärg« – »der Mutter aller Liebeslieder«. Rührt mit dem Jodelklassiker »Härz, wohi zieht es di?« Führt ein schmelzendes Gespräch mit ihrer Geige.

Die »Doppelbock«-Musikanten breiten herrliche Klangteppiche aus. Dide Marfurt, Jean-Pierre Dix, Markus Maggiori, Simon Dettwiler – keine komischen Bergler, sondern erfinderische, virtuose Musiker, erwecken listig und spielfreudig die alten Volksweisen zu neuem Leben: mit Drehleier, Schalmei, helvetischer Sackpfeife, Pommer, Geige, Chlefeli, Brummtopf und Trümpi. E-Bass und Kontrabass. Schwyzerörgeli und Langnauerli. Oder Djembe, Kalimba, Busuki, Cjon, Bodhran, »Worldmusic«-Instrumente.

Wer da griesgrämig bleibt, ist selber schuld. Und die Hüter der wahren, echten, einzigen Volksmusik geraten eh nicht in diese schwarze Höhle. Seit über zwanzig Jahren juhzt sich Christine Lauterburg gegen das Reglement des Eidgenössischen Jodelverbands in die Herzen ihrer Zuhörer. Unterhalten will sie, zum Tanz verführen. »Tanz, tanz, tanz! Tanz Meitschi tanz!«, raunt sie auf ihrer ersten Solo-CD »Echo der Zeit« 1994. Eine Beschwörung – bevor sie die Stimme in höchste Höhen treibt und silbrig lacht. Ein Berggeist? Eine Hexe!

»Du! Du gisch mir d'Hand. Du mir? Du u I? Hiä u jitz! Dini Hand zum Tanz! / Du! Du luegsch mit a! I di! Bis id Füess! Isch das süess! Vogelfrei im Tanz. / Du! Nimmsch mi i Arm. Wie warm. O bini, weisch wi froh – roserot im Arm. / Du! Bisch mi Schwarm im Arm, lah ni mi wiud la si, rund isch aus u Tanz!«

Rosaroter Paradiesvogel. In ihren Liedern flattern blaue Vögel um »Die blaue Frau vom Mond«. Sie kreist als weisser Albatros, klopft ans Fenster des Liebsten, erzählt, wie es ist, oben in der Luft. Rauscht der Sonne entlang, »los, wie ihri Schwinge singe«, setzt sich auf den Wind, man hört die Vögel »pipse, chräiä, zwitschere, schnattere, kreischä«. Schwerelos singt sie den alten Menschentraum: »Du und i löh aus la si u flüge los, mir flüge los, vogufrei u ohni Lascht im Wulchemeer.«

Christine Lauterburg tanzt sich die Trauer vom Leib, jodelt sich den Schmerz vom Hals. »Je mehr Musik ich denke, höre, spiele, desto besser geht es mir.« Sie staunt, so alt geworden zu sein, einundfünfzig Jahre; einige Male war sie nah am Tod. Was sie nicht zu schrecken scheint. »Mängisch fröii my ufe Tod, i ha nämlech gärn Rueh«, notierte sie einmal. Aber ihr Instrument will sie dabei haben: »Bitte gebt mir meine Geige mit, dass ich ›drüben‹ spielen kann.« Tod, Tanz, Teufelstanz. »Syg Tüfu wär wöu, äs bringt ä ke Tüfu ke Frou id Höu! Das wär mer de no! – U o ke Ma, aber da bini de nid so sicher!« In ihrem Lied »Morgerot« variiert sie rot und tot: »Ohni Sorg / Morgerot / Morn scho tot / Aberot / Bisch nid tot / Morgerot / Froh u rot …«

Froh und rot. Jedenfalls an diesem Frühlingstag an der Brunngasse 44 in der Berner Altstadt. Christine Lauterburg trägt Ringelpulli, Goldgurt mit bunten Ringen, farbige Strümpfe, pelzbesetztes Jeansgilet. Kerzen brennen, Lichtgirlanden leuchten im Dunkel der Wohnung. Überall Blumen, frische, künstliche. Blumenteppich. Tiefrote Vorhänge. Ein theatralisch stilvolles Ambiente in Rot. Silberne Zigarettendose. Sie raucht selbst gedrehte Zigaretten, seit sie vierzehn ist, Gras, »das stinkt nicht so«. Schlingt auch nicht bei jedem Luftzug einen Schal um den Hals, »ich bin keine Mimose«.

Vor den Fenstern fliesst die Aare. In ihr ertränkte sich 1931 der Dällebach Kari, der Coiffeur von der Neuengasse, der lustige Mann mit der traurigen Seele. Armeleutesohn, lenkte mit Witzen von seiner Hasenscharte ab, durfte seine grosse Liebe nicht heiraten, die Fabrikantentochter, weil ihr Vater dagegen war. Hielt Depressionen und Magenkrebs nicht mehr aus: »Da het är all die Lacher i däm Glächter inn la sitze und het sech himmeltruurig ds Läbe gnoh« (Mani Matter).

Im Sommer 2006 inszenierte Livia Anne Richard den *Dällebach Kari* in Bern. Noch nie wurde so viel geweint auf dem Gurten. Sämtliche Vorstellungen waren ausverkauft, das Stück wird wieder aufgenommen. Premiere ist am 27. Juli 2007 – die 26 Aufführungen sind seit Monaten ausverkauft. Christine Lauterburg gibt eine in die Jahre gekommene »Musikantin«, die dem Kari ab und an sein tröstliches »Blümlein« auf der Geige spielt. Auch an diesem letzten Abend. Sie singt ihm ein wehmütiges Lied – hoch über dem Schauplatz. Manchmal rauscht der Wind in den hohen Bäumen. »Schwerarbeit wie eine sportliche Leistung.« Eine jodelnde, Geige spielende Prostituierte? Einmal gewöhnt an diese seltene Verbindung, »freut man sich über Lauterburgs schöne Ausstrahlung«, kommentiert die Berner Zeitung. Ausserdem profitiere sie davon, dass die Produktion auf technischen Krimskrams verzichtet. »Sie spielt unverstärkt – wenn Huren Violine spielen, darf es ruhig mal kratzen.«

»Wir hatten viel Wetterglück«, erzählt Christine Lauterburg, »sonst kamen die Leute mit Regenmänteln und blieben hocken, bis der Regen so laut war, dass man nichts mehr verstand.« Glücklich ist sie auch über den ersten Auftritt mit Tochter Piroska, die eine stumme Rolle im Volk spielt. Auf einer Bühne ohne Heimattümelei. Ein roter Würfel für die Beiz, weiss der Bühnenboden, grün die Umgebung, die mit dem Einnachten dunkler und dunkler wird.

Candlelight-Tea in ihrer Wohnung. Sie brauche gerade alle Zeit für ihre Arbeit. Die Lieder entstehen sehr langsam. »Ich schreibe die ganze Zeit, immer schreibe ich, einfach für mich, aber aus zwei dicken Büchern entsteht vielleicht ein einziges Liedchen, das ich gut finde.« Beim Üben ist sie ungeduldiger, nahezu schludrig. Eine Macherin. »Nicht ewig reden, nicht so lange proben, bis man es nicht mehr hören mag.«

Ihre Stücke entstehen alle aus der Kombination Geige und Gesang. Die Intonation der beiden »Instrumente« ist heikel. Sie übt täglich, improvisiert, hört genau hin. Die Musik habe sie oft aus »todtraurigen« Momenten gerettet. Christine Lauterburg hat ihre melancholische Seite. Verkrampfungen lösen sich beim Singen. »Schreien ohne Ton, das hilft auch. Rasch aufs WC gehen für einen stummen Schrei.«

Wer ihre »dicken Bücher« aufschlägt, steht mitten in ihrer Welt, in einem Gesamtkunstwerk. Sie dichtet, zeichnet, fotografiert, collagiert. Notiert in grosszügiger Schrift Gedanken, Pläne, Träume. »Vielleicht gibt es sie ja doch – die Liebesfreundschaft, die ich erträume.« Sie nutzt Leuchtfarben, Gold, Silber, Glitzer. Fotos, Edelweiss, Enzian, Fell. Hier ein notensprühender Vulkan, dort ein Berg mit Frauengesicht. Bäume, Baumlandschaften. Zitate von Ernst Tinner, Nietzsche, Shakespeare. Ein Block Marken: Jungfrau, Mönch und Eiger. Blätter der 600-jährigen Ur-Eiche vom Dinkelberg. Die poetische Geburtstagseinladung zum 50. Geburtstag: Christine in rosaroter Mütze, mit zottig weissem Schal und bodenlangem schwarzem Filzmantel auf einem Schrottplatz im Winter. Gefeiert hat sie im urchigen Restaurant »Zum wilden Mann« im Ferrenberg bei Wynigen im Emmental.

Neben Konzerten und Theaterauftritten arbeitet sie am CD-Projekt »Allein«. Aus ihren Ideenbüchern entwickelte sie eine Art musikalisches Tagebuch; es soll 2009 erscheinen. Manchmal wäre sie froh, aufs Alter geruhsamer leben oder nur schon an ihren Projekten in Ruhe arbeiten zu können. Noch hat sie wenig Musse, und eine CD-Produktion ist aufwändig. Sie muss vorfinanzieren, organisieren, Mitmusiker animieren. Die CD »Aërope« liegt quasi bereit, »sehr europäische Musik, im Quintett gespielt«. Alles aufgenommen, viele alte Stücke, auch Jodellieder auf eigene Art arrangiert. Die Veröffentlichung muss bis Anfang 2008 warten, bis alle Musiker Zeit haben für gemeinsame Konzerte.

Irgendwann möchte Christine Lauterburg ein grosses helles Atelier mieten. Mehr reisen, wieder einmal als Strassenmusikerin auftreten, wie damals in Deutschland, als sie in der freien Zeit neben dem Bühnenengagement zum Vergnügen auf die Strasse ging und merkte, dass sie singend am meisten Erfolg hat. Ein »Kind der Natur«, wandert sie am liebsten durch die Schweizer Bergwelt. Hätte sie genug Geld, würde sie eine Parzelle Wald kaufen – »ein Stück Bergwald, das wäre wundervoll«.

Vielleicht zeichnet sie darum gern Berge und Bäume. Sie richtete eine Malecke ein im winzigen »Atelier« mit Blick auf die Aare. Hier hängt auch ihre Garderobe mit all den farbenfrohen Kleidern, spitzen Stiefeln, Stöcklischuhen. »Wenni dürt Stadt loufe i mim rote Chleid, de erinnereni mi dra, dass i mau ä Blueme bi gsi – mängisch bini wine Blume uf em graue Stei – mini Wurzle si chli – si tüe mr weh – wi mini Füess i de Stögelischueh uf dr graue Strass. Aber mi Duft isch magisch. No itz hänkt e chline Räschte überem Smog. / I trage z' Rot i die graui Stadt u aui si froh, dass es mi git. I bücke mi abe zu de winzige Pflänzli – di wachse düre Asphalt – die spränge ne mit ihrne zarte Bletter. I strichle se fyn. Ihre Duft isch magisch. Ihri Blüete lächle usem Stei. / Wenni dürt Stadt loufe im mim rote Chleid, singeni äs Lied im Rhythmus vo mine Stögelischueh. Sie tüe mr nümm weh. Ich bi froh u rot u aui lache mi a. Mi Duft isch magisch.«

Froh und rot. Selbst wenn sich die Leute aufregten über ihre schräge Aufmachung, ihre komischen Kostüme, noch bevor sie einen Ton von ihr hörten. Über blondierte Haare, Sennekutteli und kurze Hosen, Netzstrümpfe und Stiefel. »Ich verstehe mich als Musikerin, nicht als schräge Schaufensterpuppe.« Kultiviert sie das als Marke? »Ich schnitt schon als Kind meine Haare vorne ganz kurz, färbte sie rot, kombinierte schon damals Röcke und Hosen, wob Tunikas, nähte Hippie-Klamotten. Trug spezielle Schuhe, das musste sein, Schuhe, die eine Aussage haben. »Das brauche ich, sonst kann ich gar nicht auf der Bühne stehen.« Sie sei schliesslich Schauspielerin. Aufregungen über Kleider versteht sie nicht.

Ihr Sennekutteli mit dem alten abgewetzten Sammet zieht sie nicht mehr an. »Das ist vorbei. Gute Kostüme müssen selbstverständlich sein.« Nun trägt es Dide Marfurt, Anführer der Mannen von »Doppelbock«. Ursprünglich gehörte es dem Direktor des Zirkus Maus; sie bekam es von einer Freundin, zu Beginn ihrer Jodelkarriere: »Chrige, ich muss dir das Sennechutteli schenken, das passt zu dir.« Zu den Liedern »Anneli wo bisch geschter gsi?«, »Wenn eine will wybe«. »Am Himmel stoht es Stärnli z'Nacht«. Oder »Hie unde ar Aare«, in dem sie am Schluss ausschert aus der Idylle, Lastwagen donnern, rasen, lärmen: »Da tüe si geng fahre, geng Laschtwage fahre, hie unde ar Aare, jo ho lo li o ho, drum fahri auf d'Alp.«

Lastwagen seien ihr damals buchstäblich durch die Wohnung gedonnert. Das alte Volkslied ist Christines Leidenschaft, aber ein paar Freiheiten nimmt sie sich. »Auch wenn ich Volkslieder singe, jodle, kann ich doch nicht tun, als wäre ich auf der Alp. Ich möchte die Lieder und den Jodel in meine Welt ziehen. Sonst könnte ich Lieder wie ›Hie unde ar Aare‹ heute nicht mehr singen. Ich musste die Lastwagen integrieren, das ist auch meine Klage, mein Blues.«

Der Eidgenössische Jodelverband ärgert sich über den bunten Vogel, der seine eigene Tracht trägt und dreist daherjodelt, experimentiert, improvisiert, variiert, rhythmisiert. »Rhythmus bringt Bewegung, Befreiung.« Die Sängerin versteht nicht, weshalb unsere Volksmusik so rhythmusarm ist; sie verbindet ihre Musikcollagen mit Dance-Floor-Rhythmen, sucht nach dem Ursprünglichen. »Eigentlich ist alle Musik, die nicht aus ästhetischer Bildung, sondern aus der Tradition und dem Ritual entsteht, Volksmusik.«

Das sieht der Verband anders. 1943 legte er fest was gilt, von den Vokalisationen (o für die tiefen, u oder ü für die hohen Lagen) bis hin zur Kleidung. Christine Lauterburg foutiert sich darum. Legt sich mit Adolf Stähli (1925–1999) an, dem eidgenössischen Jodelpapst, der ihr Debütalbum »Echo der Zeit« empört quittiert: »Eine Sauerei, ein hässlicher Eingriff in unsere Jodeltradition.« Der Bauern- und Alphirtensohn, Jodler, Komponist, Dichter, Dirigent, Verbandsfunktionär würde sich wohl im Grab umdrehen: Christine Lauterburg greift fröhlich weiter ein – und ist längst nicht mehr das einzige Enfant terrible.

Ein Streitgespräch mit dem Präsidenten des Jodelverbandes endete zu ihren Gunsten. »Ich hatte die besseren Argumente.« Das Gespräch drehte sich vor allem um Regeln, um das, was sich gehört. »Ihr zitiert immer Natur und Berge. Geht doch mal hinauf und schaut euch so eine Geröllhalde an. Das pure Chaos!

Regt euch doch nicht so auf, es gibt genügend Jodler, die sich an die Tradition halten. Aber Volksmusik gehört dem Volk, auch mir, und ich darf damit machen, was ich will.«

Eigenwillig, widerspenstig war sie schon als Kind. Die Eltern, beide Grafiker, noch heute künstlerisch tätig, freuten sich, wenn der Tochter etwas gelang. Vor allem »Mami«, Lotti Lauterburg, ein lebensfrohes »Riesenglück«, wie die Tochter im Sternzeichen Fisch geboren, wesensverwandt. Sie unterstützt, fördert, motiviert: »Ohne sie hätte ich mich wohl nicht getraut, gegen alles Gemecker meinen eigenen Weg zu gehen; man braucht einen Schutz.«

Die Leidenschaft für Musik war früh geweckt. Im Kindergarten träumt das Mädchen von der Sängerin, in der zweiten Klasse ist es die Geige, später Schauspielerin mit Geige. Die ganze Familie musiziert: Die Mutter spielt Klassisches auf Geige und Klavier, der Vater pflegt sein Faible für Dixie, die Brüder üben Gitarre und Klavier. Tante Berti, Medizinerin und Violonistin, schenkt Christine eine Geige, erste Stunden. Das Mädchen improvisiert, spielt nach Gehör, bewundert ihre Gotte, die dann leider nach Basel zieht. Mit ihrer zweiten Lehrerin hat sie weniger Glück. Christine müht sich ab, sieht den Traum von der Musikerin entschwinden: »Ich weiss nicht, was sie mit mir machte, aber jedes Mal, wenn ich rauskam, heulte ich.« Sie ist so unglücklich, dass sie auf dem Weg dorthin die Geige über das Brückengeländer hält – in der Hoffnung, sie falle in die Aare.

In der Schule langweilt sie sich, schwänzt viel, schlängelt sich durch, ohne sich wirklich anstrengen zu müssen. Die Ausbildung im Seminar Marzili (die Eltern trauten der Schauspielerei nicht ganz) schätzt sie, »ich war recht jung – und lernte dort meine zwei allerbesten Freundinnen kennen, schon dafür lohnte es sich«. Das Schönste in den Schuljahren ist das Schreiben. Und Theater spielen in Laientheatern – bis sie endlich an die Schauspielschule kann.

Engagements während der Ausbildung sind verboten, doch die Anfrage von Clemens Klopfenstein für den Film *Feuerland* (1981) kann sie nicht ausschlagen. Die Kollegen schützen sie, der Direktor reagiert gutmütig auf ihr nachträgliches Geständnis. »Der Film wurde nachts gedreht, tagsüber ging ich zur Schule.« Die Story? Mitten in den Berner Jugendunruhen trifft Radiosprecher Max (Max Rüdlinger), ein desillusionierter 68er, auf die jugendlich enthusiastische Chrige. Sie treiben eine Nacht lang durch den aufgewühlten Berner Underground und wollen am Morgen das Leben und die Welt ändern. Ein Jahr später, in dem »Giro«, hat Christine die Nase voll von Max und seiner braven WG. Sie will den Sommer mit einer Freundin in Umbrien verbringen. Wo sie auf einen rassigen Italiener mit Alfa Romeo trifft ...

Während des Studiums nimmt sie ein paar Gesangsstunden. »Nur so weiter«, meint die tschechische Opernsängerin. »Du brauchst keine Stunden, du machst das schon recht«, sagt der Tenor Niklaus Tüller, Lehrer an der Schauspielschule. Naturtalent. Christine ist erleichtert, sie hasst die ewigen Stimmübungen. Ein Wahn, dieses frühe Rumbasteln an der Stimme, das strenge Trainieren, das ewige Vergleichen, das immer Besser-sein-Wollen. »Das ist kein musikalischer Ansatz. Je unterschiedlicher Musik gespielt wird, desto interessanter. Alle können Musik machen. Jodeln macht auch die Stimme nicht kaputt, wie viele behaupten.«

Sie übt für sich, jahrelang, auch klassische Lieder: Schuberts »An die Musik« gehört zu den Lieblingsstücken, »Oh wie schön ist deine Welt«, das »Ave Maria«. Bachkantaten. »Über den Selbstmord« von Bertolt Brecht und Hanns Eisler. Balladen, schöne Schlager, »mich reizt alles«. Heute ist sie froh, die Stimme nicht überausgebildet zu haben. Im Jodel ist Vibrato tabu. Christine Lauterburg singt Klassisches ebenfalls ohne Vibrato. Brechtsongs ohnehin. »Möglichst schön singen wollen, das kommt nicht gut, wichtiger ist, das Publikum versteht etwas, es geht ums Erzählen – und die Geschichten sind halt nicht nur schön.«

Hat sie Vorbilder? Oh ja! An erster Stelle bewundert sie Yma Sumac (übersetzt »wie schön«), mit ganzem Namen Zoila Augusta Emperatriz Chavarri del Castillo. Die peruanische Volksliedsängerin aus Ichocán, der Stadt in den Anden, bewältigte den erstaunlichen Tonumfang von viereinhalb, in jungen Jahren sogar sechs Oktaven, bis hinauf zur Pfeifstimme. »Kaum zu glauben, dass die gleiche Person singt, sie fängt irgendwo im Bariton an und hört im Koloratursopran auf. Hexerei? Sie musste Verfolgungen und Prozesse erdulden, sich sogar den Kehlkopf untersuchen lassen. Landsleute warfen ihr vor, ihre indianischen Gesänge verraten zu haben.«

Die Lauterburg-Kinder hörten gern Musik bei einer Freundin der Eltern, Malerin, im selben Altstadthaus zu Hause. Sie besass eine Schallplatte der Yma Sumac. Christine war fasziniert: So wollte sie singen. Zu ihren Lieblingssängerinnen gehören auch Ella Fitzgerald – dann Oum Kalsoum, »eine Göttin«, die ägyptische Maria Callas. Als sie nach einer fast sechzigjährigen Bühnenkarriere 1975 starb, versammelten sich bei der Beerdigung Millionen Trauernde in den Strassen Kairos.

Nach der Ausbildung spielt Christine Lauterburg auf der Bühne, in Filmen. Freie Schauspielerin, das gefällt ihr. Für ein erstes Engagement spricht sie zusammen mit Thomas Fuhrer in Esslingen vor. Das Theater engagiert sie gleich für zwei Jahre. Christine will nur ein Jahr – und genau wissen, was sie zu tun hat: »Ich komme nicht nach Deutschland, um zu warten.« Eine Hauptrolle im ersten Engagement, wer bekommt das schon! Sie spielen *Gerettet*, Edward Bonds zweites Stück, nach der Premiere 1965 im Londoner Royal Court Theatre verboten, wegen einer Szene, in der ein Baby von einer Bande Jugendlicher gesteinigt wird als Symbol für die Verrohung der Gesellschaft.

Nicht weniger brutal ist *Danny und die tiefblaue See*, das Zweipersonenstück des amerikanischen Drehbuchautors John Patrick Shanley. Christine Lauterburg spielt an den Frankfurter Kammerspielen eine von Inzesterlebnissen traumatisierte junge Frau. Ihr Partner vergisst sich auf der Bühne und schlägt zu. Verheult, blaue Flecken – die Schauspielerin hat genug vom Theater. Sie belegt einen Jodelkurs an der Migros-Klubschule und zieht mit Ehemann aufs Land. Entdeckt die Spanne über zwei Oktaven als weites Feld von Ausdrucksmöglichkeiten. »Ich wollte etwas Schönes machen. Etwas, das gerade aus dem Herzen kommt, das keine Inszenierung braucht und bei dem ich nicht warten muss, bis das Publikum sich gesetzt hat. Für mich bedeutet Volksmusik oder Naturjuhz, dass sich einer, gerade dort, wo er ist, hinstellt und einen jutzt«: »Bin i bang, mach i schnäll e liebe, wilde, höche, luute, gsalzne Klang!«

1987 begleitet Silvia Horisberger die Sängerin ans Berner Jodlerfest in Langenthal und dreht die poetische Dokumentation *Alpenglühn*. Christine Lauterburg trägt »Glücklech sy« von Franz Sommer vor und klassifiziert sich mit »gut«. Übrigens einer der wenigen Auftritte in der Freudenbergtracht. Weshalb sie sonst keine Tracht trägt? »Sie engt mich ein, hindert mich am ›frei use juhze, gigele, örgele‹.« Der Juhz, die Urform des Jodelns, sei »ein Naturjuhz ohne Text, frei, improvisiert«.

Christine Lauterburg jodelt auch in Klopfensteins Film *Macao*, 1988 in Biel, auf der Gemmi, in Dänemark und auf der Insel Coloane in Macao gedreht. Max (Max Rüdlinger) und Chrige spielen ein Paar, sie ist Jodlerin, er Dialektforscher. Er muss nach Schweden für einen Vortrag. Das Flugzeug stürzt in die Ostsee. Er kann sich retten und gelangt schwimmend auf eine Insel. Bald darauf schwimmt der Pilot der Unglücksmaschine an den Strand – mit einer dunklen Ahnung. Sie sind ins Jenseits abgestürzt ... durch die Meeresoberfläche hindurch in der anderen, ewigen Welt gelandet! Und wie der Sänger Orpheus Götter, sogar Tiere betört und seine tote Geliebte Eurydike durch die Kraft seiner Musik aus dem Hades befreit, jodelt Christine Lauterburg ihren entschwundenen Geliebten zurück.

Nach *Macao* macht Christine Lauterburg fast nur noch Musik. Ihr liebster Film blieb *Der Ruf der Sybilla* (1984). Ein ungewolltes Märchen und verrücktes Road-Movie führt aus der Schweiz in die magischen Berge Mittelitaliens. Ein Pärchen in Krise crasht durch Italien und verschwindet für immer in den sibyllinischen Bergen. Ein gutgemeinter Ratschlag eines umbrischen Mönchs artet aus zum Horrortrip, zur Zauberei, zur Magie. Aber die Ehe wird für immer und ewig gerettet.

Das wirkliche Leben spielt anders. »Die Ehe ist für mich keine so gute Sache.« Max will keine Kinder, keinen Kontakt mit Leuten, das Paar zieht immer weiter weg in die Einsamkeit. Sie wird doch schwanger, »Katastrophe«, denkt sie, sieht sich allein mit dem Kind. Zwei Jahre nach der Abtreibung liest sie einen Artikel über Embryonen, die für Versuche missbraucht wurden, ist »total traurig«, wütend – fühlt sich aber endlich frei.

Dass Christine »ausserhäusig« wurde, plagt Max Rüdlinger noch heute. »Chli es gschpunnigs Huen«, aber eben, auch seine »raison d' être«. Der Schauspieler aus Flums klagt im *Magazin*-Beitrag »Das Frauenwunder von Bern«, ihm seien in dreissig Jahren Bern nur gerade zwei Eroberungen gelungen. Bernerinnen hätten »kein Geheimnis«, das heisst, »sie sind einfach. Sie sind ganz bei sich, ganz sich selbst. Kein doppelter Boden, keine Schminke, keine Maske. Da bin i, da hesch mi.« Das fasziniert ihn, dazu »diese rotbackige Wohlgesundheit, diese bäurische Essenz«.

»Den Traum vom Kind kannst du vergessen«, sagt sich Christine Lauterburg, »jetzt bin ich halt die, die keine Kinder hat, ist wohl ohnehin besser in diesem Beruf.« Doch ihr zweiter Ehemann, Zsolt Marffy, Spross einer ungarischen Künstlerfamilie, will unbedingt ein Kind. Sie ist im neunten Monat schwanger, als der Autounfall passiert. Sie bleibt unversehrt, das Kind auch. Er liegt sechs Wochen im künstlichen Koma und erholt sich nicht mehr. Christine Lauterburg betreut ihn jahrelang, auch in schwierigen Phasen. Zieht das Kind auf. Alles lastet auf ihr. Endlich, Piroska wird schulpflichtig, die »erlösende Vision«, der Aufbruch nach Bern, wo die Eltern leben, die Freundin Schule gibt, die Infrastruktur funktioniert.

Heute ist das Verhältnis zu Zsolt freundschaftlich. Er wohnt in der Nähe, bastelt, komponiert, lebt in einem wahnsinnigen »Gnusch«. Sie will verheiratet bleiben, obwohl sie keine Ehe führen, »um nicht auf die Idee zu kommen, ein drittes Mal zu heiraten«. Die Tochter ist das Wichtigste. Piroska zuliebe steigt sie sogar in ein Flugzeug. Nach mehreren Autounfällen ist die Angst gewachsen: vor dem Autofahren, vor dem Fliegen.

Christine Lauterburg ist in der Welt herumgekommen, jodelte in Afrika, in China. Eingeladen von Pro Helvetia, nimmt sie teil an einem internationalen Musikfestival in Khartum (Sudan). Sie muss aus Kostengründen allein reisen. Die einzige Frau auf dem Festival. Kurz vor dem Golfkrieg. Sie spielt in riesigen Hallen. Solo. Ihre Elektrogeige unterm Arm. Auch das Örgeli hat sie

»glücklicherweise« dabei. »40 Grad Hitze und ich kleine Wurst auf diesen riesigen Bühnen.« Tausende von Schwarzen mit einer »Riesenfreude«. Die Frauen fragen sie aus. Kriegszustand. Niemand durfte tanzen. »Der Tanz ist das Lebenselixier dieses Kontinents; doch wer tanzte, wurde von Soldaten weggeführt.« Sie selber durfte keinen Schritt allein machen, spielte zwei Wochen jeden Tag. Dann noch für Gaddafi. Auch für die Freimaurer. »Ich wohnte in der Botschaft, vier Schwarze wollten die ganze Zeit für mich kochen und bügeln, ich hatte überhaupt keinen Hunger, war allein und ehrlich gesagt in Todesangst. Bricht jetzt der Krieg aus, wer kümmert sich noch um mich?« Trotz bedrückender Umstände oder gerade deshalb: viel Jubel für Christine Lauterburg, die Musikantin, die Naturjuhzerin aus der Schweiz.

1988 reist sie erstmals nach China für Dreharbeiten in Macao, der portugiesischen Kolonie, seit 1999 Sonderverwaltungszone der Volksrepublik China. Das zweite Mal lädt Ernst Hohl sie ein, ein Mäzen aus Zürich, »er hat mich immer wieder unterstützt«. Mit der Swissair organisierte er eine Reise in halbprivatem Rahmen. Mit dabei ist auch Peter Killer, Kurator des Kunstmuseums Olten. Sie heben am 12. März 2000 ab, Christines 44. Geburtstag: Sie wird verwöhnt, »schönes Leben, gute Gage, alles gediegen«. Intensive vierzehn Tage. Sie sieht manches, auch »die schreckliche Mauer und die Verbotene Stadt«.

Gern erzählt sie von der Begegnung mit einer Musikerin, die Pipa spielte, das klassische Saiteninstrument seit 2000 Jahren. Der einfallsreiche und virtuose Stil, bei dem nicht nur gezupft, sondern auch geschlagen, gelärmt wird, verband sich in der gemeinsamen Improvisation wunderbar mit Lauterburgs Repertoire. Sie erinnert sich auch an den alten Professor, der seit Jahren über ethnische Minderheiten doziert und erstmals einen Schweizer Jodel hört – »jodo«, wie er sagte.

Einst machte ein Migros-Kurs die Schauspielerin »gluschtig«; seit einiger Zeit gibt sie selber Jodelkurse in der Klubschule an der Berner Marktgasse. Am 2. April 2007 darf ich an einem ihrer raren Kurse teilnehmen. Aufgewachsen zwischen den Hügeln des Appenzellerlandes, seit Kindheit vertraut mit Zäuerli und

Tänzen, der Streichmusik Alder, dem Jodel, der ganzen mollgestimmten Volksmusik, ist mir dennoch mulmig zumute, als ich das Kurszimmer suche. Die einen kommen aus Neugier, andere aus Neigung; der einzige Mann löst einen Gutschein ein, Geburtstagsgeschenk.

»I bi d' Christine. Unter Jodlern sagt man sich du. Stürzen wir uns hinein, es muss nicht perfekt sein. Einfach ausprobieren. Im Gähnen, im Lachen singen. Mit extrem lockerem Kiefer. Ihr müsst schlagartig, mit dem sogenannten Kehlkopfschlag, von der Kopfstimme in die Bruststimme wechseln.« Sie singt vor, hilft, lobt. Demonstriert Zungenschlag und Kehlkopfschlag, »wie ein Automat, der wahnsinnig schnell und gut singen kann. Es hat etwas Artistisches, ob das musikalisch bedeutungsvoll ist, weiss ich nicht«. Zwei heitere Stunden. Die Leute juchzen, johlen, jaulen. »Übt den Kehlkopfschlag vor dem Spiegel, beginnt in der Höhe, übt nur zwei Töne, lasst im letzten Moment eure Stimme fallen. Singt die Konsonanten weit hinten. Erfindet Melodien mit vielen Kehlkopfschlägen.«

»Im Jodel ist ein Sehnsuchtston zu vernehmen«, bemerkte Goethe auf seiner Schweizerreise 1828, obwohl er es nur »im Freyen oder in grossen Räumen erträglich« fand. Im Klubschul-Jodelkurs hätte er wohl keinen »Sehnsuchtston« gehört, doch das zweistimmige Abschlusslied gerät leidlich: »Was frageni na Gäld und Guet, wenn i doch z'friede bi, es offes Härz u frohe Muet isch gäng no s'Beschte gsi. / Gar mänge läbt im Überfluss, het Hus u Hof u Gäld, doch isch sys Läbe voll Verdruss u feischter schynt ihm d'Wält, / Drum chlag nid gäng we's nid wott gah, we's choldret i dir inn, fang lieber zwöimal vorena, s'het alls e tiefe Sinn.«

Die Bitte der Juhzfreudigen um eine Fortsetzung schlägt Christine Lauterburg aus: »Ich bin ja selber nicht ausgebildet.« Mit dem Einführungskurs besänftigt sie ihr schlechtes Gewissen: eine »soziale Verpflichtung«, sie hat schliesslich auch hier gelernt.

Eine Sängerin ohne Berührungsängste. Engagiert sich gern für Spezielles, spielt im Musical *Alice im Wunderland* im Berner Stadttheater die böse Kartenkönigin, die alle köpft. Sie bekam ein Stück eigens für ihre Fähigkeiten komponiert. Spielte in hohen Schuhen und einem Kleid, in dem sie noch viel dünner aussah, wie ein Schild, silbergrau, amerikanisch, mit Schleppe. »Ich hockte drei Stunden in der Maske, ging auf die Bühne und schmetterte mein Lied.«

Sie musiziert auch in verschiedensten Formationen, singt zu Instrumentarien, die vom Computer über die Maultrommel bis zum Talerbecken reichen, »dem einzigen, wirklich schweizerischen Volksinstrument«. Zwölf Jahre nach »Echo der Zeit« erscheint 2006 »Alles bleibt anders«, die dritte Solo-CD. Erneut holt sie uns in ihre Welt, weckt die archetypische, uralte Sehnsucht nach Stetigkeit, Verlangsamung, Ruhe. Baut Klangfragmente zu akustischen Collagen zusammen. Spielt mit Alpenidylle und Stadtchaos, Kuhglocken und Motorenlärm, mit Blitz, Donner, Regengüssen. Verbandelt Händel mit Jodel. Führt zum Tanz. Rührt mit Juhz, ihrem Sehnsuchtston, Zeichen für Hochgefühl und Widerstand. »Alles bleibt anders«, singt sie zu Beginn, »Nichts bleibt gleich« zum Schluss – bevor der Zuhörer 32 Minuten lang zugemurmelt wird vom Rauschen eines Bergbachs.

Zuvor aber gewinnt er eine regelrechte Existenzphilosophie: »Gleich ist mal anders und ist mal gleich / Reich ist weich und anders ist schwer / alles bleibt anders das wiegt nicht schwer / Leer ist voll und du bist toll / erklär mir einer was das soll / alt ist neu du hast keine Scheu / Tiger ist Fisch und frisst gern Heu / Dunkel wird hell das geht sehr schnell / Balsamier deine Seel und bleibe Ma Belle / alles bleibt anders nur das ist gewiss / die Welt um mich rum hat jetzt einen Riss / Alles bleibt anders und anders bleibt gleich / und wie du's auch anschaust im Kern sind wir gleich / mal froh mal traurig mal arm mal reich / begehren ist lustig und sterben macht bleich / So wie du reich bist so arm ist dein Freund / und wenn du nichts abgibst gereichts keinem Freund / und erst wenn die Reichen ihm reichen so stimmts / bodenlos traurig viel Glück wie man's nimmt. / Solang einer hungert leiden alle mit ihm / wie blau ist der Himmel er lächelt für ihn / meine Seele ist froh, wenn sie dich glücklich weiss / alles bleibt anders und nicht gleich wie heiss / Anders bleibt alles und gleich bleibt nichts / wenn mal was gleich bleibt kannst sehen wie es bricht / von rosa zu rot und dann lila jetzt blau / im Winter da schneit es im Sommer gibt's Tau / Alles bleibt anders und nichts bleibt gleich / gleich ist mal anders und gleich wieder gleich / dunkel wird hell und das geht sehr schnell / die Welt um mich rum wird langsam sehr hell.«

Hat Christine Lauterburg es geschafft? Ist die Welt um sie herum hell geworden? Und wie! Tochter Piroska ist eine Freude. Mit Dierck von Hildesheim fühlt sie sich »in langjähriger Liebesfreundschaft als Frau und Künstlerin endlich verstanden, unterstützt«. Sie erhält hoch bezahlte Engagements, kürzlich an einem internationalen Kongress. Je höher die Gage, desto weniger muss sie tun. Ein bisschen Stimmung machen. Sie nimmt es gelassen. In noblen Häusern begegnet sie Bar-Pianisten, einmal einer Frau, jung, attraktiv. »Sie spielte plötzlich Bartók für mich.« Christine Lauterburg bewundert Bar-Pianisten. So weit will sie es bringen: Im Alter in edlen Hotels singen und nicht beleidigt sein, wenn niemand sie wahrnimmt.

Quellen:

Claude-Dieter Rath: »Was ist am Jodeln so peinlich?« Eine Verhaltensstudie. *du* Nr. 7 / Juli 1993. Der Sound des Alpenraums. Die neue Volksmusik

Nina Toepfer: »Christine Lauterburg«. *du* Nr. 7 / Juli 1993. Der Sound des Alpenraums. Die neue Volksmusik

Video-Queen an der Schmerzgrenze

Pipilotti Rist

Cross-Künstlerin

Sie trägt ein rotes Kleid – und fällt fünfundzwanzig Mal hin, aufs Strassenpflaster, ins Gras, ins Kornfeld, ins Wasser. Sagt: »Die Sonne geht unter, auf dem Meeresgrund ists bunter. Eigentlich will ich ja sagen, das Leben ist schön. Schau dir die Farben, schau dir das lustige TV-Programm an, schau dir den Kosmos an ...« In diesem Video, erklärt Pipilotti Rist, »tanzen die Fehler der Maschinen mit meinen Charakterfehlern«. Die Bilder sind verzerrt, verwackelt, die Frau »hasst alle Ideen vom Idealen, das es nicht gibt. Ich sag: Es gibt die Scheisse, ja! Es gibt das Schlechte, ja! Es gibt das Nicht-Ideale, ja!« Die Künstlerin feiert Versöhnung mit technischen Defekten, mit menschlichen Schwächen – und wird eben daraus stark, vergnügt, autonom. Diese Attitüde zieht sich durch ihr Werk.

Das Video »(Entlastungen) Pipilottis Fehler« entstand 1988. Damals finanzierte sie ihre Kunst mit Computergrafiken für die Pharmaindustrie. Heute stehen die Museumsdirektoren Schlange. 2007 gibt es Einzelausstellungen in Tokyo, Stockholm, Paris. 2008 wird sie Gast sein im Museum of Modern Art in New York. Sie ist mit Platz 19 die bestplatzierte Schweizerin im internationalen Ranking »Kunstkompass« (Wirtschaftsmagazin *Capital*). Fischli/Weiss folgen auf Platz 37.

Jahrelang war sie darauf gefasst, man werde ihr den Erfolg ankreiden. Doch nichts dergleichen. Das Publikum liebt sie. Einzig »Ambivalenz« musste sie sich in feministischen Diskussionen ab und zu vorwerfen lassen. Was sie akzeptiert. »Ich bin Feministin, das ist Ehrensache und logisch, solange die Horizonte nicht für alle gleich weit sind.« Aber ihre »Forschungen« prägen noch »tausend andere Erkenntnisse«; auch Ambivalenz brauche da Platz. Schliesslich will sie bei der Betrachterin »eine Milde zu sich selbst fördern«, wünscht sich, auch ihr Publikum möge dank ihrer Botschaften »weniger hart« zu sich sein. Die Absolution nimmt man gerne an – und verlässt ihre Ausstellungen heiter, inspiriert, energetisiert. Ihre Kunst ist schwebend, tänzerisch, ironisch verspielt, ästhetisch, melancholisch, verführerisch, auch mal kitschig, auch mal provokativ – und wunderbar tröstlich.

Dabei treibt sie ihre schwermütige Seite an: Liebeskummer, Todesängste, Rollenzwänge, psychosomatische Störungen. Sie geht von privaten Verdüsterungen aus, nutzt »Superpersönliches« für eine allgemein relevante Kunst. Ihren Werken ist der Schmerz nicht anzusehen. Die Arbeit, sagt sie, hat mit »Exorzismus« zu tun, mit »ritueller Befreiung«. »I'm Not The Girl Who Misses Much« (1986) ist solch ein »exorzistisches Überlebensband«. Um Trauer und Schmerz nicht zu »verdoppeln«, konzentriert sie sich auf Positives. Was manchmal an »Eskapismus« grenze. »Man könnte es Kitsch nennen. Kitsch ist ja, was die Scheisse ausschliesst.« Doch diese Leichtigkeit nehme das Publikum nur ab, wenn der Schmerz »mitschwingt«, erklärt sie im Gespräch mit der *Neuen Zürcher Zeitung*. »Man muss spüren, dass der Schmerz in den Ecken hängt.« Sie will Hysterie positiv darstellen, unbedingt. »Hysterie ist kein Grund zum Schämen, sie birgt das Rituelle und das Explosionsartige in sich.«

Die Leichtigkeit im Umgang mit dem Medium ist hart erarbeitet. Pipilotti Rist ist Perfektionistin, Pedantin, gut schweizerisch eine »Tüpflischisseri«. Das verlangt der komplexe Beruf als Drehbuchautorin, Regisseurin, Produzentin, oft auch Selbstdarstellerin. Sie arbeitet »angefressen, rastlos, besessen«, dreht eine Szene vielleicht hundertmal, »bis die Kamerafahrt die Rundungen und die Schnelligkeit hat, die ich mir vorstellte«. Und statt sich zu ärgern über dilettantisch ausgeleuchtete Räume, bastelt sie bessere Lampenschirme. Und versucht inmitten all der Technik die Unverblümtheit des Kindes zu bewahren. Ihr Credo: »Jedes Quäntchen, das du an Unschuld verlierst, musst du mit einem Kilo Know-how gutmachen.«

Und wenn die Arbeit fertig, die Ausstellung eröffnet ist? Dann mischt sie sich unter die Leute und tut so, als wäre sie eine Besucherin. Spricht vielleicht jemanden an: »Also ich finde, es könnte jetzt auch lauter sein …« Macht ganz praktische Einwände – »dann reagieren sie«. An der Shanghai Biennale 2002 installierte sie eine Arbeit im Sitzungszimmer. Am Eröffnungstag standen Hunderte Chinesen Schlange, sahen sich dann die Bilder »zentimetergenau« an. Von weit weg, von nahe, verbrachten »total viel Zeit« davor, »da musste ich einfach losweinen vor Freude. Man investiert seine ganze Kraft und sein Leben in etwas und hat ein tiefes Bedürfnis, es anderen zu zeigen.« Das erzählt sie Richard Julin, Chefkurator der Magasin 3 Stockholm Konsthall, der im Frühling 2007 die Einzelausstellung *Tyngdkraft, var min vän* präsentierte, »Schwerkraft, sei meine Freundin«. Manche Zitate dieses Porträts stammen aus dem Gespräch mit Julin.

In den Neunziger Jahren ist sie Vorbild einer ganzen Frauen-Generation. Eine erwachsene Pippi Langstrumpf, die in jeder Hinsicht macht, was ihr passt, sich selbst nicht so ernst nimmt, sich schräg anzieht, grell schminkt, keine Minute daran denkt, was wohl die andern von ihr denken. »Leider bin ich nicht halb so wild, wie viele meinen«, sie wäre gerne selbstbewusster und frecher, um die Frauen nicht zu enttäuschen. Doch sie weiss auch, dass das Bild von der Künstlerin Teil der Rezeption ist. Die Leute, sagt sie, lieben meist ihr eigenes Konstrukt, das sie aus den Kunstwerken, dem Vornamen, den Berichten, Fotos und privaten Wünschen zusammensetzen. »Dieses Bild ist nicht identisch mit mir, es ist eine Figur neben mir.« Ein Symbol, das ermutigt, will sie trotzdem gerne sein.

In ihren Videos ignoriert Pipilotti Rist, was sie degoutiert, und übertreibt, was sie interessiert. »Man muss immer übertreiben, damit etwas klar wird.« Doch eine exzentrische Arbeit bedeute noch lange nicht, dass der Künstler auch so ist. »Ich bin im Leben total normal.« Wer »wilde Sachen« machen will, muss ein ruhiges Leben führen. Das tut sie in einem Mehrfamilienhaus am Fusse des Zürcher Hausbergs, von Freunden, Gabrielle Hächler und Andreas Fuhrmann, gebaut und 2006 prämiert mit der »Auszeichnung für gute Bauten« der Stadt Zürich.

Pipilotti? Ihr kombinierter Name aus der Kindheit, dann Künstlername. Elisabeth Charlotte getauft, stellt sie sich unbekannten Leuten als »Lotti« vor; und auf persönlichen Exemplaren ihrer Bücher überklebt sie den Vornamen. Sie überlegte sich schon, neue Arbeiten unter einem anderen Namen zu machen, neugierig, ob sie trotzdem funktionieren; als Konrad Schnabnowski zum Beispiel, denn »eigentlich bin ich ein Mann, der als

Frau lebt«. Ideal wäre, meint Rist, man vergässe beim Betrachten den Künstler. Ideal ist, die Arbeit wirkt ohne Geschichten.

Aber hatte Pipilotti Rist nicht einen Tic gegen Ideen vom Idealen? Zurzeit arbeitet sie am ersten Spielfilm mit dem Titel *Pepperminta*. Und wieder sind wir bei Geschichten, Vorstellungen, Namen. Pepperminta hätte sie ihre Tochter genannt. Pippilotta Viktualia Rollgardina Pfefferminza Efraimstocher Langstrumpf hiess das neunjährige Mädchen mit den roten Zöpfen, das mit Pferd und Affe die Villa Kunterbunt belebte – frech und respektlos, auch verantwortungsbewusst und sozial, völlig furchtlos.

Es gibt keine Tochter Pepperminta. Am 24. Januar 2002 kommt Sohn Himalaya Yuji Ansgar zur Welt. Himalaya, »Dach der Welt«, Lieblingswort der Mutter, die es mit Überblick assoziiert, mit weiss und himmelblau. Auf ihrer Homepage geht über blauen Bergen und blauem Nebelmeer die blaue Sonne auf. »Swiss Himalaya welcome!« Sie ruft ihn Yuji, was der Grossherzige heisst. Das altdeutsche Ansgar, Name eines verunglückten Freundes, bedeutet »Speer Gottes«.

Natürlich stört es sie, dass alle über ihr Kind sprechen wollen. Während der Schwangerchaft rief ein Journalist an und fragte, wie das Kind denn heissen werde. Die USA bereiteten sich damals auf den Irakkrieg vor, und Pipilotti Rist antwortete: »Wir nennen ihn »Antiimperialista Frieden Jetzt«. Was anderntags genau so in der Zeitung stand.

Sprechen wir von *Pepperminta*, ihrem Film, der um die Suche nach Gemeinsamkeit in einer atomisierten Gesellschaft kreist. Die Hauptperson, von ihrer Grossmutter beauftragt, sich und die Welt von unnötigen Ängsten zu befreien, etwa von der Angst, ausgestossen, ausgelacht, abgelehnt zu werden, versucht in kleinen, alltäglichen Dingen furchtlos zu sein – »so wie ich es selber nicht schaffe«. Ein Generalthema der Künstlerin. Der Film schlägt andere Verhaltensregeln, neue Rituale vor. Ersatz für Konventionen, die bröckeln, von denen wir den Ursprung längst nicht mehr kennen: »positive und humorvolle Hypothesen der Angstlosigkeit«. Wie schnell ist man out, zieht sich falsch an, spricht die falsche Sprache. »Die Gruppen pachten die Wahrheit immer für sich.« Pipilotti Rist interessiert, mit welchen Methoden »die Überheblichkeiten der Gruppe« zu knacken sind. »Kunst ist für mich auch der Ort, an dem man über solche Phänomene nachdenken kann.«

Vor Jahren begann sie zusammen mit Freundin Liliane Lerch ein Drehbuch zu skizzieren, inspiriert von *Sedmiskrasky* (»Die Kleinen Margeriten« oder »Tausendschönchen«), dem experimentellen Spielfilm der tschechischen Regisseurin Věra Chytilová aus dem Jahr 1966. Er erzählt von der moralischen Verdorbenheit der Welt: Die anarchistischen Mädchen Marie 1 und Marie 2 richten nicht nur ihre Umwelt auf unterhaltsame Weise zugrunde, sondern am Ende auch sich selbst. Zerschneiden Nylonstrümpfe, während gleichzeitig die Bildfläche selber zerstückelt und neu zusammengesetzt wird. Rists Lieblingsszene. »Grossartig, wie Material und Inhalt zusammen mutieren. Umwerfend, der Charme des Nihilismus. Strümpfe waren damals in der Tschechoslowakei Luxus und stehen für mich auch für die Haut. Die Figuren zerschneiden also die Haut, den Film, der uns von der Aussenwelt trennt und schützt.«

Rist und Lerch entwickelten Hunderte von Szenen, knapp verschobene, aber durchaus vorstellbare Verhaltensnormen. »Weshalb sich nicht gegenseitig einen Finger ins Weinglas stecken als Zeichen des Vertrauens?« Der Ursprung des Anstossens sei längst vergessen. Um sicher zu sein, dass der Trinkkumpan einen nicht vergiftet, stiess man heftig an, damit der Wein überschwappte und sich in den Gläsern vermischte. Viele religiöse und gesellschaftliche Rituale sind verschwunden. Als Atheistin denke sie darüber nach, welche zu bewahren, welche neu zu erfinden seien. »Es könnte sich doch der Brauch etablieren, dass wir auf der ganzen Welt abends eine Blume essen.«

Die SVP-Fraktion des Kantons St. Gallen würde sich vermutlich an die Stirn tippen. Sie verhinderte einen 300 000-Franken-Beitrag für »Pepperminta«. Eine international erfolgreiche Künstlerin habe Lotteriefondsgelder nicht nötig. 80 Kantonsräte stimmten gegen den Antrag, 68 dafür. Naiv anzunehmen, erfolgreiche Künstler seien nicht auf öffentliche Gelder angewiesen, sagt Hans Schmid, Leiter des Kulturamts. Und Ruedi

Blumer (SP) bedauert, »eine gewaltige Chance« verspielt zu haben. Das heisst, kein internationaler Rist-Film-Glanz für St. Gallen. Die Premiere im Frühjahr 2009 findet anderswo statt. Den Kulturpreis der St. Gallischen Kulturstiftung, 30 000 Franken, wird Pipilotti Rist am 26. Oktober 2007 gleichwohl entgegennehmen.

Und vorher vielleicht über die »Überheblichkeit der Gruppe« nachdenken auf einem Sofa ihrer St. Galler Stadtlounge, dem ersten öffentlichen Wohnzimmer der Schweiz, eröffnet im November 2005. Das Bleicheliquartier, die ehemalige Bleiche der Textilindustrie, zum unwirtlichen Ort verkommen, sollte neu erstrahlen, nicht zuletzt für die über tausend Mitarbeiter der Raiffeisen-Zentrale. Die Bank schrieb einen Wettbewerb aus, und die Jury frohlockte über den Entwurf einer »städtebaulichen Ikone«. Pipilotti Rist und Architekt Carlos Martinez verwoben das zerklüftete Quartier rund um die vier postmodernen Bürogebäude mit einem weichen Teppich aus rotem Gummigranulat zu einem weitläufigen Wohnzimmer von mehreren hundert Quadratmetern, möbliert mit Sofas, Bänken, Tischen, Abfalleimern. Einem Porsche. Alles rot. Dazu Ginkobäume und Brunnen, das Ganze beleuchtet von wolkig amorphen Leuchtkörpern.

Ein SVP-Mann sprach vom »roten Schandfleck«. Politiker, die behaupten, auf Kunst könne man verzichten, findet Pipilotti Rist beängstigend. Die kapieren nicht, dass selbst ihre Anzüge eine kulturelle Leistung sind, ohne die sie noch »in Kartoffelsäcken« herumliefen. Kunst, scheinbar unnötig, »ist in Wahrheit lebenswichtig«. Auf was, fragt sie, könnten die Italiener heute stolz sein, wären Architektur, Kunst, Malerei nie gefördert worden? »Die Gesellschaft hat eine Verantwortung gegenüber der Kultur. Und da wir nicht mehr in Monarchien leben, sind die Künste auch staatlich zu fördern.«

Mit der Stadtlounge konnte Pipilotti Rist verwirklichen, was sie seit langem interessiert: »das Demokratische« an der Kunst. Kollektive Räume, in denen jeder etwas von der Kunst hat, in denen man »herumgehen und zusammen Zeit verbringen kann, ohne das Werk zu besitzen«. Das Museum als öffentliches Wohnzimmer. Schon die Neunzehnjährige wollte Räume schaffen, in denen die Leute selber Teil der Arbeit werden. Natürlich ist sie auf private Sammler angewiesen, natürlich lebt sie von der Kunst als Fetisch. Diesen Widerspruch nicht lösen zu können, macht sie »ein bisschen traurig«. Umso neugieriger und fantasievoller erkundet sie das wenig erforschte Terrain »Raum mit bewegtem Bild, Projektion und Ton«, erweitert räumliche Grenzen, produziert Raum für innere Bilder, Gefühle, Träume. Täuscht mit der Stadtlounge privaten Raum im öffentlichen vor. Der rote Teppich lässt die Hausfassaden rosa aufleuchten – so rot, meint sie, wie die Säfte, die in uns fliessen.

Ein Thema, das sie seit je umtreibt: Menstruationsblut, einst unrein, giftig. Sie will das verkrampfende, verängstigende Tabu mit historisch hygienischem Hintergrund »unbedingt brechen«. »Blutraum« heisst ein Clip über die Menstruation in der Ausstellung »Remake of the weekend«. Selten war die Tür der Damentoilette, auf die das Video projiziert war, so belagert von Männern ... »Wir müssen dieses Blut ans Licht holen, uns daran gewöhnen, dass Blut ein Zeichen für die Gesundheit unserer wunderbaren Fleischuhr und für die Schöpfungskraft ist und nicht nur im Zusammenhang mit Verletzung und Tod erscheinen darf.« Pipilotti Rist, eine avantgardistische Heilerin.

Unverschämt ist sie der weiblichen Existenz auf der Spur. An eine feministische Kunst glaubt sie nicht, doch Frauen sind ihr einfach näher, »wie eine Tierart, die ich untersuche. Ich bin eigentlich Zoologin und spezialisiert auf die Kultur der Frau. Mich interessiert das Schlamassel, das wir haben, und die verschiedenen Geschwindigkeiten. Unsere Fantasie ist viel weiter als die Realität.« Ihre Protagonistinnen sind weiblich, als Subjekte jedoch uneindeutig, verzerrt, maskiert; die nackte Frau steht immer auch für den Mann; mit dem Mittel der Nacktheit löst sie die Figuren aus zeitlichem und gesellschaftlichen Kontext.

Das Video-Fresko *Homo sapiens sapiens* in der barocken Kirche San Staë an der Biennale Venedig 2005 zeigt die paradiesische Welt zweier nackter Frauen. Surreale Traumbilder vor tropisch üppigem Hintergrund. Zuschauerinnen und Zuschauer durften sich auf weiche Blattzungen eines überdimensionierten Zweiges betten: »Lege dich hin und dein rechter Arm wird schwer, er fliegt durch die Matratze, durch den Marmorboden zwischen die Holzpfähle im Wasser und in den warmen Lehm. Lege dich hin und lass deinen Brustkasten ausfliessen. Lege dich hin und empfinde deine Stirn als kühl. Lege dich hin, höre deinem Herzschlag zu. Lege dich hin und reise durch deine Gedanken.« Der Zulauf war enorm, das Vergnügen auch. Bis ein paar Katholiken sich empörten – und weg war der paradiesische Zauber. Trostobjekt für leer Ausgegangene: »Pepperminta Homo sapiens sapiens.« Eine Art Pralinenschachtel aus versilbertem Karton mit Poster, Glacepapierchen, Heiligen-, Traum- und Paradiesbildern. »Die Besucherin der Installation und die Besitzerin der Schachtel soll ins Paradies jenseits des Sündenfalls geführt werden: »Der Körper ist ein Planet. Er will das Paradies sein. Das Paradies besänftigt Fieber.« – »Die Epidermis ist ein Land. Die Fingernägel sind ein Haus, die Mundhöhle ist eine Kirche, der Nacken das Tor zum Himmel.« – »Unsere Träume und Utopien sind die wahre Realität.«

Auch *A Liberty Statue For Löndön* und *Tyngdkraft, var min vän* offerieren der Betrachterin, dem Hörer, eine liegende Position. »Wie der Körper sich im Raum zum Kunstwerk bewegt, hat mich immer beschäftigt.« Der Weg hin zur Kunst sei auch ein Ritual, dem einstigen Kirchenbesuch vergleichbar. Diesen »meditativen Charakter« verstärkt sie mit der Aufforderung, die Schwerkraft für eine Weile aufzulösen, den Tonus zu senken. Liegend lassen sich die Muskeln leichter entspannen.

Für *Tyngdkraft, var min vän* filmte Pipilotti Rist unter Wasser; es geht um die »Fantasie, jenseits von den Geschlechtern zu leben, und simuliert die Auflösung in Wasser, Luft und in Atome«. Eine Schwesterarbeit von *Sip My Ocean* (»Schlürfe meinen Ozean«). Vor allem des Wassers wegen. Fast ganz unter Wasser gedreht, sinken zu einer eigenen Coverversion von Chris Isaaks *Wicked Game* eine Kaffeetasse, ein Spielzeugcampingwagen und andere Dinge auf den Meeresboden.

Eigentlich, meint sie, »sollten wir unsere Welt nicht Erde nennen, sondern Wasser«. In *Homo sapiens sapiens* befindet sich *Pepperminta*, gespielt von Ewelina Guzik, mit ihrer Schwester Edna im Raum vor dem Sündenfall. In *A Liberty Statue For Löndön* kommt sie zurück in die Zivilisation, in *Tyngdkraft, var min vän* überwindet sie, »einfach gesagt«, mit einer anderen, androgynen Person Schwerkraft und Jahreszeiten.

Auf der Suche nach dem »verlorenen Körper« dreht Pipilotti Rist 1992 *Pickelporno*: »eine Reise knapp vor und hinter den Augendeckeln.« Während der Arbeit erlitt sie einen Stromschlag, sah sich als grüne Hülle, wie von innen erleuchtet. Seither will sie Körpergefühl und Sinneseindrücke visualisieren, neugierig, was sich ausserhalb der Norm entfaltet. Wer einen Raum betritt, agiert »in einem gewissen Radius, folgt unbewusst strengen Regeln, die vorschreiben, wie Arme, Beine, der Kopf zu bewegen sind«. Ihre Figuren boykottieren diese Regeln, schlenkern, hampeln, tanzen, hüpfen – erweitern in vitaler Weise gegebene Formen.

Pickelporno beginnt mit einer Sequenz, die an die Dramaturgie von Kriminalfilmen erinnert. Auf dem schmalen Metallsteg eines filigranen Gitterbodens balanciert eine junge Frau mit spitzem Schuhabsatz auf irgendetwas zu – auf einen jungen Asiaten, den sie traditionsgemäss begrüsst. »Aus dieser Totalen entwickelt sich ein Kaleidoskop berauschender Körperbilder, die sich über Achterbahnfahrten mit der Kamera vor dem Betrachterauge in leuchtenden Farben aufbauen.« Die Künstlerin zoomt einzelne Körperteile mikroskopisch nah heran, zeigt feinste Hautstrukturen. »Kühne Perspektiven, Brüste, Augen, Zehen, Schamhaare schwellen zu riesigen, ungewohnten Dimensionen an.« Sie erforscht, wie sexuelle Empfindungen sichtbar zu machen sind. Seit *Pickelporno* ist Pipilotti Rist eine internationale Grösse.

Zwei Jahre später streckt sie uns aus einem winzigen Loch am Boden hilfesuchend die Hände entgegen. »Selbstlos im Lavabad« – die dringende Bitte, dieser Person »aus dem Fegefeuer zu helfen«. Zu gerne würde Pipilotti Rist sich der Idee der Erbsünde entledigen. »Doch der tiefe Schuldgedanke der christlich-jüdisch-muslimischen Kultur wird uns auferlegt, und nicht einmal als Atheist kann man ihn loswerden.« Angesichts dieser höllisch Verzweifelten im Erdloch soll sich das Publikum »allmächtig und gigantisch« fühlen – vor allem helfen wollen. Einmal mehr formuliert die Künstlerin den Wunsch, sich und anderen zu verzeihen, nicht jeden Fehler zu bestrafen. »Weshalb zum Teufel wollen wir Kindern die Regeln immer im Zusammenhang mit Schuld beibringen?« Heute weiss sie: »Die richtige Ideologie gibt es nicht.« Menschen, die Moral und die Idee vom Idealen in eine Ideologie oder religiöse Hypothese verpacken, sind ihr suspekt. Sie selber, als Linke aufgewachsen, hat das Gefühl, durch diese »eingeengte Perspektive« und die »Angst vor der Strafe Gottes« viele Jahre »verloren« zu haben.

Schuld und Sühne. Während sie »Selbstlos im Lavabad« filmt, fällt Pipilotti Rist rückwärts auf einen Werkzeugkoffer, einer ihrer »brutalsten« Unfälle, und dreht mit dem Rücken voll blauer Flecken weiter, die »altmodische Idee« vom leidenden Künstler im Kopf, vom Märtyrer. Qualen, Mühen, Panikmomente gibt es bei jeder Produktion, bis die Künstlerin endlich »höchst verletzlich« neben ihrem Werk steht. Kunst schaffen, sie andern zeigen, ähnelt für Rist dem »Ritual des Beichtens und Betens«.

Sie fühlt sich nicht nur schuldig, sie fühlt sich auch verantwortlich für viele Unzulänglichkeiten unserer Existenz: die körperliche Isolation, die Beschränktheit unseres »Sehapparates«, die Unzulänglichkeit der Maschinen. Das Leben, unsere Innenwelten sind so farbig! Nur die Augen zudrücken – und voilà: »Realität, Natur und das Nachleuchten unter den Augendeckeln sind bedeutend farbiger, als wir es je nachbilden können.« Unfarbigkeit, die alles dem Bestreben unterordnet, menschliche Haut möglichst gesund erscheinen zu lassen, akzeptiert sie nicht. Hinter dieser Konvention vermutet Rist eine Distanzierung, ein Verstecken, »weil wir starke Farben mit Unterschicht assoziieren, mit Zigeunertum, Dritter Welt«.

Jedenfalls wünschte sie sich eine farbig schillernde Schweizer Landesausstellung. 1997 zur ebenso umstrittenen wie umjubelten künstlerischen Leiterin der Expo.01 ernannt, sammelt Hunderte, Tausende von Vorschlägen aus dem Volk, gibt jedoch ihr Amt nach vierzehn Monaten zurück: Ein grosses System fordere halt ein paar »Bauernopfer«. »Für die Sache war es nicht wichtig, von Anfang bis Schluss dabei zu sein. Ich habe meinen Stein getragen und ihn dann weitergegeben.« Sie habe einen »hohen Verzeihungsquotienten«, vermutlich, weil sie weder aggressiv noch kalkulierend sei, auch nie versucht, mit ihrer Popularität zu spielen. Im Übrigen dürfen die Schweizer stolz sein auf das Eigene, sagt sie im Gespräch mit der *Sonntags-Zeitung*: »Wir sind ein wildes, heterogenes Volk. Wir überlassen den Patriotismus nicht den Reaktionären. Ich finde es wunderbar, dass es möglich war, andere Symbole für die Schweiz zu finden als nur Abschottung.«

Im selben Jahr, 1997, gibt sie ihren Einstand auf der Biennale in Venedig, gekrönt mit dem Premio 2000 für *Ever is Over All*. Eine junge Frau in hellblauem Kleid und roten Pumps tänzelt zu beschwingter Musik die Strasse entlang und zertrümmert mit einer gigantischen Fackellilie lächelnd die Fenster parkender Autos; die Polizistin grüsst freundlich. Das anarchisch-witzige Video erheitert das Publikum und flimmert heute im Museum of Modern Art.

»Audiovisuelle Gedichte« nennt Pipilotti Rist ihre Arbeiten. Video entspricht einem relativ grobkörnigen Film, und da die Künstlerin nicht Realität kopiert, sondern emotionale Welten oder Zwischenwelten kreiert, interessieren sie genau diese »malerische Qualitäten, die im Mangel verborgen sind«: »das Ausbluten der Rottöne, die hysterische Unschärfe, das Brillante im Sirren.« Sie liebt das nervöse Licht und arbeitet so lange am Material, bis es ihren »Synapsentätigkeiten und mentalen Zuständen« gleicht. Dies sei der Trieb aller Kunstschaffenden: »innere Bilder zu materialisieren und so aus der Isolation auszubrechen.« Auch wenn sie mit ihrem Körper arbeite, mit ihr als Figur, sei sie »Material, ein Klumpen sausender Atome und ein Gestell von sich nicht beugenden Molekülen, das gleichzeitig auch die Befehle generiert, wie mit dem Material umzugehen ist«.

Ihre Videowerkstatt mit Strom vergleicht sie mit der Sonne, die Werkstatt ohne Strom mit der Erde, das Tonstudio mit dem

Mond. Maschinen sind für sie »gekaufte Freunde«, »Instant-Tempel«, »Verlängerung der Sinne«. Sie liest Bedienungsanleitungen wie Liebesbriefe, behandelt Computer als zärtliche Freundin – was Abstürze verhindert, sicher. Dass sie ihrem Körper eine »erhöhte Ausschüttung« männlicher Hormone gestattet, hilft zusätzlich. Sie versteht zwar Maschinen nicht besser, aber »wir haben weniger Angst voreinander«.

Ihren Kunststudenten rät sie: Probiert so viel als möglich aus, steht euch gegenseitig als »kostenlose Arbeitskraft« zur Verfügung, macht »mit gutem Gewissen« viele Fehler. Packt vor allem den Beruf »hochprofessionell« an: »Nimm immer dein eigenes Werkzeug mit. Bau so früh wie möglich auf. Kontrolliere, ob alle Maschinen funktionieren, damit du genügend Zeit hast, die kaputten zu ersetzen. Falls du dich vom Kommerz distanzieren willst, musst du mindestens so gut sein wie dieser.«

Kunststudenten? 2002 bat Paul McCarthy sie nach Los Angeles als »visiting professor«. Und weil Pipilotti Rist in einer »Megakrise« steckte, kam ihr das Angebot gerade recht. Sie lebte anderthalb Jahre mit Mann und Sohn in einem Häuschen am Meer, unterrichtete, freundete sich mit Strassenmalerinnen an, kiffte in Ruhe – bis es sie nach anderthalb Jahren drängt, wieder selber zu Tonband und Kamera zu greifen.

Sie kehrt zurück, weckt das »Atelier Rist Sisters« zu neuem Leben, in dem in den Anfängen ihre Schwestern mitwirkten. Heute betreut Markus Huber Recabarren die physische Produktion (Metall, Kunststoff, Holz, Stoff), Thomas Rhyner das Grafikdesign, Davide Legittimo Videotechnik und Postproduktion, die »komplexe Nachgeburt« der Projekte. Atelierchefin Rachele Giudici »hält Kosten und Zeitpläne zusammen«.

Rist Sisters? Pipilotti Rist hat drei Schwestern und einen Bruder. Geboren am 21. Juni 1962, wächst sie im St. Galler Rheintal in einer »erzprotestantischen ländlichen Idylle« auf. Ein rebellisches Kind, trägt seltsame Kleider, träumt, die Reinkarnation von John Lennon zu sein, entscheidet sich mit vierzehn, auszuziehen und schlägt ihr Lager im leeren Schwimmbad auf.

Die Zwanzigjährige studiert Gebrauchs-, Illustrations- und Fotografik an der Wiener Hochschule für angewandte Kunst

(1982–1986) und entwirft Bühnenbilder für Rockbands. Anschliessend lernt sie an der Kunstgewerbeschule Basel zwei Jahre lang audiovisuelle Kommunikation, sprich Video. Den Zugang zur Kunst fand sie über Yoko Ono. Heute begeistert sie die Radikalität einer Barbara Kruger. Sie bewundert Lutz/Guggisberg, Fischli/Weiss, Jean-Fédéric Schnyder, Meret Oppenheim. Sie mag Künstler, bei denen sie Fanatismus spürt: Jenny Holzer, Katharina Fritsch, Miriam Cahn, Silvia Bächli, Monika Dillier, Roni Horn, Jessica Stockholder.

Ihre Jugend prägte die Musik. Sie sang, spielte Querflöte, Bass, Schlagzeug in der frechen Frauenband »Les Reines Prochaines« (1988–1994), zusammen mit Muda Mathis, Regina Florida Schmid, Teresa Alonso und Fränzi Madörin. Kein »intuitiver Musiker«, spielte sie die Stücke mathematisch, sah im Geiste Notenformen d-d-e, g-g-g-e, d-d-e ... und war auch nach sechs Jahren vor jedem Auftritt von Angst gepackt.

Musik ist immer Teil ihrer Werke, »die Hälfte« der Arbeit. Video verglich sie einmal mit einer kompakten Handtasche, »da ist von Literatur über Malerei bis zur Musik alles drin«. Auf visuelle Weise innere Räume zu kreieren, sei hundertmal aufwendiger und schwieriger als mit Ton. Anhand von Wörtern, Texten, Bildern versucht sie ihrem »Klangteppichweber« Anders Guggisberg das Gefühl zu schildern, das die Musik auslösen soll. Durchsichtig muss die Musik sein, wie das »geniale Stück« von Chris Isaak im Video *Sip My Ocean*, »ein Beschwörungslied über den unmöglichen Wunsch, sich nie mehr zu verlieben. Über die Sehnsucht, mit jemandem symbiotisch zu sein«.

Privat überlässt sie die Musik ihren Männern. Die Hälfte der dreiunddreissig Leute, die sie ernsthaft geküsst hat über die Jahre, sind Musiker, die andere Hälfte pflegt immerhin eine »super Musiksammlung«. Balz Roth hat die beste und »da habe ich mit ihm ein Kind gemacht«. Männerhände, die Platten durchstöbern, sind für sie ein Fetisch. »Das Konzentrierte, das Melancholische« gefällt ihr. Sie sieht den Mann durch Herbstblätter schlurfen, »freundlich, aber traurig«. Musik machen, hören, abspielen ist »wie einander trösten«. »Weil wir uns selber nicht begreifen können, weil unser Hirn nicht weit genug entwickelt ist, füllen wir dieses riesige Loch an Unverständnis, Angst oder Traurigkeit mit Musik.«

Pipilotti Rist sammelt keine Musik, sie sammelt Träume. Ihr Fundus. Ein »erster Wert« im Leben; »Träume sollten wir so ernst nehmen wie einen Kinofilm.« Sie sammelt seit den 80er Jahren auch Weisses und Durchsichtiges, beeinflusst vom »White Album« der Beatles, animiert von der Fluxus-Bewegung. Eine »Innocent Collection«, um eigenen und fremden Konsumwahn »verkraften zu können«. Eine Überlebenstaktik der schmerzempfindlichen Künstlerin: Sie ändert einfach den Fokus, stellt die Schärfe auf etwas anderes ein, auf Nonvaleurs. Sie ordnet und katalogisiert die mittlerweile weit über 3000 »Instant Diamonds«, guckt sich die Dinge immer wieder an: »Das reinigt den Geist.« Sie bittet in einer Bäckerei um ein leeres Papptellerchen. Freunde sammeln für sie, die Frauen heben von den Strumpf-Verpackungen das weisse Teil mit den abgerundeten Ecken auf. Jemand bringt einen durchsichtigen Eierkarton aus Plastik.

Teile der Sammlung baute sie in die Videoinstallation *Apple Tree Innocent On Diamond Hill* ein. An einem vier beziehungsweise acht Meter langen Ast, der horizontal aus der Wand ragt, hängen die durchsichtigen Verpackungen an dünnem Silch – »Plastikdiamanten«. Sie lassen unterschiedlich viel Licht durch und bilden »kuriose, sich bewegende Schatten«. Die gebrochenen Strahlen kreisen als »wunderschöne, quallenartige, farbige Lichter« im Raum. Pipilotti Rist erscheint die Arbeit wie ein russisches Lied, das vom Sterben handelt. Die Ausstellung in Berlin ergänzten noch »ein von mir zu Fetzen getragenes Unterleibchen und eine Milchflasche«.

Im Januar 2004 erhielt Pipilotti Rist den »01 Award« der Universität der Künste Berlin für ausserordentliche künstlerische Leistungen im Multimedia-Bereich. Verbunden damit ist die Ernennung zur Ehrenprofessorin. Sie freute sich auf Berlin, auf die Studenten, die zahlreichen Künstler in der Stadt. »Berlin heisst für mich auch, immer einen grossen weiten Himmel sehen zu können, viel weiter als in der Schweiz. Ich mag dieses seltsame Licht, bläulich oder silbrig weiss.«

Quellen

Richard Julin, Tessa Praun (Hrsg.), *Pipilotti Rist Herzlichen Glückwunsch*! Basel 2007
Andreas Fagetti: »Pipilotti geht leer aus«. *St. GallerTagblatt*, 6.6.2007
Peter Surber: »Kein Nein zum Preis«, *St. GallerTagblatt*, 8.6.2007
Mark Sanders: »Pipilotti Rist, Stay Metal«. *Another Magazine*, London 2006
»Ganz ehrlich, mir ist Feindseligkeit lieber als Ignoranz.« Ewa Hess im Gespräch mit Pipilotti Rist, *SonntagsZeitung*, 17.7.2005
Pipilotti Rist: »Was ist weiblich«, *Die Zeit*, 3.3.2005
»Das Geheimnis des Lebens habe ich noch nicht gelüftet.«Thorsten Stecher und Claudia Spinelli im Gespräch mit Pipilotti Rist, *Die Weltwoche*, 29.1.2004
»Das Material nicht unterdrücken«. Elisabeth Roth im Gespräch mit Pipilotti Rist, *Parkett* 71/ 2004, Zürich 2004
Ingeborg Ruthe: »Kochen für die Fantasie«. *Berliner-Zeitung*, 21.1.2004
»Man muss spüren, dass der Schmerz in der Ecke hängt.« Matthias Frehner und Urs Steiner im Gespräch mit Pipilotti Rist, *NZZ*, 28.11.2001

Reformatorin urbanen Wohnens

Vera Gloor

Architektin

Vera Gloor fährt im Oldtimer vor, Buick GS 455. Abgewetzte Lederjacke, Jeans, Piratenwoman auf dem T-Shirt, Stern auf den Schuhen, modische Sonnenbrille. Wir sind auf der Baustelle Neufrankengasse 22, Zürich, Kreis 4. In ein paar Tagen werden Dragan Vojnovic und Stefan Roth die Bar eröffnen, das »Bling«, ab fünf Uhr nachmittags stehen Lounge-Sessel bereit, nachts kann man tanzen. Die Architektin ist im Element: Bohrlärm, Radiogeplärr, Staub, Farbe, Leim. Reihenweise Kühlschränke. Kupferkugellampen aus London. Die Theken mit Mosaik verkleidet, geheimnisvolle Töne in Violett-Rosa-Kupfer. Goldene Kettenvorhänge an der Wand. Den Innenraum gestaltet »Form C«; Gerry Stern pinselt letzte Striche an den Haaren einer Pop-Art-Frau, die sich über Wand und Decke kringeln.

Es war eine Nervenprobe. Ein jahrelanges Hin und Her, bis die Bank überzeugt, Feuerpolizei und »Umwelt und Gesundheitsschutz« (UGZ) zufrieden, die eigenen Zweifel verdrängt waren: »Will überhaupt jemand an den Gleisen wohnen? Noch dazu in einem Haus mit Bar?« Was treibt Vera Gloor in dieses abgewrackte Quartier? Dass sie nicht zur Gilde der First-Class-Architekten zählt, kümmert sie nicht. Dazu fehlt ihr schon das Andachtsvolle. Lieber wühlt sie sich in durchgelebte Quartiere. Architektur ist für sie mehr eine Hilfsdisziplin im übergeordneten Kapitel Lebenskunst, weniger eine separate Stilkunst. Wenn Mario Botta und Peter Zumthor ihre Bauten zu sakralen Monumenten erhöhen, dann betrachtet sie – wenn überhaupt – das Leben, das Wohnen als sakrosankt. Architektur ist nur die Ministrantin.

Bei der Einfahrt in den Zürcher Hauptbahnhof leuchtet einem der weisse Neubau entgegen. Steht man davor, wirken die Häuser rundum noch eine Spur armseliger – Restaurant Rangierbahnhof, Restaurant Schlössli, Mars-Bar. Das geduckte Schindelhaus »Tessinerkeller«, die »Räuberhöhle« in Kurt Frühs *Bäckerei Zürrer*, in der Gestrandete hockten. Die Geschichte um den bärbeissigen Bäckermeister, 1957 gedreht, gilt als erster urbaner Schweizer Film, ein Meilenstein in der Kinogeschichte.

Vera Gloor führt durch das sechsgeschossige Haus mit den asymmetrischen Balkonen. Weitläufige Wohn-Essräume, riesige Fenster, das Schlafzimmer mit Schiebetür abgetrennt, ein fester Betonkern mit Bad, WC, Dusche. Auf der Dachterrasse das Gefühl, zu fliegen, über den Gleisen zu schweben, den Tanz der Züge vor Augen, das Gekreisch der Schienen in Ohren, Üetliberg, Hinterhöfe, Gerümpelschuppen im Blickfeld. Erinnert nochmals an Kurt Früh, den Klassiker »Hinter den sieben Gleisen«, das Kleinbürger-Drama, das 1959 an der Langstrasse und im Güterbahnhof mit seinen Lagerhallen und verfallenen Baracken spielt.

Die Wohnungen sind vermietet, der Lärmschutz getestet: An einem Wochenende nach Eröffnung der Bar übernachtete Vera Gloor mit ihren Kindern im Haus, schlief um 23 Uhr ein, stand morgens auf – keinen Ton gehört. Mit Freunden hatte Vera Gloor das Grundstück neben dem »Tessinerkeller« gekauft. Seit 1993 betreibt sie ihr Architekturbüro, seit 2004 als Aktiengesellschaft, heute mit fünfzehn Mitarbeitern. Vom architektonischen Konzept bis zur Bauleitung realisiert das Team innovative und kompromisslose Bauten. Versteht Gestaltung, Technik und Investment als vernetzte Systeme einer Bauaufgabe. »Wir betreuen unsere Kunden in sämtlichen Bauaufgaben, vom Kauf über Projektierung und Realisierung bis zur Bewirtschaftung. Architektur ist Lebensgestaltung mit allen Facetten.«

Wie wollen Leute heute wohnen? Die Frage treibt Vera Gloor um. »Viele junge Leute wären gern im Stadtzentrum zu Hause, können es sich aber nicht leisten. Doch genau sie brauchen wir, damit die Stadt lebendig bleibt. Vielleicht haben sie ganz andere Bedürfnisse als die herkömmliche Zweieinhalbzimmerwohnung, vielleicht brauchen sie gar keine Küche, vielleicht reichen Kaffeemaschine und Mikrowelle.«

Ohne Familie würde Vera Gloor in einem Appartementhaus wohnen, wie es sie früher gab, Concierge unten, das Bett einmal pro Woche frisch bezogen. Oder in einer Siedlung mit Butler, der Theatertickets organisiert und Bier in den Kühlschrank stellt. Wo die Wäsche gewaschen, Altglas und Papier entsorgt werden. »Ein fast grossbürgerlicher Luxus, wie einst, als man noch Bedienstete hatte. Sicher würde sie auswärts essen. Wer international unterwegs ist und im Stadtzentrum lebt, bewegt sich anders, hat eine andere Vorstellung von Daheimsein. Nicht nur betuchte Businessleute.

2000 bis 2004 sanierte das Büro Gloor an der Kreuzung Josefstrasse/Quellenstrasse mehrere benachbarte Häuser für unterschiedliche Bauherren. Das liess keinen Gesamtplan zu, aber die Freiheit zu experimentieren. Mit jedem Projekt (Josefstrasse 140, 142, 144 und 151) entwickelte die Architektin strukturelle und gestalterische Ansätze weiter, interpretierte die Bausubstanz neu – fiebrig auf der Suche nach zeitgemässen Wohnformen.

Ehemann Christoph Gloor erwarb mit einem Partner ein erstes Haus; noch während des Umbaus erhielt Vera Gloor den

Auftrag, das Nachbarhaus aufzustocken. Und so weiter. Sie geht vorsichtig um mit der Struktur alter Häuser, »die ja in sich stimmig sind, auch statisch«. Doch für Nummer 142, verschandelt in den 80er Jahren, in miserablem Zustand, blieb nur die Auskernung. Die Architektin kombinierte die historische Lochfensterfassade mit grosszügigen Verglasungen im terrassierten Dachaufbau. Ein vorgehängtes Metallgewebe dient als Sichtschutz, erscheint je nach Witterung und Lichteinfall matt oder glänzend, als transparente Fläche oder geschlossenes Volumen. Die kleinteiligen Wohnungen verwandelte sie in grosszügige Grundrisse. Manche Mieter fühlten sich verloren. Deshalb kreierte Vera Gloor im nächsten Umbau Gestaltungsmöglichkeiten mit grossformatigen Schiebetüren aus farbig lackiertem Holz. Rohe Betondecken und feuerverzinkte Stahltreppen kontrastieren mit weiss verputzten Wänden und den edlen Materialien des Innenausbaus: Räuchereiche am Boden, schwarze Linolfront, Chromstahl und Glas in der Küche. Die Nasszellen als raumteilende Elemente, jede in einer eigenen Farbwelt aus Glasmosaik.

Ein Wagnis war der Zwischenbau, der 142 und 144 »sowohl verbindet als auch die Eigenständigkeit der Häuser unterstreicht und den Zwischenraum neu definiert«. Stahlplattformen zwischen die Häuser gespannt, ersetzen das interne Treppenhaus, erschliessen einen gemeinsamen Aussenraum, dienen als Terrassen. »Kann man das so offen gestalten? Wird das benutzt?« Es wird. An Sommerabenden sitzen die Mieter bei einem Glas und lassen sich nicht stören, wenn der Nachbar über die Treppe läuft.

Auch die Gemeinschaftsterrasse an der Josefstrasse 151 funktioniert. Hier wohnt eine gehobene Mieterklasse, nachbarliche Kontakte nicht mehr gewohnt. »Wir möblierten die Terrasse, Liegestühle stehen bereit, der Abwart sorgt für Ordnung. Früher hockte man in den freakigen Häusern doch immer beisammen auf der Dachterrasse.«

Neufrankengasse, Josefstrasse: Vera Gloor leistet Pionierarbeit. Überzeugt Zweifler und Zauderer. Besticht in brisanten Diskussionen rund um die Stadtentwicklung mit kreativen Vorschlägen, ist im Gespräch mit den Planungsämtern der Stadt. Antwort auf ihre Fragen erhält sie von Mietern, über Reklamationen oder »Liebesbriefe« an eine Wohnung. Um möglichst nah bei den Mietern zu sein, will sie die Häuser selbst verwalten. »Wohnungen, die man gern hat, sind einfach zu vermieten.«

Das Aufspüren »vergessener Liegenschaften« interessiert sie mehr als Wettbewerbe. Nicht zuletzt, weil sie süchtig ist nach Geschichten, stundenlang versinkt in alten Hausakten, in Geschichten von reichen Metzgern und drogensüchtigen Töchtern, die geerbte Häuser verschachern, von Gaunern, Kultfiguren, Szenetypen. Zum Beispiel Herr K. an der Josefstrasse 142. Als die Architektin mit Baumeister, Elektriker, Sanitär die Wohnung besichtigen will, empfängt Herr K. sie im schicken Anzug – das ganze Appartement aber finden sie gefüllt mit Abfall.

Die Josefstrasse 151 ist reich an Geschichten – und der Mieterordner so kurzweilig wie amerikanische Short Storys. Da frisst die Schlange eines Mieters den Wellensittich des Fräulein Odermatt, die einen Stock tiefer wohnt. »Die Polizei nahm die Schlange mit auf den Posten und wartete auf eine Vermisstanzeige«, schreibt der Hausverwalter. »Es meldete sich niemand. Somit nehmen wir an, dass der Besitzer die Schlange nicht vermisste, was uns sehr zu denken gab. Laut Mietvertrag Art. 10 braucht es für Haustiere eine Bewilligung, die bei uns nie eingeholt wurde. Wir bitten Sie, dafür besorgt zu sein, dass die Schlangen bis Ende September 1988 entfernt werden.«

Oder Herr C., der sich bitter über den Zustand seiner Wohnung beklagt, über die Immissionen der Metzgerei, undichte Fenster, Vorfenster, die sich »in ihre Einzelteile« zersetzen und die Passanten gefährden. »Wir sind also in der glücklichen Lage, den Wind durch unsere Wohnung pfeifen zu hören. Ein Kühlschrank fehlt ebenso wie eine angemessene und quartierübliche Heizung. Der Belag der Badewanne fliesst mit jedem Duschen in die Kanalisation hinunter, für die Wasserhähne aus der Bauzeit finde ich bald keine Dichtungen mehr. Die Dachterrasse ist unbrauchbar, das Geländer durchgerostet.« Der winzige Keller sei nur über eine blutverschmierte Treppe zu erreichen. »Der entstehende Gestank gelangt bei besonderer Wetterlage bis in die Wohnung, was uns meistens an die Grenze der Übelkeit bringt, Mit Gestank, Lärm und Rauch werden wir auch vom Restaurant Schwanen reichlich beschert. Auch eine mit Stühlen und Pflanzentöpfen überfüllte Waschküche haben wir diesen zu verdanken. Leider kann ich nichts ausmachen, was eine Mietzinserhöhung von Franken 400 angezeigt erscheinen liesse. Unser Haus ist kaum quartierüblich und wenn, dann nur im schlechten Sinne.«

Wie wohnt wohl die Architektin?, frage ich mich, als wir vom Kreis 5 hinauffahren an die Krönleinstrasse 27 am Zürichberg. Hier steht die bald 100-jährige Villa, denkmalgeschützt. Daneben schimmert der futuristische Annexbau, mit dem Wohnhaus durch einen gläsernen Windfang verbunden. Eine Skulptur aus Beton, Glas, Chromstahl, scharfkantig, dynamisch in die Höhe strebend, an prominentester Stelle läuft ein grosses Fenster übers Eck. Die Ein- und Durchblicke sind sensationell.

Ist das spektakuläre Atelier ihr Werk, ihre Idee? Sie schüttelt den Kopf. »Nicht alleine. Jedes Projekt trägt auch die Hand-

schrift des Projektleiters, in diesem Fall Christian Bertschinger. Wir wollten die alten Bäume erhalten und kamen auf diese Form, auf die schrägen Wände. Der letzte Schliff ist dann doch Sache der Chefin, »stark aus dem Bauch heraus formte ich den skulpturalen Charakter des Objekts, diese Dynamik und jenen Winkel. Meine Stärke ist, eine Idee konsequent weiterzuverfolgen; da bin ich streng, greife auch ein. Es ist wie an der ETH: Studenten bringen Ideen, Ansätze, das kann auch mein Mann sein, ich nehme Anregungen intuitiv auf und mache etwas damit. Ab und zu habe ich selber eine zündende Idee, doch die Teamarbeit geht so weit, dass ein langjähriger Mitarbeiter meinte, er habe noch nie ein Projekt von mir gesehen.« Jedenfalls ist es selten, dass sie abends allein über Grundrissen brütet, nochmals von vorn beginnt. Sie sei, unbewusst, »recht dominant«, doch sie lässt sich auch vom Gegenteil überzeugen, hat null Problem, die bessere Lösung zu akzeptieren. »Wir wollen zusammen eine gute Arbeit machen.«

Dominant? Kann man wohl sagen. Sie ist der Chef. Unüberhörbar. Sie hört aber auch zu. Sie will – wie traditionell Männer – die Sache im Griff haben. Doch sie regiert dann doch nach Frauenart: nicht von oben, eher aus dem Zentrum. Sie steht nie über der Sache, stets in ihr. Sie will nicht auftrumpfen, sondern das Wohnerlebnis triumphieren lassen.

Sie denkt oft nach über die Art zu führen: »Freude an der Arbeit ist das Wertvollste. Kann ich meine Leute begeistern, gewinne ich am meisten.« Am liebsten akquiriert sie passende Aufträge für ihre Mitarbeiter, ein Projekt, mit dem Roger Zeier seine architektonische Ader ausleben, etwas Innenarchitektonisches, damit Jürg Niedermann Möbel entwickeln kann. »Ich mag jedes Projekt, aber ich will auch, dass meine Leute glücklich sind – nur dann arbeiten sie gern.« Das Begeisterungspotenzial der Chefin scheint unerschöpflich. Es braucht kein architektonisch spannendes Projekt sein. Eine Fassadensanierung kann sie genauso hinreissen. Überhaupt technische Fragen. Material, Statik, bauphysikalische Probleme. Alles interessiert sie, alles will sie verstehen. Und das Wissen im nächsten Projekt nutzen.

Vera und Christoph Gloor suchten keine Villa am Zürichberg, sie wollten mit Freunden in ein Mehrfamilienhaus ziehen. Ein Inserat lockte sie an die Krönleinstrasse, wider alle Vernunft verliebten sie sich in das ehemalige Landhaus mit Blick auf Stadt und See, kauften es vor neun Jahren mit viel Fremdkapital, renovierten respektvoll, zogen ein, platzierten nach und nach die Zeichentische für acht Mitarbeiter in den privaten Salons. Das hatte seinen Charme, auch seine Grenzen. Im Nachhinein erscheint manches »romantisch«, was nicht immer »ein Schleck« war. Doch die Architektin ist überzeugt: In diesem konfliktreichen Beruf ist die Anwesenheit von Kindern nur hilfreich.

Zurück aus der Schule, tummeln sie sich im Wohnzimmer: Leon (11), Maria (9), Chiara (8), Zara (6). »Was ist denn hier los? Ihr habt ja ein brutales Chaos angerichtet!« Farbstifte, Osterbasteleien, Löwenzahn und Bärlauch im Glas. Am Leuchter baumelt eine Riesenfledermaus aus Plastik. Den Erker füllt Zaras rosarote Barbiewelt. Eine Katze schläft in der Schuhschachtel auf Veras Pult. Sieben Katzen insgesamt, ein Hund dazu. »Alle gehören allen«, erklärt Chiara. »Wir müssen sie füttern – und tun es auch.« Chiara beschriftet gerade ihr Rechnungsbuch. Maria sucht ihr rotes Täschchen mit den Glücksbringern. Zara braucht dringend einen schmalen Ordner. »Mami, weshalb bist du da?«, fragt Leon. »Weil Franziska da ist.« – »Schaffst du jetzt hier?«, fragt Zara. »Nein, ich porträtiere Vera.« – »Was ist ein Porträt?« – »Ein Bild in Worten.« – »Was ist ein Bild in Worten?«

Heute respektieren die Kinder, wenn Vera arbeitet. Natürlich kommen sie via Büro ins Haus, verweilen bei den Lehrlingen, fragen Mitarbeiter um Rat: neugierig, kommunikativ, wohl erzogen – geprägt vom lebhaften Ambiente, den unterschiedlichen Bezugspersonen. Was ihre Mitarbeiter auszeichnet, fordert sie auch von den Kindern: Selbständigkeit, Verantwortungsbewusstsein. Jedes Kind steht um Viertel vor sieben auf und übt auf seinem Instrument: Elektrogitarre, Klavier, Violine. Der ovale Esstisch ist der Mittelpunkt für Familie und Büro, am Mittag oft dicht besetzt, manchmal halb leer. Ab und zu kochen die Lehrlinge fürs ganze Büro. Bei schönem Wetter sitzen alle im Garten.

Der Garten, ein Paradies! Hier wirkte der Vater: Piratenschiff, Trampolin, Eisenbahn, Hängematte, Baumhaus in der alten Linde, Weiher, Feuerstelle, Puppenstube, Ping-Pong-Tisch, Basketballnetz. Zara dreht ein paar Rollerblade-Runden auf der Riesenterrasse aus Tessiner Marmor, bevor sie abzottelt in die Klavierstunde.

Zu Stefi Spinas, Veras Jugendfreundin. Mehrmals verbrachten sie die Sommertage im Haus der Familie Spinas in Uttwil, malerisch gelegen im riesigen Garten zwischen Bahngleis und See. »Als Teenager ruderten wir jeweils zum Bad für eine Glace.« Im Herbst vor zwei Jahren wollte Vera Gloor den Kindern diesen »Ort der starken Erinnerungen« zeigen, per Schiff von Romanshorn nach Uttwil fahren. Es fuhr kein Schiff mehr. »Und wir trafen ein vergammeltes ›Hotel Bad‹.«

Im Büro Gloor geht es an diesem Tag zu und her wie im Bienenhaus. Das Telefon klingelt permanent. Viel Arbeit, zu wenig Leute. Die Architektin arbeitet voll, Christoph Gloor ebenfalls. Der Tierarzt führt mit Partnern eine Klinik in Oberentfelden und kann sich seine Arbeitszeit selber einteilen. Vera Gloor arbeitet oft abends, wenn die Kinder im Bett sind, auch am Wochenende. Beide verbringen je zwei Nachmittage mit den Kindern. In der übrigen Zeit kümmert sich Slavica um sie, die Haushälterin, bringt sie in die Schule, kocht das Mittagessen. Wenn möglich isst Vera mit den Kindern. Das nahe Büro mache sie eher »zur Alltagsperson«, während der Vater »den Bonus des Heimkehrers geniesst«. Bevor sie heute Leon und Chiara abholt in der Kimura-Karate-Akademie, klingelt noch einmal das Telefon. Ein Freudenschrei: »Wir haben St. Pauli bekommen, das Haus an der Langstrasse!«

Die ganze Familie übt Karate, ausser Maria. Vera Gloor trainiert mehrmals wöchentlich – im braunen Gurt. Sie betreibt den Kampfsport in erster Linie als Entspannung. Leidenschaft ist auch dabei. Wie einst beim Theater, beim Tanz. Damit hatte Peter Marxer sie infiziert, ihr Deutschlehrer an der Kantonsschule Rämibühl. Jedes Jahr inszenierte er ein Theaterstück »auf beinahe professionellem Niveau«. Vera spielte die Lysistrata in Aristopohanes' Komödie, führte die Frauen Athens an, die listig den Frieden erzwingen, indem sie sich ihren kriegerischen Männern verweigern. »Ich war völlig angefressen, wie im Fieber, irrational. Es war meine ganze Welt, das Ziel meines Lebens.« Sie schrieb Aufsätze über Literatur und Theater, und spielte sie nicht selber, sass sie im Publikum. Sie hatte Glück. Der Komponist Armin Schibler bot ihr die Sprechstimme an in einer Uraufführung zur 150-Jahr-Feier der Universität in der Tonhalle. Sie erhielt die weibliche Hauptrolle in der Uraufführung von Schiblers Jugendoper »Antoine und die Trompete«.

Der Weg in die Theaterwelt war auch ein Ausbruch aus familiären Zwängen. Irène Vera Christina Kammenhuber, geboren am 4. Juni 1963, Tochter einer Schwedin und eines Norddeutschen, wächst auf mit einer älteren Schwester in Zollikerberg, in einer typischen Steinersiedlung der 60er Jahre: an Zürichs Peripherie, an der Schnellstrasse, im Schatten. Nett und distanziert, die Nachbarn siezen sich noch nach 30 Jahren. Was die junge Frau damals grässlich fand, sieht sie heute anders: das Kinderrudel in der Siedlung, die unverkrampfte Sozialisation.

Die Familie lebte zurückgezogen, pflegte den Kontakt mit ein paar schwedischen Familien, alles »pflichtbewusst, streng, ordentlich«. Wichtig war, die Form zu wahren. »Irgendwo ist das noch in mir drin.« Die Mutter Malin Fogelberg stammte aus gutem Haus, bis die Familie in der Weltwirtschaftskrise alles verlor – und sehnte sich ein Leben lang nach Schweden, familienverbunden, vergangenheitsdurchdrungen. Deshalb fuhr die Familie jeweils am Abend des letzten Schultags mit dem Nachtzug nach Schweden und reiste in letzter Minute zurück. Deutschland blieb Malin Fogelberg suspekt. Vera war zehn, als der Vater eine Professur für Baustatik in Aachen annimmt. Vera freute sich jeweils auf Vaters Rückkehr jedes zweite Wochenende.

Anders als in Stefis Familie, »wo man Kunst lebte«, sind ihre Eltern auf konventionelle Art kultiviert. An den Theaterfimmel der Tochter glauben sie nicht ernsthaft, legen ihr zwar keine Steine in den Weg, raten aber zu einer seriösen Ausbildung.

Nach der Matura verlässt Vera das Elternhaus, jobbt als Sekretärin für die Beraterfirma McKinsey, frönt ihrer Leidenschaft. Nicolas Baerlocher, Chef des Zürcher Präsidialdepartements, beschäftigt sie am Theaterspektakel. Noch weht der Pioniergeist, nichts ist etabliert, alle machen alles. Vera, initiativ, kreativ, betreut den Billettverkauf, schiebt »Zeltwache«, jahrelang, lässt kein Theaterspektakel aus. Sechs Jahre führt sie eine Bar, baut schliesslich eine eigene, aufklappbar – eines der ersten architektonischen Projekte. Die bacchantische Brücke zwischen Theater und Architektur als eine Schlüsselstelle ihrer Karriere.

Am Theaterspektakel begegnet Vera Gloor dem neuen deutschen Tanztheater; sie erinnert sich an »Rosas danst Rosas« der flämischen Choreografin Anne Teresa De Keersmaeker. Schaut sich all die experimentellen Stücke an – und verpasst den Zug für eine konventionelle Schauspielausbildung. Nach zwei Aufnahmeprüfungen in Deutschland weiss sie: »Das klassische Theater ist nichts für mich.«

Sie studiert Theaterproduzentin in Göteborg. Schweden, USA-orientiert, bietet von Theaterpädagogik über Theatergeschichte bis zur praktischen Umsetzung alles an. Bühnenbild interessiert sie, Licht, Technik. Tanz begeistert sie: »Das Beschreiten eines Raumes faszinierte mich total.«

Doch eines Tages ist das Fieber erloschen. Sie, die am liebsten auf der Bühne steht, verkrampft sich. »Das erwachende selbstkritische Bewusstsein blockierte mich.« Innerhalb weniger Stunden entscheidet sie, Architektur zu studieren, packt die Abschlussarbeit (ein Tanzthema) in den Koffer, kehrt zurück nach Zürich. Eine Frau der spontanen Entscheide. Christoph Gloor lernte sie am Theaterspektakel kennen und heiratete ihn drei Wochen danach. Das erste Kind kam zehn Jahre später, auch ein Spontanentschluss. Nach der Bühne blieb nicht einmal die Sehnsucht. »Öffentliche Auftritt sind noch heute nicht mein Ding.«

Freunde und Bekannte sind konsterniert. Für Vera Gloor ist der Weg plausibel »von der Schauspielerei über Veranstaltungsarchitektur zum währschaften Bauen. Vom Beschreiten des Raumes im Tanz zur Gestaltung von Räumen.« Absolvierte die angehende Theaterproduzentin nicht ein Bühnenbild-Praktikum im Theater Neumarkt? Drehte später ein Video über Santiago Calatrava? Baute die aufklappbare Bar fürs Theaterspektakel? Kreierte mit Lichtgestaltern eine Wanderausstellung des Landesmuseums? Gestaltete die Ausstellung »Standardhäuser« im Museum für Gestaltung?

Sie studiert an der ETH Zürich bei Hans Kollhoff (*1946), der damals noch »experimentell arbeitete«. »Er forderte uns enorm und verfolgte seine Konzepte konsequent bis zum Eins-zu-eins-Massstab. Wir übten den Umgang mit innovativen Materialien, lernten, wie man fügt, schichtet, etwas einhüllt, eine Ecke löst, einen Sockel, einen Dachabschluss, ein Fenster, eine Türöffnung. Ich bin ein totales Kind von Kollhoff. Was viele irritiert. Ich glaube zu verstehen, weshalb er scheinbar reaktionär geworden ist. Die Freude am konstruktiven Detail, etwa den Reliefs klassischer Steinfassaden, förderte sein Interesse an einer historischen Architektur. Ich sehe das selber bei unserem alten Haus mit den vielen klugen Details. Die klassische Architektur bietet sensible und pragmatische Lösungen – bis zur Sockelleiste. Ich kann in Begeisterungsstürme ausbrechen über eine Sockelleiste.«

Heute sucht man noch immer nach der »absoluten Bündigkeit«. Vera Gloor versteht es nicht: »Für jedes Material gilt eine andere Toleranz. Betoniert wird mit einem Zentimeter Toleranz, Metallschlosser arbeiten mit Millimetertoleranz. Konzeptioneller Unsinn, Beton und Metall auf dieselbe Flucht bringen zu wollen. Die Kittfuge kann nicht die Lösung dieser Begegnung sein.« Noch hört sie Kollhoff: »Silikon ist kein Detail.« Seine Antrittsvorlesung kennt sie »auswendig«, sie beginnt mit einer hübschen Geschichte: Im Gang vor Kollhoffs Büro stand eine Stütze. Irgendwann hörte er ein Rauschen, stutzte, schaute genauer hin und merkte: Das ist gar keine Stütze, das ist ein verkleidetes Leitungsrohr. Ein Graus. »Über den physischen Bezug zu Material und Detail und die konzeptionelle Konsequenz daraus habe ich bei Kollhoff sehr, sehr viel gelernt. Nur seinetwegen bin ich so streng mit der Konsequenz des Konzepts. Man kann ein Gebäude zum Fliegen bringen – oder zum Sinken, je nachdem, wie der Sockel gelöst wird, die Balkone, die Form insgesamt. Die konstruktive Umsetzung ist das eine Ende der Geschichte, das andere ist das ›funktionale Szenario‹, die Bewegung, der Raum, die Atmosphäre, die ich schaffen möchte, der Inhalt der Geschichte.«

Als Stipendiatin an der Harvard University in Cambridge begegnet Vera Gloor Diane Lewis von der New Yorker Cooper Union, der Frau mit dem »extrem physischen Bezug« zu Architektur. Sie empfindet ein Gebäude als körperliche Struktur, einen Schnitt durchs Gebäude als brachial, als Schnitt durch den Körper. Sie spricht der Jungarchitektin aus dem Herzen: »Auch ein Schnitt muss eine Ausstrahlung haben.«

Nach dem Diplom arbeitet Vera Gloor in Berlin, im deutsch-britischen Atelier von Matthias Sauerbruch und Louisa Hutton, berühmt für ihre innovative Architektur. Sauerbruch, ein Kontrahent Kollhoffs, stellt Vera Gloor für einen Wettbewerb ein, bei dem Kollhoff in der Jury sitzt. Es geht um das Abgeordnetengebäude neben dem Reichstag, »ein Riesenmegateil, ich durfte es so gut wie selber machen«. Trotz anonymer Eingabe hat Kollhoff wohl vermutet, aus welcher Küche der Entwurf kommt. Er gefällt ihm, er bekommt einen Preis. »Typisch für Kollhoff, er konnte über seinen Schatten springen.« Vera Gloor lebt gern in Berlin, liebt die sinnlich farbenfrohe Architektur von Sauerbruch/Hutton, die das Erbe der Moderne zwar verpflichtet, dieses aber nicht dogmatisch interpretiert.

Vera Gloor, Assistentin bei Marc Angélil an der ETH zwischen dem ersten und zweiten Kind, verbindet in der Theorie Tanz und Architektur. Lässt die Studenten eigene Bewegungsnotationen entwickeln am Beispiel des ungarischen Tänzers Rudolf Laban (1879–1958), dessen Tanzschrift weltweit zur Analyse von Bewegung genutzt wird. Der Choreograf und Tanztheoretiker gehört mit seiner raumrhythmischen Bewegungslehre zu den wichtigsten Anregern des Deutschen Ausdruckstanzes, gründete während des Ersten Weltkriegs auf dem Monte Verità eine Schule und beschäftigte sich nach der Flucht vor den Nazis in Manchester mit der Optimierung von Bewegungen in Arbeitsabläufen.

Die Möglichkeit einer akademischen Laufbahn bringt Vera Gloor im Sommer 2006 in Zwiespalt. Auf der einen Seite reizt sie die konzeptionelle Auseinandersetzung (»im Alltag fehlt dazu der Atem«), andererseits schreckt sie der Rückzug an die Universität (»die sechzig Prozent würden hundert bedeuten«). Tag und Nacht arbeiten, abgeschnitten von ihren Projekten, vom Bauen, von den Gesprächen mit den Mitarbeitern. »Mama, mach es nicht«, bittet Leon. Sie macht es nicht: »Lieber als forschen, poste ich Häuser im Kreis 4.« So wichtig sei ihr die Karriere nicht. »Ich bin schon ehrgeizig, aber die Vorstellung, ein berühmter Architekt zu werden, hat mich nie interessiert.« Sie freut sich über Erfolge, freut sich, wenn ihre Häuser gefallen. Den Alltag bereichern andere Dinge: das Arbeits-Familien-Konglomerat an der Krönleinstrasse, mitten drin und an erster Stelle die Kinder.

Sie schlafen, als wir uns zum zweiten Gespräch treffen. Christoph Gloor hat eben den flandrischen Hirtenhund gebadet und will noch schnell bei Stefi die Katzen impfen. Vera Gloor trägt ein bauchfreies T-Shirt, originelle Jeans, ausgefallene Schuhe. Sie mag verrückte Sachen, befreit sich – »langsam im reifen Alter« – lustvoll aus Konventionen. Für eine Präsentation zieht sie sich gern »anständig« an, kann durchaus mitspielen, aber der Anzug muss zumindest ein schräges Element haben und das edle Hemd Totenkopfknöpfchen, die erst auf den zweiten Blick zu sehen sind.

Geht Vera Gloor ins Theater? Liest sie Bücher? Weder noch. Sie erinnert sich, wie sie als Kind in Antiquariaten rumstöberte, weniger eine Leseratte, eher eine Bücherfetischistin. Sie musste sie haben, anfassen, ansehen. Ein Glücksgefühl heute, mal ein *Schöner Wohnen* durchzublättern, ein Highlight, nachts um zehn Uhr eine Stunde Zeitung zu lesen, einen Moment für sich zu ergattern. Dieses Jahr ist es »vielleicht dreimal gelungen«. Sie spielte als Mädchen intensiv Klavier und wurde nur nicht Pianistin, weil Freundin Stefi besser war. »Abends eine halbe Stunde Klavier spielen zur Entspannung, das ist ein Ziel.«

Die Vorsätze sind gefasst: Fachliteratur lesen, intern und extern an Diskussionen teilnehmen. »Ich bin in den letzten Jahren in den Pendenzen versoffen. Aber ich kann nicht für Leute bauen, ohne zu wissen, was sie beschäftigt.« Deshalb wird sie das Atelier in den Kreis 4 erweitern – aus Platznot an der Krönleinstrasse, aber auch, um am Puls zu sein. »Ich muss rauskommen aus meinem Arbeitswahn.«

Arbeitswahn? Am 20. April 2007 gründete Vera Gloor die Immobilien AG, sie will »einen halben Fuss« im Bereich Investment haben. Vielen privaten Anlegern ist das emotionale Element in diesem Geschäft wichtig; sie suchen die Nähe zu den Häusern, in die sie investieren, wollen teilnehmen an der Stadtentwicklung. »Wahnsinnig spannend« findet sie, den Bogen zu schlagen zwischen wirtschaftlichen Beengungen und innovativen Höhenflügen, den Bedürfnissen der Anleger und der Mieter. Wohltätigkeitsprojekte interessieren sie nicht, dafür ist sie zu sehr Geschäftsfrau, gewohnt, Kosten und Termine unter Kontrolle zu halten. »Dank Kreativität bringen wir viele Projekte zum Rentieren. Wir bieten Lösungen, nicht bloss Materialideen. Kreativität und Kosteneffizienz haben durchaus miteinander zu tun.«

Ob Bühne oder Baustelle, die Leidenschaft ist dieselbe. Vera Gloor hat »ein enormes Fieber im Arbeiten«. Im Kreis 4 warten mehrere Projekte – nicht zuletzt der »Tessinerkeller«, die »Räuberhöhle« hinter den sieben Gleisen. Keine Architektin, die am Zeichenpult sitzt. Sie will die »ganze reale Welt« vom Abbruch bis zur Einweihung. Den Staub, den Lärm, die Geschichten. Sie will gemeinsam mit anderen etwas errichten, mit ihrem Team, mit Handwerkern, die ihr Metier verstehen. So sehr sie Lehre, Theorie, Konzept fesseln, so sehr begeistert sie die konkrete Ausführung, der »Charme des Pragmatismus«, die Gratwanderung in der Auseinandersetzung mit dem Möglichen; »das Einfache kippt so schnell ins Banale«. Am Schluss jedoch sollen alle zufrieden sein. Ein gutes Verhältnis mit der Bauherrschaft ist ihr ebenso wichtig wie die Architektur: »Gestaltung ist nicht alles.«

Die pfeifende Chefärztin

Christa Meyenberger

Gastroenterologin

»Ein Notfall. Komme 45 Minuten später«, teilt sie mir per SMS mit. Es ist Mitte April. Auf der grossen Terrasse im »Pier« Uttwil frösteln ein paar Abendspaziergänger, Velofahrer, Harley-Davidson-Piloten. Bodensee mit Sonnenuntergang – genau das wollte mir Christa Meyenberger zeigen. Da steigt sie aus dem dunkelblauen Cabrio, sportlich gekleidet, weiss, in Turnschuhen, begrüsst von allen Seiten: »Christa!«, die Freude ist hörbar. »Ich bin länger da als alle anderen.« Sie lacht, holt sich ein Panaché und wirkt von Kopf bis Fuss so lebendig, als hätte sie keinen Spitaltag hinter sich.

Eine Geniesserin. In den folgenden Stunden trinken wir einen frischen Sauvignon Blanc der Weinhandlung Haubensack (Altstätten), einen kräftigen Tempranillo, einen Apfelschnaps aus der Gegend.

An Sommersonnentagen ist sie hier zu Hause. Verlegt ihr Büro auf die Wiese am See, auf den Steg, die Surfbretter griffbereit, blickt ab und zu aufs Wasser, das so weit wirkt wie das Meer. Die junge Christa weilte mit einer befreundeten Familie oft am Bodensee. Festtrubel, Amouren – das Paradies! »Hier will ich leben«, beschloss sie damals. »Das blieb mein einziger Lebensentwurf«, sagt sie heute, die Bürgerin von Bussnang, auch im Herzen eine Thurgauerin. Die Unterassistentin organisierte sich ein Sommerhaus in Altnau, suchte ihre erste Stelle am See. Im Freien zu leben, ist für Christa Meyenberger »das Grösste«. Försterin oder Bauer hätte ihr auch gepasst.

Nun ist sie Ärztin mit Schweizer Doppelpremiere: erste Chefärztin für Gastroenterologie (am Kantonsspital St. Gallen), erste Professorin in dieser Domäne (am Universitätsspital Zü-

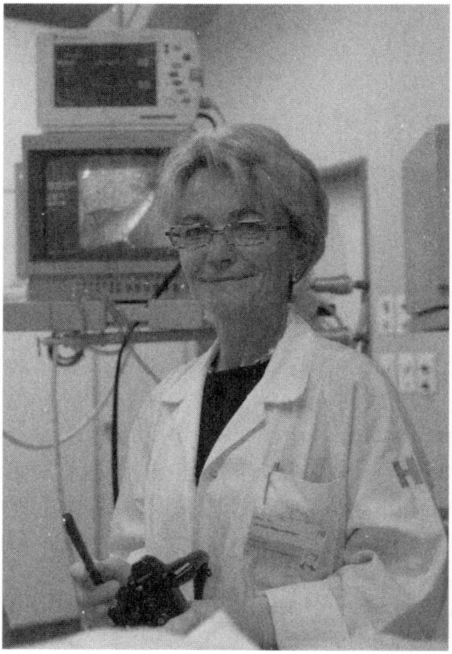

rich). In einer typischen Arztfamilie aufgewachsen. In Wil, der Kleinstadt zwischen St. Gallen und Zürich, Toggenburg und Bodensee. Schon der Grossvater praktizierte im selben Haus und half aus, als der Sohn im Zweiten Weltkrieg militärisch Karriere machte. Vierzehn Ärzte über vier Generationen. Der Grossvater mütterlicherseits war Tierarzt in Nidwalden, die Mutter Sozialarbeiterin, eine »Ur-Innerschweizerin«. Tochter Christa fühlt sich mindestens zur Hälfte als »Innerschweizer Bergbauer«.

Die Eltern heirateten nach dem Krieg; Vater Paul Meyenberger war 42. 1947 kommt Paul zur Welt, 1948 Katrin, am 6. Januar 1951 Christa. Die Praxis im Wohnhaus ist ihre »Spielwiese«. Doktor will sie werden wie der Vater, das ist schon im Kindergarten klar. Sie packt mit an, wenn die Praxisschwester weg ist: Handschuhe pudern, Spritzen waschen, Nadeln schleifen, elastische Binden rollen, »Tüpferli« präparieren, auch mal beim Gipsen und Nähen assistieren, Telefon »hüten«. Wil hatte damals noch kein Spital. Der Vater, Landarzt mit breitem Wirkungsfeld, Bezirks- und Schularzt dazu, infiziert das Mädchen mit seiner Begeisterung.

Christa studiert Medizin in Zürich, promoviert 1978, assistiert an Ostschweizer Spitälern: Innere Medizin, Pathologie, Chirurgie, Pädiatrie. Was nun? Soll sie sich mit dem Bruder zusammentun, der die familiäre Tradition in Wil weiterführt? Ein Leben lang die gleiche Arbeit am selben Ort? Die 32-Jährige erschrickt. Also doch Spital? Pius Bischof bietet ihr in Rorschach ein Übungsfeld als Oberarzt; offeriert ihr später die Stelle der Leitenden Ärztin. Spitalmedizin gefällt ihr, das Spital ebenfalls. Doch gleichzeitig schielt sie mit ambivalenten Gefühlen nach St. Gallen. Sie hat Angst vor dem Riesenspital, »baulich verunglückt« und in der Inneren Medizin zerstückelt. Andererseits drängt es sie in eine grössere Klinik, an die Universität.

»Frauen heiraten und werden schwanger!« Trotz obligatem Spruch bekommt sie einen Platz an der Universität Zürich, trainiert 1985 bis 1987 Innere Medizin bei Paul Frick und Walter Siegenthaler. Ihr Herz allerdings schlägt für die Chirurgie, seit Jürg Ammann sie in Münsterlingen gefördert hat. Wäre sie ein Mann, sie hätte Chirurgie gewählt. Was schwerer wog als die harte Arbeit, die physische und psychische Belastung: Chirurgen müssen nehmen, was ihnen angeboten wird, das heisst, die Stelle bestimmt den Lebensraum. Undenkbar für Christa Meyenberger – vom Thurgau will sie nicht lassen.

Der Kompromiss heisst Gastroenterologie, die Kombination von Chirurgie und Innerer Medizin, ein weites und faszinierendes Feld (Speiseröhre, Magen, Darm, Leber, Pankreas), derzeit heftig in Bewegung mit ungeahntem Entwicklungspotenzial. Sie spricht in der männlichen Form. »Ich wollte kein Spezialist werden, der nur noch ein einziges Organ sieht, ich versuchte immer, den Menschen als Ganzes zu sehen, eine ganzheitliche Medizin zu machen.« Zudem sei sie eher der Handwerkstyp. Und schliesslich geht die Liebe durch den Magen – auch ihr Lebenspartner Gottfried Engelhart ist Gastroenterologe.

Ein Männerberuf. Obwohl Frauen prädestiniert wären für das feine Handwerk. 1988 arbeitete in der Schweiz eine einzige Frau auf dem Gebiet. Die Macht der Tradition? Wollten die Chefs keine Frauen neben sich? Christa Meyenberger weiss es nicht. Noch heute gibt es weniger Gastroenterologinnen als Chirurginnen: ein Dutzend etwa in der Schweiz, vielleicht zehn Prozent der Gilde.

Wieder sucht sie einen Ausbildungsplatz. Dr. Meyenberger erfüllt die Zürcher Kriterien nicht, war nie Oberärztin in einem Zürcher Landspital. Aber sie weiss, wohin sie will: in die Poliklinik. Schliesslich hat sie gute Arbeit geleistet bei Paul Frick. »Die müssen mich erst kennen lernen, dann nehmen sie mich vielleicht«, hofft sie, volontiert bei Rainer Otto am Kantonsspital Baden, damals die Ultraschall-Kapazität in der Schweiz – und bekommt die Stelle auf der Gastroenterologie. Genau das interessiert sie. Die Eingriffe von innen mit dem beweglichen Endoskop. Die rasante Entwicklung, die Fragen, die Projekte, die Pionierarbeit. Der endoskopische Ultraschall; »da waren wir in Zürich die Ersten in der Schweiz«. Sie forscht, schreibt. Organisiert und finanziert sich Einsätze in jenen deutschen Kliniken, die führend waren in der Endoskopie, und bringt einen gefüllten Rucksack zurück.

Die Salbaderei von der »Krankheit als Chance« mag sie nicht hören; zu dumm, dass es just auf sie zutrifft. Massive Rückenprobleme, typisch für Chirurgen und Gastroenterologen, wachsen zur schmerzhaften Diskushernie. Sie doktert erfolglos herum, wird ein Jahr später operiert, verliert Zeit, was die Ausbildung verlängert. Ein Umbruch im Team produziert ein Vakuum an der Spitze und führt zur einmaligen Chance. Sie packt sie, wird Oberärztin, dann Leitende Ärztin. Acht Jahre lang engagiert sie sich mit Haut und Haar, arbeitet rund um die Uhr, lebt »wie ein Mönch«. 1996 habilitiert sie sich in Zürich als erste Gastroenterologin der Schweiz.

In St. Gallen wird eine Stelle frei, allerdings hat der Chef seinen Nachfolger längst gesetzt. Aber sie will eh nicht in dieses »Riesenspital«. In Zürich bleiben? Geht auch nicht, weil sie abends unbedingt Richtung Sonnenuntergang nach Hause fahren will. In Münsterlingen die Nachfolge ihres einstigen Chefs und jetzigen Lebenspartners antreten? Die Vorstellung gefällt ihr. Gesundheitsdirektor Philipp Stähelin passt die Idee ebenfalls. Und weil man sich kennt im Thurgau, wird die Anstellung per Handschlag besiegelt.

An Weihnachten dann der Anruf von Onkologe Hansjörg Senn, der nominierte Kandidat sei den anderen Chefärzten nicht genehm, ob sie nach St. Gallen kommen wolle. Bewerben mag sie sich nicht – aus Stolz und Ressentiment: »Ich wurde vorher auch nie angefragt.« Der deutsche Horst Neuhaus bewirbt sich, »eine grosse Nummer«, international renommiert. Christa Meyenberger freut sich. Neuhaus in St. Gallen, sie in Münsterlingen, das verspricht eine Kooperation nach ihrem Sinn. Sie macht die Rechnung ohne Neuhaus. Dieser hatte sich doppelt beworben und landet in seiner Heimatstadt Düsseldorf. Die Sache wird spannend. Jochen Lange, Chef der Chirurgie, ruft Meyenberger an, holt sie ab in Zürich, fährt in ein Restaurant. Sie merkt nur, dass das Ambiente gediegen ist und auf den Riesentellern fast nichts liegt, zum Glück, sie bringt kaum einen Bissen runter. »Wenn Sie mich berufen und alle mich wollen, dann komme ich.« Gleichzeitig denkt sie, mein Gott, der Handschlag. An wessen Tisch sie ihr Schicksal besiegelte, realisiert sie erst zu Hause: Horst Petermann, Kunststuben Küsnacht. Am 1. April 1996 startet sie in St. Gallen. »Zur richtigen Zeit am richtigen Ort sein« – das passiert ihr immer wieder. Deshalb rät sie jungen Medizinern, sich nicht auf ein Ziel zu versteifen: »Vieles ist Entwicklung, Zufall, Glück.«

Die Sonne ist längst untergegangen. Ich bin durchfroren, Christa Meyenberger ist hungrig; sie hat den ganzen Tag nichts gegessen, ein Balisto vielleicht. »Ich lebe wie ein Kamel; am Wochenende fülle ich meine Höcker.« Nur noch zwei, drei Häuser will sie mir zeigen, verbunden mit glücklichen Erinnerungen. Gleich nebenan das ehemalige »Bad« mit prächtigem Platanengarten, Haus und Garten sind vergammelt. Am verrosteten Gartenhaus lehnt ein Grabstein: Otto Nessensohn 1924–1976. Hinter blinden Fensterscheiben rote Gartentische. Ein paar Schritte weiter das »Schlössli«; hier war die Schreinerei

»Schubert & Schramm« tätig, noch früher der belgische Architekt Henry van de Velde. Schriftsteller René Schickele wohnte in der Nähe und Carl Sternheim, der Dramatiker.

Das Fischerdorf Uttwil zog im 19. Jahrhundert Künstler aus ganz Europa an. Dann fiel der magische Ort jahrzehntelang in Schlaf, bis van de Velde im Sommer 1917 die Idylle entdeckte für seine Familie mit fünf Kindern, das »Schlössli« ein »altes, unbewohntes Patrizierhaus in einem herrlich verwilderten Garten, dessen hohe, mächtige Mauer (...) unmittelbar an den See grenzte«. Später erwarb der Basler Romancier Emanuel Stickelberger das Haus.

Zur richtigen Zeit am richtigen Ort sein. Zum Beispiel in der Confiserie Wellauer. Christa Meyenberger führt mich in den Seegasthof »Schiff« und erzählt die Geschichte von der alteingesessenen Anwaltsfamilie Josef Raggenbass in Kesswil, dessen Frau aus Wil stammte, und mit deren Kindern sie, wie gesagt, in der Jugendzeit glückliche Tage am See verbrachte. Sie verlor die Familie aus den Augen – bis sie Mutter Raggenbass zufällig in der Confiserie traf. »Wir wollen das konkursite ›Schiff‹ retten«, berichtete diese, die Söhne Hansueli und Christof würden mit ein paar Leuten eine AG gründen, das Haus kaufen und renovieren, damit es den Kesswilern erhalten bliebe.

Christa Meyenberger war Feuer und Flamme. »Beizere«, das ist nach ihrem Geschmack. Mittlerweile tragen gegen zwanzig Aktionäre – Christa M. als Verwaltungsrätin – den prachtvollen Riegelbau aus dem Jahre 1641 an der Hafenstrasse. 2002 renoviert und eröffnet, hat der Gasthof bereits wechselvolle Jahre hinter sich. Schwierig, allen zu dienen, einfach und nobel zu sein. Der Deutsche Matthias Brede erkocht 14 Gault-Millau-Punkte, aber die Gäste wollen auch mal Wurstsalat. Whisky-Bar mit Ledersesseln, exklusive Karte, hohe Preise vertrieben die Einheimischen. Personelle und konzeptuelle Wechsel schlugen Wellen. Seit ein paar Monaten tuckert das »Schiff« in ruhigerem Gewässer.

Gastgeber Hannes Rupp platziert uns in der gemütlichen »Seebeiz« am Fenster. Etwas erhöht das »Himmelreich« für festliche Anlässe. Unter dem Dach ein paar kleine, verwunschene Hotelzimmer. Die Gemeinsamkeiten von Restaurant und Spital faszinieren Christa Meyenberger. Sie vergleicht den Koch mit dem Arzt, den Service mit der Pflege. Ein personal- und materialintensiver Dienstleistungsbetrieb, in dem verschiedene Berufsgruppen eng zusammenarbeiten. Bei Sonnenschein ist die Terrasse überfüllt – »wie bei uns im Notfall« –, die Leute müssen rasch und flexibel und immer nett sein. Knochenarbeit – und trotzdem schwierig, eine schwarze Null zu schreiben.

Seit vier Jahren ist Christa Meyenberger Co-Leiterin des Departements Innere Medizin mit einem Dutzend Fachbereichen, Mitglied der Geschäftsleitung, sitzt in diversen Gremien, engagiert sich in zahlreichen Projekten. Das Kantonsspital mit 3500 Mitarbeitern und einem 500-Millionen-Budget zählt zu den grössten Unternehmen in St. Gallen. Spitalmedizin sei »hochkomplex«: die Teamarbeit, die interdisziplinäre und interprofessionelle Zusammenarbeit mit Pflege und Sozialdiensten. Mit Chirurgie, Onkologie, Radiologie, Pathologie, Radioonkologie, Urologie, Endokrinologie, Infektiologie, Rheumatologie, Dermatologie, Ernährungsberatung.

Die Chefärztin leugnet ihn nicht, den Drang zur Spitze, den Ehrgeiz, will aber partout nichts geplant haben. Dank der Diskushernie führt sie heute einen »ziemlich grossen Laden«, direkt unterstellt sind ihr etwa 40 Mitarbeiter, darunter viele Männer. »Ich werde auf Händen getragen.« Es sei ja nichts Erschreckendes an ihr: klein, zierlich, ein »Pfupf« nur. Machogehabe sei nicht nötig; grossgewachsene Frauen hätten da mehr Probleme. Ihre Stärken sind Begeisterung für ihr Arztsein, Durchsetzungskraft, Improvisationskunst, Fachkompetenz vor allem. Eine optimistische Natur, belastbar, geduldig, ausgeglichen. Schwächen gibt es auch. »Ich kann nie Nein sagen und kritisiere Mitarbeiter höchst ungern; mein Harmoniebedürfnis ist extrem.«

Führen übte sie schon in der Pfadi; sechzehnjährig übernahm sie die Abteilung Wil. Andere gingen in die Disco, sie betreute fünfzig Mädchen. »Übungen« am Samstag, Kadersitzungen nach der Schule, Lagervorbereitungen, Weiterbildung. Via Pfadfinderei entkam Christa der elterlichen Autorität. Leistung rechtfertigte alles im Hause Meyenberger. Das Regime war streng – zweimal wöchentlich ins Kino bedeutete »Genusssucht« ... Ein Waldhüttenfest kam nicht in Frage, an einem Pfadilager war nichts auszusetzen. Sie wurde als Erwachsene behandelt, konnte selbständig schalten und walten, das väterliche Auto nutzen, bekam früh ein eigenes, einen roten Mini.

Globi, ihr Pfadiname, war eher ein Fehlgriff, »der Name schliesslich mehr durch mich geprägt als durch die Figur«. Ein »Strizzi« war sie wohl, aber ein Globi? Da interessierte sie »Die rote Zora und ihre Bande« viel mehr. Sie komme sich in ihrem Männerteam auch ab und zu vor wie die Zora. Globi haftete hartnäckig, zog mit ins Privatleben, die Kommilitonen nannten sie Globi, auch Vorgesetzte, bis zum Staatsexamen.

Neben der Pfadfinderei engagierte sie sich viele Jahre in diversen Gremien der katholischen Kirche, die sich im Nachgang des Zweiten Vatikanischen Konzils für Laien öffneten. Wer immer eine Vertreterin »der Randgruppen« suchte, der Jugend, der Frauen, klopfte bei Christa Meyenberger an: Sie wirkte im Pfarreirat Wil, im kirchlich geförderten Filmforum, später in der Synode 72 der Schweizer Katholiken, in deren Präsidium der Diözese St. Gallen. Die Aufbruchstimmung beflügelte sie. Jahrelang übernahm sie auch die ärztliche Beratung an den sogenannten Brautleute-Tagen. Trat mit Bibellesungen in der Kirche auf, sie erinnert sich, wie sie kurz vor einer interkantonalen Synode in der Kathedrale St. Gallen verzweifelt unter ihrem Hosenstapel nach einem Kleid suchte.

Pfadileitung ab sechzehn, Kirchenarbeit ab achtzehn: viel Ernsthaftigkeit und Verantwortung – die »Leichtigkeit des Seins« kam eindeutig zu kurz. Heute zweifelt sie ab und zu an dieser Leistungswut. Würde sie nicht besser die Mutter im Altersheim besuchen oder mit Gottfried um den See radeln?

Nichts zu machen; im Beruf ist Christa Meyenberger kompromisslos. Ihre Arbeit ist ihre Leidenschaft. Nicht im leidenden Sinn, nichts von Aufopferung für die Menschheit. »Der Gewinn ist riesig.« Dafür vernachlässigt sie Familie und Freunde. »Ich gäbe alles auf, selbst meine Partnerschaft. Ich habe immer alles der Medizin untergeordnet.« Lernte sie einen jungen Mann kennen, reagierte sie panisch. Sie wollte nie Kinder, sie wollte Doktor sein ohne Abstriche. Ein Gegenüber braucht sie dennoch, eines aus ihrer Welt, schon wegen der gleichen Probleme, der gleichen Sprache ... »Megaschwierig, als Frau mit diesem Lebensentwurf eine Partnerschaft zu haben, die in regulären Bahnen läuft.«

Wir tafeln fürstlich. Christa Meyenberger geniesst es. Vom Hätschel-Menschenbild mancher Mediziner hält sie wenig: Bio-Salat, keine Zigarette, kein Alkohol, Gesundheit als Folge braver Lebensführung? Die Vorstellung, das Schicksal abschaffen zu können, teilt sie nicht. Krankheit als Strafe? »Blanker Unsinn.« Natürlich steigen die Risiken, wenn jemand zu viel isst und trinkt und raucht und sich nicht bewegt. »Aber das Wichtigste sind die Gene.« Sie erzählt von der sportlichen, gertenschlanken Frau, die gesund lebte, mit 70 aussah wie 50 und innert weniger Wochen am Krebs der Bauchspeicheldrüse stirbt. Von der jungen, aktiven Frau mit Speiseröhrenkrebs. »Familiäre Belastungen, da ist nichts vorzubeugen.«

Sie sei kein »Gesundbeter«. Ihren Patienten, »häufig genug geplagt« mit Beruf, Familie, Krankheit, rät sie: Lieber gut als lang leben – und erinnert an das Motto des betrunkenen Gefängniswärters Frosch in Johann Strauss' Operette »Die Fledermaus«, für die Wiler Aufführung adaptiert: »Für mini Gsundheit würd i sogar mis Läbä loh.« Ein geflügeltes Wort in der Familie Meyenberger.

Mit dieser Haltung eckt sie an bei Kollegen. »Irrsinn, sämtliche Krankheiten vermeiden zu wollen. An irgendetwas müssen wir gopfriedstutz doch sterben. Steinalt werden, das ist kein Ziel, keine Lebensphilosophie. ›Geniessen Sie das Leben‹, sage ich, ›ich mach das selber auch‹.«

Schon als Kind und Jugendliche hat sie Raubbau betrieben. Nach der karriereentscheidenden Diskushernie plagte sie vor zwei Jahren eine zervikale Diskushernie, »heavy«. Der rechte Arm komplett gelähmt, schwierig in ihrem Beruf. Operieren wollte sie nicht. Abwarten und Voltaren schlucken. Eine »ganz normale« Patientin. Geht zweimal in die Physiotherapie und hört dann auf. Beginnt mit Turnen, gibt es wieder auf. Bis ihr eines Tages die ungewöhnlichen Öffnungszeiten ihrer chemischen Reinigung auffallen: Der Inhaber ist Therapeut. Sein ganzheitlicher Ansatz passt ihr. Nach zwei Jahren atmet sie auf, heute ist das Übel »alltagstauglich«. Letzten Sommer stand sie wieder auf dem Surfbrett.

Seit 1979 lebt Christa Meyenberger in einem »idyllischen Hexenhäuschen«. Auf das Inserat »Assistenzärztin sucht Wohnung oder Bauernhausteil« bot ein Bauer eine freie Kammer an – und gestand, dass er eigentlich eine Frau suche. Das war es nicht. In Dozwil fand sie, was sie suchte, in einem Thurgauer Langhaus, einem Bohlenständerhaus aus der Stickereizeit mit Sticklokal, Stall, Heuschober, Wohnteil. Links und rechts wohnen zwei Brüder, der eine Sanitär, der andere Schreiner. Nach dem Tod des Vaters wurde der Mittelteil frei: unten eine winzige Küche und Stube, oben das Schlafzimmer. Eine Schranktür eröffnet ein weiteres Zimmer. Wiese hinter dem Haus und Blick auf den Säntis. Südlage. 330 Franken Miete.

Der Sanitär zieht im verwunschenen Garten Bananenbäume, Palmen, Kamelien, Aprikosen, Trauben. Schaut, dass die Geranien zur Zeit draussen sind, Basilikum gepflanzt und die Wiese gemäht ist. Der Schreiner liefert das Holz fürs Cheminée, seine Frau macht dem Ärztepaar den Haushalt, wacht über den Kühlschrank, besorgt Getränke, leert den Briefkasten. Sie warten Meyenbergers uralten Honda, den sie nutzen dürfen und sind stolz auf ihre zwei Professoren. Diese bauten sukzessive ein bisschen um, holten die Bohlen hervor, nahmen den Heuschober dazu. »Unscheinbar ärmlich sieht es aus. Aber in einer Villa am Waldrand würde ich Ängste ausstehen. Hier kann ich dem Willi rufen oder dem Hans, und sehe ich beim Heimkommen die Hermine werken, bin ich wirklich zu Hause.«

1988 rückte das verträumte Dozwil in die Schlagzeilen. Paul Kuhn, der reformierte Gärtner, hatte in den 60er Jahren die St.-Michaelsvereinigung gegründet, beflügelt durch das Medium Maria Gallati. Im Januar 1988 starb das visionäre »Werkzeug Gottes« und Paul Kuhn verkündete den bevorstehenden Weltuntergang. 8. Mai 1988, Muttertag. Die Anhänger würden mit einem Raumschiff direkt ins Paradies geflogen. Die Medien stürzten sich auf die apokalyptische Weissagung, statt Weltuntergang gab es Krawalle in Dozwil.

2002 starb Paul Kuhn. Es ist ruhig geworden um die Sekte. An Feiertagen beleben bis zweitausend Anhänger das Dorf. Die Kollekten sollen enorm sein. Die Hälfte der 534 Dozwiler bilden heute den Kern der religiösen Gemeinschaft. »Die Leute haben einen Zusammenhalt zum Neidischwerden.« Der Gemeindeammann gehört dazu, Maschineningenieur von Beruf. »Er führt das Dorf hervorragend.« Früher erlebte Christa Meyenberger die Kehrseite der religiösen Gemeinschaft, Patienten, die unter starken Druck gesetzt wurden. Menschen, die sich, bedroht mit Krankheit, Tod, Verdammnis, gefügig machen lassen – »kommt auch in der Medizin vor«. Ein teuer erkauftes Paradies. Die Homepage der paradiesverbundenen Gemeinde gibt sich diskret. Unter »Kirchen« lediglich ein Hinweis auf das evangelische Pfarramt in Uttwil, das katholische in Sommeri. Unter »Veranstaltungen« Jassabend und Primarschulfest.

Religion ist für die Ärztin eine zwiespältige Sache. Die Eltern, streng katholisch, der Vater Zögling von Einsiedeln, steckten alle Kinder in Klosterschulen: Paul war in Feldkirch, dann in Stans, Katrin und Christa in Ingenbohl. Bedeutet Christa Meyenberger die Kirche noch etwas? »Leider nein.« Sie zahlt zwar Kirchensteuer, findet auch die christliche Botschaft »wunderbar«, aber die Kirche habe sich von ihr weg entwickelt, »alles zu dogmatisch«. Heute neigt sie eher zur buddhistischen Philosophie, die keine Kriege führt in ihrem Namen, keine blinde Autoritätsgläubigkeit will, zur aktiven Menschenfreundlichkeit anhält, aber unendlich viel Freiheit lässt. Und erst noch eine Vielzahl von Leben ermöglicht, ein Wiederwerden, solange treibende Kräfte wirken. »Unendlich viel Zeit zu haben, welch luxuriöse Vorstellung für uns, die aus einem einzigen Leben alles herausholen müssen!«

Alles herausholen? Christa Meyenberger versteht sich darauf. Ingenbohl hat sie den effizienten Umgang mit der Zeit gelehrt. Systematik. Strukturiertes Arbeiten. Dafür ist sie dankbar. Im Übrigen, sagt sie, ging es vor allem um zwei Dinge: ums

Rauchen und um die Frage, ob man lesbisch sei oder nicht. Ein hartes Regime: Regelmässiger Kirchgang, Briefzensur, stetige Überwachung, Waschen in Reih und Glied. Schlafsäle, Esssäle, Studiensäle. Wehe, zwei Mädchen zogen sich in eine Ecke zurück. Vor den Weihnachtsferien wusch Christa mit einer Schulfreundin im Schlafsaal die Haare (baden durften sie nur alle zwei Wochen) und musste zur Strafe während der Internatsfeier einen Aufsatz schreiben und auf ihre Pfadiweihnacht verzichten. Da platzte sogar Vater Meyenberger der Kragen. »Diese Spinnweiber!« Nach zwei Jahren wechselte Christa in die öffentliche Kantonsschule nach St. Gallen. Die ältere Schwester Katrin blieb und machte die Matur in Ingenbohl. Auf das klösterliche Regime reagierte sie kompromisslos; sie ist heute eine bekennende Agnostikerin.

Mit der Schwester kommt »Welt« in Christa Meyenbergers Leben. Katrin studiert Sprachen in Genf, führt nach Abschluss des Studiums in Kambodscha Flüchtlinge zusammen im Auftrag des IKRK. Ein hochdramatisches, weitgehend erfolgloses Unterfangen. Nach dem Sturz von General Lon Nol, dem letzten von den USA gestützten Staatschef, kehrte sie zurück, frustriert, orientierungslos, studierte Jus in Fribourg und übersetzte ein Standardwerk der Schweizer Rechtssprechung. Sie heiratet in Frankreich, zieht vier Kinder gross, erwirbt noch den Master of Business Administration (MBA) für Kunstmarketing und leitet seit Herbst 2003 das Centre culturel suisse in Paris – »sie ist nochmals richtig durchgestartet«. Christa Meyenberger ist mit der Schwester eng verbunden. Eine starke Frau, die beste Reisegefährtin. Als Rucksacktouristen reisten sie früher viel, weit, abenteuerlich – am liebsten in asiatischen Ländern. Dass sie selber beruflich nie im englischsprachigen Ausland war, bereut die Ärztin, das sprachliche Defizit, die Lücken im Curriculum. »Ich klebte zu sehr an der Ostschweiz.« Selbst für private Reisen bleibt heute wenig Zeit. Sechzehn-Stunden-Arbeitstage. Das Aufstehen ist eine Folter und geht nur mit Dreifachalarm: Wecker, Handy, Telefon. Dann fährt sie im Jaguar nach St. Gallen, ihrer »Sänfte«, ihre Psychohygiene vor und nach der Arbeit. »Mein einziger Luxus.« Sie freut sich jeden Morgen auf die

Patienten. Das ist ihr Leben. Fünfzig bis achtzig Prozent behandelt sie ambulant, am liebsten sind ihr die Tage, in denen sie die Station selber betreut, mit Chefvisite und allem Drum und Dran.

Wie verhält sich die Gastroenterologin zum Bauch mit seinem ausgeklügelten Verdauungssystem, seinen über hundert Millionen Nervenzellen, diesem grössten Immunorgan mit über siebzig Prozent aller Abwehrzellen, diesem »zweiten Gehirn«, von dem mehr Nervenstränge ins Gehirn führen als umgekehrt? »Eine ungeheuer spannende Region; im Bauch spielt sich so vieles, wenn nicht alles ab. Die Seele sitzt im Bauch, nicht im Herz, im sogenannten Plexus solaris, lateinisch Sonnengeflecht.« Wir haben Schmetterlinge im Bauch – oder die Wut. Christa Meyenberger reagiert »extrem« mit dem Bauch, hört auf ihn. In Stresssituationen verschlägt es ihr den Appetit, vor einem Vortrag muss sie dreimal auf die Toilette. Den Frühling spürt sie im Bauch, eine »kribbelnde Beziehung« ebenfalls.

Diese Intimität mit dem Bauch nutzt sie beim Diagnostizieren. Sie hört genau, wie jemand seine Bauchschmerzen schildert. Nicht einfach, zu beschreiben, was da vorgeht. Es zwickt und zieht und sticht und bohrt und brennt. Stein im Bauch, Messer im Bauch. Manchmal ist es zum Kotzen, ab und zu kommt die Galle hoch. Wichtiger als Endoskopien und Computertomogramme ist Christa Meyenberger das Gespräch. Mit exakten Fragen kann sie in fünfzehn bis dreissig Minuten die meisten Diagnosen stellen.

Was ist ein guter Arzt? »Man muss den Menschen gern haben, interessiert sein.« So einfach. Nervt sie ein Patient, weiss sie: Es ist Zeit für Ferien, für ein geruhsames Wochenende zumindest – gern zu zweit. Mit Gottfried Engelhart, achtzehn Jahre älter, Freund, Partner, Vater, der »Fels in der Brandung«. Am Wochenende zelebriert das Paar Kochen und Essen. Wichtigste »Amtshandlung« davor ist das Glas Weisswein. Oft gehen sie aus, weil zu vieles ablenkt: Postberg, Zeitungen, Akten. Christa Meyenberger geniesst die Atmosphäre im Restaurant, stundenlang essen und reden. Ihre »verlängerte Stube« ist der »Ochsen« in Amriswil, »köstliche italienische Küche, herrlicher Wein« und Vreni Schmid wie eine »Amme«.

Die beiden hatten immer mindestens zwei Wohnsitze. Früher lebte sie die Woche über in Zürich, heute er. Der emeritierte Gastroenterologe studiert seit zehn Jahren Geschichte; Christa wittert in ihm den »besten Reiseleiter« für den Jakobsweg. Gäste empfangen sie wenige. Ab und zu reicht es für eine kleine Velotour. Der Rest: arbeiten, studieren. Jetzt hat das Engagement fürs »Schiff« ihren Kreis erweitert, alte Freundschaften aufgewärmt, neue eröffnet. Kesswil ist ein zusätzliches Stück Heimat geworden.

Anders als Gottfried Engelhart braucht Christa Meyenberger Heimat. Nicht im patriotischen Sinn, sie will einfach verankert sein, einen Ort haben, wo sie sich engagieren kann. Keine Frage, mit mehr Zeit sässe sie im Gemeinderat, im Turnverein, im Chor. Singen ist ihr »enorm wichtig«. Sie erfindet eigene Texte, eigene Melodien. »Was ich sehr gut kann, ist pfeifen.« Beim Spitalausgang bilden zwei Treppen eine Art Trichter. Verlässt sie nachts das Haus, singt oder pfeift sie eine Verdi-Arie. »Das tönt gewaltig. Chic ist es ja nicht, eine pfeifende Frau.« Weil nur wenige Pfeif-Kompositionen existieren, träumt sie von einem Stück, das Singen und Pfeifen vereint. »Man hat ja noch Träume!« Ihr Keyboard allerdings holt sie nur hervor, um »Stille Nacht« zu üben.

An die erste verliebte Begegnung mit Gottfried erinnert sie sich genau; es war der 4. Februar 1983. Einen Monat später starb ihr Vater – beruhigt, seine Tochter wieder in guten Händen zu wissen. Gottfried Engelhart hat sie gestützt, unterstützt, gefördert. Die Beziehung klappt so gut, weil er kennt, was sie tut, weil er weiss, was es heisst, Medizin zu machen, für einen Betrieb verantwortlich zu sein. Weil er gelitten hat, dass bei ihm Frau und Kinder warteten, weil er derart eigenständig und frei, wie Christa lebt, auch gern gelebt hätte. Er kann zurückstehen und hat seine eigenen Welten. Der Schaffhauser – »und als Schaffhauser ist man Ruderer« – wählte nur deshalb Gymnasium und Uni, um Zeit für sein Hobby zu haben. Er rudert noch heute »dem Teufel ein Ohr ab«.

Gibt es andere Vorbilder? Manfred Timmermann, Gottfrieds Freund, war ihr Mentor. Der Volkswirt, 1984 bis 1989 Staatssekretär bei Verteidigungsminister Manfred Wörner, Ordinarius unter anderem an der Hochschule St. Gallen. Eine »Strassenbekanntschaft«, Gottfried und er wohnten an derselben Strasse in Kreuzlingen. Über Jahre verbrachten sie gemeinsame Ferien, Skifahren im Frühjahr, Lanzarote im November, zusammen mit Timmermanns Frau. Im Sommer vor drei Jahren ist er tragischerweise nach einer Infektion auf Lanzarote gestorben.

Paul Frick zählt zu ihren Vorbildern, seine bescheidene Art, seine »spartanische Medizin«, mit möglichst wenig Mitteln zum Ziel zu kommen. Schliesslich Hans Leuenberger, Direktor des Kantonsspitals St. Gallen, »ein Unternehmer, kein Verwalter, ein Motivator und unverwüstlicher Optimist«.

Macht mich der schwere Tempranillo schwindlig? Das intensive Leben der Christa Meyenberger? Sie erzählt von der Einführung eines »Hospital Information Systems«, einer digitalen internen Dokumentation – Richtung papierloses Spital, E-Health, mit Laptop auf Visite. »Die Informatik ist enorm wichtig, sie frisst gegen 20 Millionen weg.« Sie berichtet von einer »Road-Show«, die unterwegs ist in die Spitäler und die Leute motiviert, effizienter zu arbeiten: »Wir müssen sparen.« Dann von ihrem Kernprojekt »Hausarztmedizin«. Ein vielversprechendes Unternehmen, zusammen mit »unseren Ärzten in der Politik« , mit Parteien, Parlament, Kantonsarzt. Das Kantonsspital ist federführend, das heisst, Christa Meyenberger; sie leitet die Kontaktgruppe zwischen Praxisärzten und Spitalärzten.

Ein Beispiel: Ein Hausarzt will sich in Grabs installieren und benötigt zusätzliche Kenntnisse in Pädiatrie und Dermatologie. Das Kantonsspital bietet ihm die »massgeschneiderte Ausbildung«. Ein Praktiker, im Kantonsspital zu 30 Prozent als Leitender Arzt auf der Inneren Medizin angestellt, vermittelt den Assistenten, was ein Hausarzt können muss. »Wir brauchen fähige Hausärzte; wir brauchen Spitalärzte, die nicht nur Doktor sind wie ich, die etwas verstehen von Management, Betriebswirtschaft, Personalführung, Gesundheitsökonomie; und wir brauchen kreative Forscher.« Der Plan ist bestechend: St. Gallens »Perlen« Universität und Kantonsspital spannen zusammen. Mit Kollege Thomas Cerny, Chefarzt Onkologie/Hämatologie, und Direktor Hans Leuenberger will Christa Meyenberger Medizin und Ökonomie verbinden zur »St. Galler Schule«. Darüber hinaus möchte sie qualifizierten Ärzte das Know-how beibringen, Abteilungen, Kliniken zu führen – mit einem aufs Gesundheitswesen ausgerichteten Programm, am liebsten massgeschneidert wie die Lehrpläne der Hausärzte. Meyenbergers Credo: sämtliche Ressourcen nutzen, vernetzen, was zu vernetzen ist. Meyenbergers Vision: St. Gallen an der medizinischen Spitze.

Dafür sorgt sie in ihrem eigenen Bereich. Sie muss à jour sein, sich weiterbilden. Die Endoskopische Chirurgie – ein Hybrid zwischen Chirurgie und Gastroenterologie – wird zur neuen Berufsgattung. Die Forschung läuft auf Hochtouren; in Zukunft lässt sich manches von innen ausführen: Blinddarmoperation, Sterilisation, Entfernung der Gallenblase. »Fancy Sachen!« Die Chefin will ihre Leute gut ausbilden, den Forschungsplatz zum Leuchten bringen, das Renommee mit Vorträgen aufpolieren. Seit Juli 2005 ist die Gastroenterologie als Weiterbildungsstätte der Kategorie A anerkannt, das heisst, als einziges nichtuniversitäres Zentrum der Schweiz den Universitätskliniken gleichgestellt. Diese, muss man wissen, lassen sich ungern konkurrenzieren. »Relativ vielschichtig«, kommentiert sie trocken. »Alles eine Frage der Einteilung. Einfach hinhocken und arbeiten. Ich habe ein ungeheures Durchstehvermögen.«

Das gilt auch für unser Gespräch. Christa Meyenberger raucht ihre Verdauungszigarette. Es geht gegen Mitternacht. Sogar der Gemeindeammann von Kesswil hat sich verabschiedet. Wir sind die letzten Gäste. »Ich habe so viel reingebuttert in den Betrieb, da kann ich lange überhocken.« Bevor die Servierfrau sich zurückzieht, verrät ihr die Besitzerin noch, wo die besten getrockneten Apfelringe zu haben sind: in Steinebrunn, www.oepfelfarm.ch, ein »Superladen«. Der Apfelschnaps, den wir gerade trinken, kommt auch von dort.

Kulinarische Passionen. Christa Meyenberger pflegt noch andere. Sie zeigt mir Fotos von ihrem Pferd mit dem einjährigen Füllen. »In vier Jahren kann ich das Füllen reiten, dann bin ich 60, dann muss ich über die Bücher.« Für die Zeit nach der Pensionierung denkt sie an Ausbildungsaufgaben in Schwellenländern. Ihr grösster Traum? Einen Reiterhof führen – kombiniert mit einem Wellness-Zentrum. Im Thurgau, wo sonst?

Quellen

Manfred Bosch, *Bohème am Bodensee. Literarisches Leben am See von 1900 bis 1950*, Lengwil am Bodensee, 1997

Fürsprecherin der Schlampen

Milena Moser

Schriftstellerin

»Wache gegen neun Uhr auf, schlechte Laune. Frage meinen Mann in anklagendem Ton, warum er es nicht fertig bringe, die Kinder halbwegs geräuschlos für die Schule bereitzumachen. Wie soll man da denken? Ich lasse mich auch durch einen frischen Kaffee, ans Bett gebracht, nicht besänftigen, sondern verziehe mich grollend Richtung Innenstadt, wo ich ein Atelier gemietet habe, um ungestört arbeiten zu können.« Denkt noch kurz darüber nach, dass für eine kreative Seele das tägliche Leben »ein einziger Hindernislauf« ist.

Milena Moser ist ein satirisches Naturtalent, sie spielt wunderbar die Verzweifelte, die Beleidigte, die Hysterische, die Diva. Manchmal ist sie es. Wir haben eine der erfolgreichsten Schweizer Schriftstellerinnen vor uns. Erst noch schön, elegant, gross (ein Meter achtzig ohne Absätze), strahlende Augen, betörende Stimme, bezauberndes Lächeln. Und diese Frau jammert gern, beklagt sich gern, nörgelt gern? Ihr hilft das. Uns auch.

Wir treffen uns in ihrem Atelier in der Aarauer Altstadt. Häuschen mit Hinterhofcharme. Grosses, helles Arbeitszimmer, kleines Büro, imposantes Archiv. Ein gutes Dutzend Titel, *Die Putzfraueninsel, Das Schlampenbuch, Blondinenträume, Artischockenherz, Sofa, Yoga, Mord*. 700 000 verkaufte Bücher im deutschsprachigen Raum. Übersetzungen in neun Sprachen. *Die Putzfraueninsel* läuft und läuft. Ausser dem *Faxenbuch* sind alle Titel lieferbar; die gelernte Buchhändlerin weiss, was das heisst – »holy!«.

Sie trifft einen Nerv der Zeit – und den Problemhaushalt ihrer Leserinnen und Leser. Unglückliche Liebe. Kinder, Männer,

Freundinnen. Alleinerziehende Mütter, brisante Liebesverhältnisse, seltsame Paare, kuriose Hausgemeinschaften. Das alltägliche Chaos, die kleinen häuslichen Katastrophen. Milena Moser findet ihren eigenen Zugang zu diesen Allerweltsthemen. Woran liegt es, dass man ihre Bücher verschlingt wie Sprüngli-Pralinen? Erste Behauptung: an der persönlichen Verwicklung ins Thema. Die Autorin strampelt sich selber ab an der Sache, die sie beschreibt – mit einer Mischung aus Verzweiflung und Lebenslust, aus Ernsthaftigkeit und Galgenhumor. Das ist unverwechselbar, komisch, klug. Auch wenn ihre Heldin Emma oder Lily heisst, Milena Moser schreibt immer über sich. Zweite Behauptung: Sie ist eine Verführungskünstlerin, erzählt hinreissende Geschichten mit einem untrüglichen Gefühl für Pointen.

Nach acht Jahren San Francisco – das letzte Jahr »im Abschiedschmerz« – lebt sie mit ihrer Familie wieder in der Schweiz, im aargauischen Möriken-Wildegg, auf der Sonnenseite des Chestenbergs. Dreitausend Einwohner, vierzig Vereine, vier Parteien. Ein Schloss. Blick auf den Jura, die Alpen. Die Schwiegereltern zogen in eine Wohnung, Milena Moser und Thomas Kern in deren Haus. »Der ›Cercle of Life‹; die Eltern werden älter, wir wollten in der Nähe sein.« Eine amerikanischpragmatische Lösung. Wider alle Unkenrufe (die Schwiegereltern so nah, das Dorf so bieder, die Nachbarn so langweilig) fühlt Milena Moser sich wohl. Sie mag ihre Nachbarinnen, unterhält sich gern mit ihnen, auch wenn sie nicht dieselben Interessen verbinden. »Wir sind nicht einfach fremde Fötzel, mir gefällt es hier total.«

Die ersten sechs Monate war sie ganz Hausfrau. Ihr Mann, freier Fotograf, arbeitete auf der Redaktion *Sie und Er*, die erste Anstellung seines Lebens, stieg morgens in den Zug, kam abends nach Hause. Frau Moser kochte fünfmal die Woche Mittagessen und Nachtessen. Der zwölfjährige Cyril war begeistert: Heimkommen am Mittag ist das Beste an der Schweiz. »So fallen mir die Kinder in den Rücken!«

Sie erinnert sich, dass ihre Mutter nirgendwo glücklicher war als in Zumikon, damals noch ein Dorf. Häuschen, Gärtchen, rundherum dieselben Häuschen, die gleichen Gärtchen. Familie Pörtner fiel zwar aus dem Rahmen, war aber doch irgendwie aufgehoben. Vielleicht konnte sie auch deswegen ohne Nasenrümpfen nach Möriken ziehen. In zehn Minuten ist sie in Aarau, manchmal nimmt sie das Velo, alles der Aare entlang, und ist schon gut gelaunt, wenn sie im Atelier ankommt.

Heute wirkt sie leicht gestresst. Sie zeigt auf den Stapel Bücher: Pflichtlektüre, sie ist Gast im nächsten »Literaturclub«. Die Sendung schaut sie sonst nicht an. Mosers Stil, verkündet das Schweizer Fernsehen in der Vorschau, »zeichnet sich durch liebevolle Schnoddrigkeit, flapsige Einwürfe und herzerfrischende Banalitäten aus«. Und Moser kommt sich vor »wie ein altes Zirkuspferd, okay, noch einmal, die wollen das, dann bring ich es«. Und brummt für sich: »Lasst euch doch mal was Neues einfallen!«

Das Schund-Etikett lehnt sie nicht ab, aber »ich bilde mir echt ein, es sei nicht mehr nötig«. Die Schweizer Literatur ist doch längst aufgebrochen, farbig, vielfältig. Als sie Ende 80er Jahre mit René Moser, ihrem ersten Ehemann, das Literaturmagazin *Sans Blague* kreierte, gaben die Leute noch nicht mal zu, dass sie Krimis lasen. War sie zu Besuch und sah die gelbschwarzen Rücken im Büchergestell, atmete sie auf. Reagierte schockiert, aber auch erleichtert, als der »Orte«-Verlag 1987 mit einer Krimireihe das Genre salonfähig machte. »Schweizer Literatur war »wie aus einem Guss, einem schweren Guss.« Damals legte sich Milena Moser die Sache trotzig zurecht: »Sind meine Geschichten keine Literatur, dann halt eben Schund.«

»Bad Girl der Frauenliteratur«, »Königin der Schlampenliteratur«. Schon der Erstling ist ein Bestseller, und mit der ersten französischen Übersetzung glaubte sie, die letzte Hürde sei genommen: Der noble *Le Monde* lobte *L'île des femmes de ménage* eine volle Seite lang. Die Franzosen mögen ihre Bücher, verstehen sie intuitiv besser. Nach der Eloge aus Paris tanzten auch hierzulande die »intellektuellen Schnösel« an, die Milena Moser vorher übersehen hatten; und Bekannte durften nun ihre Romane ohne schlechtes Gewissen interessant finden.

Umso mehr erstaunt und ermüdet es sie, nach all den Jahren noch immer in der trivialen Ecke zu landen. Ein Klischee sei doch eine Romanfigur, die 120 Seiten lang über sich selbst und ihren Brustkrebs nachdenkt. »Niemand konnte mir präzis sagen, was das ist, ein Klischee. Etwas zu oft Benutztes? Man kann mir doch nicht weismachen, meine Geschichten seien zu oft erzählt worden, bevor ich sie erzählte. Und niemand konnte mir je sagen, was das ist, Literatur. Vielleicht bekomme ich es im Literaturclub erklärt. Gäbe es Standards, wäre ja auch die Literatursendung überflüssig. Ich habe meine Art zu erzählen und einen bestimmten Blick auf die Welt, der sich verändert, aber auch derselbe ist; die Figuren verändern sich, sind aber alle verwandt – the same foodgroup.«

So gern sie sich echauffiert, Milena Moser ist mehr oder minder gefeit dagegen, verkannt zu sein. Sie vergleicht sich mit Obelix, der als Kind in den Kessel mit dem Zaubertrank fiel und ungeheure Kräfte entwickelte. Das kam so: Ihr Vater Paul Pörtner (1925–1984), deutscher Dramatiker, Lyriker, Hörspielmacher, erhielt nicht die Anerkennung, die er sich wünschte und zu verdienen glaubte. Die Bitterkeit verhinderte vieles, auch das Schreiben. »Er stocherte in der offenen Wunde, indem er sich zum Beispiel mit Max Frisch in der ›Kronenhalle‹-Bar verabredete und dann notierte, wie oft der andere und wie oft er erkannt und angesprochen wurde. ›Siebenundzwanzig zu eins‹, sagt er dann, wenn er nach Hause kam.«

Die Tochter litt mit ihm. »Das ist der Zaubertrank, in den ich gefallen bin. Sein Schutz hält an. Ich bin fast ganz immun gegen diese Art von Enttäuschung. Die Frage nach der Unsterblichkeit prallt an mir ab wie die Spiesse der Römer an Obelix' dickem Bauch. Das macht mich unbeschwert, frei. In der ganzen Zeit, in der ich schrieb, einen Verlag suchte, hat mich das total beschützt.«

Natürlich will sie geliebt, gelobt, gelesen sein. Reich werden. Schlechte Besprechungen liest sie nicht. Andrea Köhler, die in der *Neuen Zürcher Zeitung* den Roman *Mein Vater und andere Betrüger* (1996) als »Strandlektüre für Fünftklässlerinnen« empfahl. Die Autorin verlange nicht mehr als das »mal kichernde, mal ein paar Tränen verdrückende Einverständnis mit einem im Grunde schmollenden Blick auf die Welt«. Das aber sei von jedem, der älter als zehn ist, zu viel verlangt. Was Moser auf die Hitlisten befördere, sei nicht die ihr gern attestierte »rotzfreche Art«, sondern ihre »kreuzbrave – eine spezifische Form von putziger Aufmüpfigkeit, die kokett und chronisch nach Beifall schielt«.

Exakt diesem Roman (entstanden »unter übelsten Bedingungen« vor und nach der Geburt von Cyril) sei sie nicht gerecht geworden. Das einzige Buch, das sie nochmals schreiben würde. Aber auch das erste, das die intellektuelle *Frankfurter Allgemeine Zeitung* besprach – eine Lobeshymne. Den ersten Verriss ihrer Karriere vergisst sie nicht; »ich kenne die Frau nicht, aber ich habe ihr nicht verziehen«. Obelix würde sagen: »Die spinnen, die Römer!«

»Die spinnen, die Amerikaner!« In San Francisco entdeckte Milena Moser eines Tages ein Theaterplakat mit Friseurstuhl und Schere. *Der Scherenschnitt*, das Mitspieltheater ihres Vaters von 1963, ihrem Geburtsjahr. »Für den amerikanischen Markt zurechtgestutzt, lief es offenbar seit Jahren mit Erfolg. Ich suchte nach einem Autor: Niemand. Nur ›Most Successful‹. Ein Stück ohne Autor. Hilarious.«

Fürsprecherin der Schlampen

Auch sie ist ein Nobody in dieser Stadt, für die Nachbarn eine »stay-at-home-mom«, die nebenbei noch schreibt. Doch San Francisco musste sein. »Das ist meine Stadt«: Das Gefühl begleitete sie seit den Teenagerjahren, seit sie das erste Mal *Tales of the City* verschlungen hat, Armistead Maupins Fortsetzungsroman, die Story von Mary Ann, die nach einem Urlaub in San Francisco nicht mehr nach Cleveland zurückkehrt. Der Gedanke war fast aufgegeben, als sie auf einer Ferienreise (nach der sechsten Lektüre von *Tales of the City*) wenigstens einen Blick auf die Stadt werfen wollte. Innerhalb weniger Tage fand sie eine Wohnung, einen Kindergartenplatz für den Jüngsten, eine Schule für den Älteren, beantragte ein Journalistenvisum, drei Monate später war die Familie da, ein paar Monate später klar: Wir bleiben.

Milena Moser hat sich verliebt in diese Stadt; der »erste egoistische Entscheid« ihres Lebens wirkt Wunder. Sie, die es immer allen recht machen wollte, entspannt sich. Atmet auf nach der Tyrannei im modebewussten Zürich, wo man sich in klar definierten Szenen bewegt und keinesfalls die falschen Schuhe tragen darf. »Im Ausland verliert dieses Koordinatensystem seine Bedeutung. Plötzlich muss man selber denken, selber entscheiden.« Falsche Schuhe, falsche Freunde, falsche Lokale – kein Thema. »San Francisco ist vermutlich die gemütlichste Stadt der Welt – und garantiert die uncoolste.« Die Schriftstellerin kann den ganzen Tag im Pyjama rumlaufen und geht immer noch als elegant durch. Ihre »Designerfähnchen«, die ihr mal den nötigen Halt gaben, verstauben. Ihre Selbstsicherheit hängt nicht mehr vom Kleid ab, vom Haarschnitt. »Nur bei Schuhen mach ich keine Kompromisse, Hügel hin oder her.«

In San Francisco entdeckt sie vor allem drei Dinge: Yoga, Singen – und einen Roman schreiben in 30 Tagen. Der Reihe nach. Das Mekka der Yoga-Freaks infiziert auch die Schweizerin. Ihre Romanfiguren proben den American Way of Life, Yoga gehört dazu, der Ouvertüre im Roman *Sofa, Yoga, Mord* folgt die Tragikomödie *Schlampenyoga*. Milena Moser persönlich spielt die Hauptrolle. Die Schriftstellerin auf der Yogamatte? Hatten wir anders im Kopf: trinkt Champagner, schnabuliert Heidelbeer-Muffins, liegt an der kalifornischen Sonne, kauft rote Stiefel gegen den Koller. Lässt trotz Rückenschmerzen das Fitness-abonnement ungenutzt verfallen und schreibt »zum seelischen und finanziellen Ausgleich« eine Story über eine Schlampe, die eine eiserne Sportlehrerin unter einer Hantelmaschine versenkt. Wo zum Teufel ist der Stolz der »Couch-Potato« geblieben?

Der Titel immerhin passt: »Schlampenyoga. Oder wo geht's hier zur Erleuchtung?« Selbsterfahrungsbericht, Reportage, historische Abhandlung. Vor allem erzählt Milena Moser ihre Yoga-Biografie, ein Stück ihrer Existenz. »Das Leben ist kein Sofa.« Es gibt auch eine M.M., die leidet wie ein Hund: Alltags-melancholie, Depressionen. Zieht sich immer wieder am eigenen Zopf aus dem Treibsand. Nicht zuletzt dank Yoga – das sich von allen anderen »potenziellen Strassen, Schleichwegen und Abkürzungen zum Glück« nur in einem unterscheide: »Dass ich weitergemacht habe. Immer weiter. Bis heute.« Deshalb stehe ihr geistiges Kartenhaus einigermassen stabil: »Ein Tag mit Yoga ist ein besserer Tag.«

Als Milena Moser die Ashtanga-Lehrerin Alice findet, scheinen die Irrwege auf der Suche nach Spiritualität zu Ende. »Das waren die einzigen neunzig Minuten am Tag, in denen ich mich ganz auf eine Sache einlassen konnte, in denen die sieben parallel laufenden Tonspuren im Kopf verstummten.« Der Körper war »empört«, aber der Kopf »atmete auf«. »Ich bewegte mich gelassen, als gehörte es mir, mein Leben. Katastrophen inbegriffen.«

Alice schliesst ihr Studio. Eine Odyssee durch hundert Yoga-Schulen beginnt, bis sie sich fragt: Weshalb nicht »Milena-Yoga«? »Schlampenyoga«? Zu den neun Hindernissen auf dem Schlampenyoga-Weg gehören Fernsehprogramm, Glas Wein, rasende Gedanken. Von den zehn »Schlampengebote« hier nur die wichtigsten: »Du kannst nie genug Stiefel haben.« »Was immer du tust, geniesse es!«

An einem Yoga-Workshop tut sich der Himmel auf. Der berühmte T.K.V. Desikachar erklärt: »Yoga muss den Menschen dienen, nicht umgekehrt.« Er gibt Milena Moser ihr Yoga zurück, die Grundlage von *Schlampenyoga*. Sagt allen Ernstes, die wichtigste Meditation sei die Überlegung: Was fange ich mit dem Rest des Tages an? Behauptet, Singen macht glücklich und lässt seine Schüler stundenlang die Veden nachsingen. »Dieses Aufgehen im Moment, die absolute Konzentration und gleichzeitig absolute Leichtigkeit, das war reines Yoga.«

Milena Moser in Totenstellung können wir uns nun vorstellen. Aber Milena Moser als Chorsängerin? Sie selber dachte nicht im Traum daran. Bis sie Dirigent Urs Leonhardt Steiner begegnet, der über das Singen denkt wie sie übers Schreiben: Jeder kann singen, jede muss singen, singen macht glücklich. Der Schritt in die erste Probe war, als würde sie an ein Seil gebunden von einer Brücke geschubst. Steiner führte jedes Neujahr die »B9« auf, Beethovens Neunte, begann im September mit einer »wild gemischten Gruppe« zu proben und glänzte am Konzert mit einem homogenen Ensemble. Und der verhasste Silvesterabend war auch abgehakt.

Naheliegend scheint das Dritte, Milena Moser gibt Schreibkurse. Ist es aber nicht. Abergläubisch bastelte sie sich einen Mythos: Schreiben passiert intuitiv oder es passiert nicht. Sie will sich treiben lassen von dem, was sie am Schreibtisch »überkommt« – und atmet erst auf, wenn sie die Kontrolle über eine Geschichte verliert, die Figuren tun, was sie wollen, wild über ihren Schreibtisch laufen – »und ich schreibe ihnen nach«.

Für den Pferderoman *Stutenbiss*, ihr jüngstes Buch, dachte sie sich eine schöne Liebesgeschichte aus zwischen einer Pferdestallbesitzerin und ihrem viel jüngeren Stallgehilfen. Er wird attackiert, sie rettet ihn und trägt ihn auf den Armen hinaus. »Plötzlich war mir klar, er ist tot, was ich überhaupt nicht wollte, aber ebenso klar war: Ich bin auf dem richtigen Weg. Da kann ich lange zetern ...«

Kürzlich, erzählt die Autorin, wollte eine junge Frau in ihrer Maturarbeit herausfinden, weshalb sie sich so stark identifiziert mit Mosers Figuren, um enttäuscht zu merken, dass diese keineswegs so cool sind, wie sie glaubte, dass sie gar nicht taugen als Vorbilder.

»Mach doch etwas à la Creative Writing«, rät Sohn Lino, als sie wieder einmal über finanzielle Sorgen klagt. Das macht jeder in den USA und steht schon bei den Kleinsten auf dem Stundenplan. »Schreib ›Bestselling Swiss Writer‹ auf den Flyer!« Sechs Frauen kommen den Sommer über, einmal pro Woche, eine aus Los Angeles, sie fährt tausend Kilometer. Die Angst der Schriftstellerin, die Schreibfähigkeit zu verlieren, ist weg. Zum ersten Mal denkt sie darüber nach, wie und warum sie schreibt. Realisiert, dass ihre Kriterien auch für ihre Kursfrauen gelten, egal, ob sie eine Autobiografie schreiben, Fantasy, Krimi, Liebesroman. »Das Beschreiben der Welt hilft, diese zu verstehen. So gesehen kann jeder schreiben.« Es braucht weder die Idee des Jahrhunderts noch den idealen Arbeitsort. »Alles Quatsch.« Mit fast missionarischem Eifer treibt sie die Frauen an. »Wenn ich es kann, kannst du es auch.« Ist sie nicht das Paradebeispiel? Jahrelang ohne Verlag, liess sie nicht ab vom Ziel.

Im November 2005 nimmt sie mit Freundinnen und 42 000 weiteren Schreiblustigen am »National Novel Writing Month« teil. Die Aufgabe: ein 50 000-Wörter-Roman in einem Monat. Sie schreibt eine »Cœur-de-Midinette-Geschichte«, 57 000 Wörter. Eine junge Hellseherin verliebt sich in Gary Newson, den Bürgermeister von San Francisco, für den Milena Moser eine Schwäche hat. Auch hier passiert, auf was sie wartet: Die Figuren verselbständigen sich, das Paar erlebte eine völlig langweilige Liebesnacht, »ich musste den Bürgermeister abservieren«. Der Roman liegt in der Schublade, »aber ich fand zurück zum unverfrorenen Schreiben der ›Sans Blague‹-Zeit, einfach schreiben, ohne daran zu denken, dass das letzte Buch ein Flop war«.

Unverfroren schreiben? René Moser führte die »Buchhandlung am Kunsthaus« in Zürich. Hier entsteht Ende der 1980er Jahre *Sans Blague*, das *Magazin für Schund und Sünde* – ein Happening viermal jährlich, bestimmt das schrägste Kundenmagazin der Schweiz, eine Provokation gegen den literarischen Zeitgeist. Anarchistisch, witzig, genialisch. Künstlerisch ambitioniert, herstellerisch anspruchsvoll. Stefan Zweifel und Michael Pfister,

Gymnasiasten im Rämibühl, bringen erste »Marquis de Sade«-Übersetzungen. Stefan Bachmann und Jörg Kalt schreiben einen Fortsetzungsroman. Rob Neuhaus, Salomon Hirth greifen in die Tasten. Milenas Bruder Stephan Pörtner. Mascha Müller erfindet fantastische Layouts.

In der Nummer »Sünde« drückt die Redaktion auf jedes Cover einen echten Lippenstiftkuss: Die Auflage: 250 Exemplare. Dem Messerwerfer auf dem Krimiheft schiessen sie ein Loch in die Schulter. »Spotten Sie nicht über Kriminalromane; sie sind heutzutage das einzige Mittel, vernünftige Ideen zu propagieren!« Im Umkehrheft »Gut zum Druck/Schlecht zum Druck« lockt die eine Hälfte mit tollen Geschichten, euphorischen Besprechungen, sorgfältigem Druck. Umgedreht bietet sich ein wüstes Bild: verschmierte Seiten, Tippfehler, dieselben Geschichten zwar, aber eben schlecht. »Ein Prinz« wird zu »Kein Prinz«; der »Schläfer« zum »Penner«, »Röbi und Köbi« haben Pech statt Glück.

Im »Berg«-Magazin stanzen sie eine grüne Kuh aus dem Umschlag. »Vergessen Sie endlich Dallas, Denver und den ganzen Schmarren, denn hier finden die wahren und tragischen Geschichten statt«, meint René Moser. »Die Alp sagt einem zu und mann hat seine Ruh«, fädelt Sonnhild Kestler ihre Satire ein. »Wer mir diesen Trenker tot oder lebendig bringt, bekommt zweihundert Franken bar auf die Hand«, kommentiert J.K. den Trenker-Kitsch »Duell in den Bergen«. (Jörg Kalt, ein Protagonist der deutschsprachigen Filmavantgarde, hat sich im Juli 2007 aus dem Leben verabschiedet.)

Eine Spielwiese für Rebellische. In der Weihnachtsnummer 1990, »Es geschah am taghellen Licht«, gestalten dreissig Künstler je eine Doppelseite: H.R. Giger, Walter Pfeiffer, Katrin Freisager sind dabei. Das Comic-Paar Anna Sommer und Yves Noyau. Pipilotti Rist: »Bitte gib mir süssen Schund so ich vergebe mir meine Sünde.«

Hier veröffentlicht Milena Moser ihre frühen Texte, den Fotoroman *Die geheimnisvolle Fremde*. Die Anleitung »Wir basteln uns einen Schundroman«, mit ein paar Hieben gegen das Literatur-Establishment. Entstanden aus der Not, weil es übel aussieht mit ihrem Vorhaben, einen Erfolgsroman zu schreiben, weil sie keinen Wert »auf ein im Preis inbegriffenes Vorwort von Herrn Muschg« legt und »eher in einer Welt ohne Mitmenschen als ohne Helden leben könnte«.

»Eigentlich gibt es gar keinen Sex im Schundroman«, doziert sie. Das liege in erster Linie daran, dass so was frühestens in der Hochzeitsnacht aktuell wird, »der Schundroman aber listigerweise eine halbe Stunde vorher aufhört«. Sieben Sätze gibt sie den Eleven auf den Weg: »1. Seine Augen verengten sich vor Leidenschaft ... 2. Eine plötzliche Hitzewelle erfasste sie und schleuderte sie rücklings in den tiefen Ledersessel ... 3. Was als freundliche Geste gedacht war, erwies sich als Streichholz am Pulverfass. .... 4. Ein hilfloser Klagelaut entrang sich ihren Lippen ... 5. Er riss das Steuer herum und stammelte ihren Namen ... 6. Bleich und bebend weicht sie bis an die nächste Wand zurück ... 7. Seine Augen weiteten sich vor Leidenschaft ...«

Die Manuskripte der Schund-und-Sünde-Autoren tippt Milena Moser jeweils ab auf dem Computer von Maschas Vater, vertippt sich hundertfach, »eine Katastrophe«, manchmal liegt eine ganze Seite Errata dabei: »Schockschwerenot! Alles verkehrt!«. Kürzlich fand sie die Hefte wieder und freute sich »extrem« über so viel Unverfrorenheit.

Unverfroren handhaben sie auch ihre Gastredaktion im *du*: »Diesseits 30« (1989). Es galt, Leute unter dreissig vorzustellen, denen sie eine Zukunft zutrauten. Rob Neuhaus, schon über dreissig, schmuggelten sie einfach rein. Roland Steiner, der nur im Bett lag und Comics las und gar nichts machen wollte im Leben, bekam auch einen Platz. Dummerweise eröffnete er später einen Comic-Laden. Milena Moser porträtierte Cyril Zimmermann, ihren »Sans-Blague«-Drucker, »dann einfach meine Freundinnen, die etwas bastelten«. Ich finde das Heft im Internet: *du* 576. Diesseits Dreissig, mit Pipilotti Rist u.a. (rare!!). 5.90 Euro exklusive Versandspesen.

Pipilotti Rist ist mittlerweile 45, Milena Moser 44. Die Videokünstlerin bastelt auf hohem Niveau, die Schriftstellerin mordet mit Raffinesse. 31 Jahre Erfahrung. »Meinen ersten Mord beging ich mit dreizehn. Es war so ein Tag, an dem mir der Himmel auf den Kopf fiel.« So beginnt eine Geschichte im Erstling *Gebrochene Herzen*. Seither ist Milena Moser der Himmel Dutzende Male auf den Kopf gefallen.

Schon das kleine Mädchen fühlt sich als Fremde, unbehaglich in seiner Haut, bananenfüssig. »›Bananenfüsse‹ sagte Fräulein Zimmermann im Kindergarten, wenn wir die Schuhe verkehrt anzogen, den rechten am linken Fuss.« Alle starren sie an, glaubt sie, »ich stehe immer neben den Schuhen«. Sie hat einen deutschen Pass und sagt Butter statt Anke. Spricht perfekt hochdeutsch, was ihr in der Schule gründlich ausgetrieben wird; »kehren« statt »wischen« ist ein Fehler. Die Mitschüler rufen »Nazischwein«. Geht es um Amtliches, wird sie zusammen mit dem (einzigen) unehelichen Mädchen vor die Tür gebeten. Kein Schweizer Pass, kein Vater (er verliess die Familie, als Milena zwölf war). Mädchen erlebt sie als grausam: »Ich wurde von Buben verprügelt und in eine leere Garage gesperrt. Dann war es vorbei. Ich wurde von Mädchen getriezt und geplagt, das spüre ich heute noch.« Sie wehrt sich auf ihre Art, rächt sich an Neuen in der Klase, »perfid, ausgeklügelt, gemein – ohne sie auch nur anzufassen«. Erinnern wir uns: Den ersten Mord beging sie mit dreizehn.

Sie beobachtet wie unter Zwang, kauert hinter dem Sofa und hört den Gästen zu. Maler, Dichter, Journalisten. »Alles Männer. Mit ihren schönen Frauen, den Künstlergattinnen.« Das Kind will wissen, wie man es richtig macht, wie man miteinander lebt und liebt, wie Männer und Frauen funktionieren. Das Dauerregistrieren von Stimmen, Sätzen, Gesten versorgt sie mit Geschichtenstoff. »Wie eine scharfe Brille, die ich nicht abnehmen kann.« Hört in der Strassenbahn jemanden sagen »Ich habe einen Mann gefunden«. Komische Vorstellung, einen Mann finden. Im Garten, auf der Strasse? Die Dame sieht erstmals einen Mann aus der Nähe, schaut sich das Ding genauer an, »wird aber leider genau im Moment unterbrochen, als es ein wenig spannend wird«.

Von ihrem Vater, dem »wunderbaren Erzähler«, lernte sie, dass man mit Geschichten Menschen verführen kann. Die Mutter Marlis Pörtner, ursprünglich Schauspielerin, spielte leicht widerwillig die Rolle der Künstlergattin, übersetzte, um etwas Geld zu verdienen. Nach der Scheidung zog sie mit den Kindern nach Zürich, studierte Psychologie, eröffnete eine Praxis, publizierte Fachbücher, ist 74, höchst erfolgreich und ständig unterwegs. Irgendwann beim dritten Nervenzusammenbruch wusste die Tochter, weshalb sie so erschöpft ist, »weil ich mein Vater und meine Mutter gleichzeitig bin, Schriftsteller und Schriftstellergattin in einer Person«.

Seit sie acht ist, schreibt sie ständig irgendetwas, »um im Gleichgewicht zu bleiben, Ordnung in die Dinge zu bringen«. Sie will nur eines: Schriftstellerin werden. Was so schnell nicht geht. Unglücklich in der Schule, bleibt vorerst nur die Lehre: Schuhverkäuferin? Pferdepflegerin? Mit Buchhändlerin sind auch die Eltern zufrieden. Den Abschluss und Grossvaters Erbe in der Tasche, reist sie 1984 nach Paris und schreibt. Schreibt wie besessen. Heiratet. Kehrt zurück nach Zürich, Telefondienste bei einer Immobilienfirma, Schwangerschaft, 1988 die Geburt von Lino. Trennung. Und die ganze Zeit schickt sie Manuskripte an Verlage. Die Absagen sind deutlich. Fürs Schweizer Radio schreibt sie Sketche im Akkord: Siebzehn Franken pro Sendeminute. »Ich war vierundzwanzig, was man ›allein erziehend‹ nennt, keine Wohnung, kein Job, kein Geld. Kein Mann.« Drei Romane in der Schublade. »Vergiss deine Romane«, raten der Bruder und seine Freunde, als nach sechs Jahren noch immer kein Verlag gefunden ist. Sie gründen den Krösus Verlag und edieren 1990 die Kurzgeschichten *Gebrochene Herzen*. Als einzige Werbung schreibt der Schriftsteller André Kaminski (1923–1991) einen Brief an die Buchhändler: »Ich bin ein alter Griesgram, werde nächstens 67 und sehe aus wie ein beleidigter Rabbiner. Es verdriesst mich, über Witze zu lachen, die nicht von mir stammen. Aber hier konnte ich nicht anders. Ich lachte mich gesund und sah stundenlang so aus, als wäre ich 60 Jahre jünger.« Die kühne Auflage von 4000 Exemplaren ist nach sechs Monaten vergriffen, die Journalisten stehen Schlange, und gewiss vier Männer wollen die Autorin entdeckt haben.

1991 folgt *Die Putzfraueninsel*, 1992 *Das Schlampenbuch*. Damit beschliesst Krösus, noch immer ohne Adresse und Telefon, sein Engagement. Die Autorin hat ausgesorgt. Zweite Heirat. Zweites Kind. Und der Roman *Blondinenträume* im August 1994 – ein Bestseller.

Milena Mosers Personal hält es mehr mit dem Möglichen als mit dem Realen. Den tristen Alltag bewältigt es frech statt fraulich, listig statt lieb. Ein vermeintlich nichtiger Anlass, und es verwandelt sich in gewalttätige Monster. Stets auf der Seite der Benachteiligten, packt die Autorin in surreale Grotesken, was sie tagtäglich drangsaliert oder amüsiert: Bosheiten und Schwächen, grosse und kleine Lebenslügen, unsere ewigen Träumen vom rosaroten Hochglanzglück. Ein geschliffenes Messer zwischen den Zähnen, jongliert sie mit Versatzstücken der Trivialliteratur, lockt auf falsche Fährten und lässt uns schliesslich kurz vor dem Abgrund stehen. Böse Komikerin.

Kurzgeschichten schrieb sie notgedrungen in den kinderfreien Stunden. »Schreiben war für mich so etwas wie den Fernseher anstellen und in eine andere Welt eintauchen.« Heute reicht die Zeit für Romane, doch sie träumt noch immer davon, einmal so lange und so viel schreiben zu können, wie sie will. »Vielleicht«, lacht sie, »kommt mir unter perfekten Bedingungen nichts mehr in den Sinn.«

Perfekte Bedingungen? Auf Einladung des *Tages-Anzeigers* setzte Milena Moser 1997 als erster – und bisher letzter – »Writer in Residence« ein Jahr lang Akzente im Lokalressort. Mit einer Seifenoper à la Lindenstrasse. Führt seit zehn Jahren erstmals ein normales Leben. »Geregelte Arbeitszeiten, klare Trennung Familie und Beruf, das Ende des kräfteverschleissenden Versuchs, alles gleichzeitig zu machen. Schreiben mit Kind auf dem Schoss, Spaghettiwasser auf dem Herd, Streptokokken im Haus.« Seit *Tales of the City* träumt sie nicht nur von San Francisco, sondern vom Zeitungsroman. »Kann ich das? Eine Geschichte Tag für Tag weiterspinnen, immer aus dem Augenblick heraus, inspiriert von dem, was gerade passiert: Demonstrationen, Sommer-Ausverkauf, anhaltender Hochnebel, Sechseläuten.« Dreimal die Woche setzt sie sich morgens um neun (»eher halb zehn«) an einen Schreibtisch im Redaktionsbüro von B. Sutter, Nichtraucher. Egal, ob Grippe, Kater, Liebeskummer.

»So habe ich einen Roman geschrieben. So kann man einen Roman schreiben. Blind. Jeden Tag ein Stück« (›Das Leben der Matrosen‹). Erkennt die Absurdität ihrer fixen Vorstellung: »Nur allein geschrieben ist richtig geschrieben.« Seit dem Zeitungsroman nimmt sie ihre Arbeit ernst, so ernst, als wäre sie noch angestellt. Die Disziplin ging zwar schnell flöten, »geblieben ist das Vertrauen in diesen unerschöpflichen Komposthaufen, aus dem immer neue Geschichten wachsen«.

Ihr Atelier ist keine Einsiedelei. Jeden Mittwochnachmittag versammeln sich ein paar Frauen um den Tisch. Eine Folge des »National Novel Writing Month«. »Superkonzept«, dachte Milena Moser im November 2005, dieses »rasende Schreiben«, das der Schweizer Kontrollmentalität ein Schnippchen schlägt, der Schreiberei die »Heiligkeit und Erhabenheit« nimmt. Als die »Schreibszene Schweiz« das »Novemberschreiben« lancierte im Herbst 2006, bot Milena Moser einen Begleitkurs an: »Wie schreibe ich in 30 Tagen einen Roman«. 36 Leute in drei Gruppen. Zu viele, aber es gelang ihr, den Marathonautoren das Gefühl zu geben: »*Ich* schreibe, nicht die Moser schreibt oder macht mich schreiben. Alle schafften die 50 000 Wörter, neben Beruf und Kindern und weiss Gott was für unvorhergesehenen Katastrophen.«

Seither installieren sich Leute mit ihrem Laptop im Atelier und arbeiten an ihren Manuskripten. »Geteilter Tisch ist halbes Leid.« Der »Geteilte Tisch« ist gratis – und beliebt, wer einen Platz will, muss sich anmelden. In der abendlichen Schreibgruppe tauscht man dann aus, was einen beschäftigt. »Total lässig, dieses Gefühl von Gemeinsamkeit, Solidarität. Man kann die Arbeit nicht mehr einfach hinschmeissen. Amerikanische Autoren – auch bekannte – danken in ihren Büchern immer der Schreibgruppe.«

Milena Moser profitiert auch von dieser Konzentriertheit. Poliert ihr San-Francisco-Buch, im letzten US-Jahr geschrieben, ein persönliches Sachbuch, das diese Zeit auf den Punkt bringt. Schreibt an ihrem jüngsten Roman *Stutenbiss*, die Geschichte der Lifestyle-Kolumnistin Susen, eingeladen auf den Reiterhof ihrer Freundin. Drei Jahrzehnte hat sie Belle nicht gesehen.

Dabei waren sie allerbeste Freundinnen, träumten davon, Indianer zu heiraten und Pferde zu züchten – bis zu jenem Tag, als ein Mann die Elfjährigen überraschte, die eine fliehen konnte, die andere nicht ...

Dass kein Buch ins Amerikanische übersetzt ist, erstaunt. Ihre Romane seien zu wenig europäisch, um von Amerikanern gelesen zu werden, meint ihr Agent. Ein eigenes Experiment ging schief. Milena Moser liess *Sofa, Yoga, Mord* übersetzen, überarbeitete es noch ein paar Mal – und schickte dem Zahlverlag »Books on Demand« die erste, statt die letzte Version. Das Fehlerdebakel realisierte sie erst, als die beschenkten Freundinnen anriefen ... »Man weiss nie, weshalb die Dinge so und nicht anders passieren.« Eine Übersetzung ins Amerikanische – und sie wäre vielleicht nicht mehr zurückgekommen.

Ihr Haus in San Francisco ist vermietet. Ein Zustupf in die Familienkasse; meist ernährt Milena Moser die Familie. Die Schriftstellerin pflegt ihr eigenes Verhältnis zu Geld. Schliesst an ihrem 40. Geburtstag eine Lebensversicherung ab und überlegt sich dann, diese wieder aufzulösen, weil der Gedanke, der Familie tot am meisten zu nützen, sie deprimiert. Geld, meint sie, mag nicht rumsitzen und sich langweilen; »grosszügig in die Welt geschickt, kommt es auch gern zurück«. Zweimal im Leben investierte sie. Erst in die Wiederbelebung des Krösus Verlags, der ihr eine erste Chance gab. Leider traf ihr Geschmack nicht den des Publikums, nach fünf Titeln war Krösus bankrott. Dann in ein Restaurant; es war nach sechs Wochen bankrott.

Die Verfilmung der *Putzfraueninsel* kostete sie viel Geld und Nerven. Eine leide Geschichte. Der Zürcher Filmproduzent Edi Hubschmid erwarb vom Krösus Verlag für 30 000 Franken eine Option für die Rechte, beauftragte die Autorin mit dem Drehbuch, welches das Bundesamt für Kultur mit 20 000 Franken förderte. Die Autorin reichte das Geld gleich weiter für die Produktion. Als die Optionsfrist ablief, konnte Hubschmid die jetzt geforderten 130 000 Franken für die Rechte nicht bezahlen; er verlor den Stoff an die deutsche Produktionsgesellschaft Avista. Hubschmid verklagte den Verlag auf 100 000 Franken Schadenersatz, bekam Recht vom Zürcher Bezirksgericht, erhielt alle Rechte am Stoff plus Gewinnanteil an Peter Timms Verfilmung. Krösus musste Schadenersatz leisten und Milena Moser, nach zwei Jahren Arbeit und vier Drehbuchentwürfen, die 20 000 Franken aus eigener Tasche zurückzahlen.

Die Dreharbeiten kümmerten sie nicht, nach diesem Rechtsstreit, »der totalen Erschöpfung, dem Ausgeblutetsein, dem Schrecken, die Rechte zu verlieren am eigenen Werk«. Sie wunderte sich dann doch, so wenig wiederzufinden von ihrem Buch, um das man so gekämpft hatte. Der Film sei »okay«, dem Buch könne er nichts wegnehmen. Ihr gefällt vor allem Jasmin Tabatabai als Irma; nur weshalb sie immer im BH putzen muss, leuchtete ihr nicht ein. Filmkritiker Wolfram Knorr ärgerte sich über die »Seichtposse«, die mit Mosers Boshaftigkeiten kaum noch zu tun hat, einer Autorin, die für den deutschen Film erst zu entdecken wäre: »Man müsste ihre Geschichten nur mal ernst nehmen.«

Milena Moser ist keine Geschäftsfrau. Drehbuchschreiben, Lizenzenhandel, Vertragsabschlüsse überlässt sie Fachleuten. Aber ein Café führen wie Germaine in *Sofa, Yoga, Mord*, das lockt sie schon. »Mit Tagebüchern und Leihbibliothek, mit Lesungen und Schreibgruppen.« Sie ist auf dem besten Weg. Doch in Aarau sitzen bleiben will sie nicht. Sie stellt sich ein Pendlerleben vor, ein halbes Jahr Möriken, ein halbes Jahr San Francisco. Ihre wahre Heimat ist ohnehin das Schreiben. »Männer können kommen und gehen, meine Kinder werden eines Tages ihrer Wege gehen, aber geschrieben habe ich von früh an und werde es immer tun.« Vielleicht wird sie den Tausend-Seiten-Wälzer schreiben à la Julien Greens Südstaaten-Saga *Von fernen Ländern*. »Es müsste ein Buch sein, welches das Leben von Generationen beeinflusst und verändert. Und es müssten Berge von Papiertaschentüchern zurückbleiben.«

Quellen

Milena Moser, *Schlampenyoga oder Wo geht's hier zur Erleuchtung?*, München 2005

Diverse Nummern *Sans Blague. Das Magazin für Schund und Sünde*

Unkorrekte Gender-Forscherin

Anna Sommer

Comic-Zeichnerin

Eine schwarzhaarige Schönheit sitzt beim Morgenessen, hört Musik, hört nichts mehr, rupft das Band aus der Kassette, schmeisst die Kaffeetasse um, verkleckert ihr Kleid, stopft Kleid und Kassette in den Kehrichtsack, eilt notdürftig bekleidet dem Kehrichtauto nach. Ihre hüpfenden Brüste bewegen die Fantasie des Müllmanns. Dieser nimmt den Sack nach Hause, bastelt aus dem Kleid einen Körper, aus den Zitronenhälften Brüste, aus dem Kassettenband Haare, legt die Herzensdame ins Bett, putzt sorgfältig die Zähne, öffnet den besten Wein, zieht die schönste Krawatte an ...

»Die Frau des Müllmanns« eröffnet die sechs *Damen Dramen*, Anna Sommers Erstling, ein Klassiker schon, 1996 vom kleinen Zürcher Verlag Arrache Cœur publiziert. Nach zwei Monaten ist die erste Auflage verkauft. Ein Exemplar fällt dem französischen Comic-Zeichner und Verleger Jean-Christophe Menu in die Hand. Er druckt mit den Zürchern eine zweite Auflage – »Association« ist der wichtigste unabhängige Comic-Verlag in Frankreich. *Remue-Ménage / Damen Dramen* wird nominiert für einen Preis am internationalen Comic-Salon von Angoulême (dem Cannes der Comic-Branche) – und macht Anna Sommer schlagartig über die Grenzen – auch über die Comic-Szene hinaus bekannt.

Der Erfolg überrumpelt, stresst sie mit Einladungen, Ausstellungen, Interviews. Sie ist nicht vorbereitet, redet ungern über ihre Arbeit, kann schlecht erklären, warum eine Geschichte so und nicht anders läuft, weshalb der Mann immer mies wegkommt, die Frau triumphiert. Auch in der Geschichte »Die Geschäftsfrau«. Da kümmert sich der Ehemann rührend um Baby

und Haushalt, wickelt, kocht, wartet am gedeckten Tisch, löffelt schliesslich frustriert aus der Pfanne. Die Frau kommt endlich nach Hause, riecht angeekelt an den Töpfen, öffnet sich eine Dose Ölsardinen. Der Mann vermutet mindestens einen Liebhaber und beauftragt eine Privatdetektivin. Diese beobachtet, wie die Frau das Geschäft verlässt, erst einen Kebab kauft, dann ein getüpfeltes Sommerkleid. Das Kleid gefällt der Detektivin – sie ersteht dasselbe Modell. Am folgenden Tag, verkleidet à la Sherlock Holmes, bändelt sie mit der Inkriminierten am Kebab-Stand an, die verknallt sich, folgt »ihm«, läutet anderntags an »seiner« Wohnung. Eine Frau im gleichen Tüpfelkleid öffnet. Befreiendes Gelächter. Per Telefon meldet sich die Ehefrau ab, per Telefon beruhigt die Detektivin ihren Kunden. Das Baby schreit, der Mann verzweifelt. Der Damenabend wird heiter.

Anna Sommer nerven die vorwurfsvollen Fragen nach diesen »Abrechnungen«, der unfairen Rollenverteilung. Sie ärgert sich, reduziert zu werden auf die immer gleiche Frage nach dem Motiv, und ist überzeugt, ein Mann würde niemals mit solchen Fragen belästigt. »Im Übrigen schätzen auch Männer meine Comics.«

Wer genau hinguckt, trifft aufgeweichte Rollenverteilungen. »Manchmal tausche ich die Rollen am Schluss, damit das Ganze eine andere Kraft bekommt, an Absurdität gewinnt.« Eklatantes Beispiel: »Saturday night«, die Story von der schnarchenden Ehefrau. Der Mann kommt spät nach Hause, mit schlechtem Gewissen, schleicht in die Wohnung, putzt sich die Zähne auf dem Balkon, öffnet vorsichtig die Tür zum Schlafzimmer – das Ehebett ist leer. Irgendwann kommt sie, ziemlich angesäuselt, knallt die Tür, schmeisst die Blumenvase um, kotzt in die Badewanne, purzelt über ihren Mann ins Bett – und schnarcht wie ein Sägewerk.

»In meinen stummen Geschichten müssen die Figuren immer handeln, immer etwas bieten. Sie reagieren deshalb übertrieben und sehr körperlich. Gewalt und Sex sind dafür gute Themen.« Die meist weiblich besetzte Hauptrolle ist kein feministisches Programm; sie geniesst schlicht die Freiheit, als Frau »politisch unkorrekt« sein zu dürfen.

Tatsächlich, »Damen sind sie nicht, die Frau des Jägers, die Reiseleiterin, die Frau aus der Zoohandlung und die anderen. Jedenfalls benehmen sie sich nicht wie solche«, schreibt Milena Moser im Vorwort: »Doch ob sie einen Gatten häuten, einem Blinden ihre Brüste zeigen oder einen Bonsai beim Wachsen filmen, sie tun es ohne grosses Aufheben. Sie überschreiten keine Grenzen, denn sie nehmen sie gar nicht erst als solche wahr. Verspielt und gleichzeitig voller Ernst, unschuldig, aber absolut frei von Skrupel bewegen sie sich in einer Welt, die auch nicht verrückter ist, als wir dachten. Aber sie wissen dem Zufall zu helfen und dem Sinn zu folgen. Allfällige Dramen sind den Augen der anderen vorbehalten.«

»Ideen«, sagt Anna Sommer, »findet man nicht, die liegen nicht herum, die erschafft man.« Meist geht sie von einem Bild aus, das sie inspiriert und baut darum herum eine Geschichte. »Für die Reiseleiterin dachte ich zuerst an eine Frau, die ganz dringend mal muss und in ihrer Not im Park verschwindet.« Beim Pinkeln bannt sie ein Voyeur ihrer japanischen Reisegruppe auf Video – und beschenkt sie nachher mit einem Bonsai. Während des weinseligen Diners überspielt sie die indiskreten Bilder mit Bonsai-Aufnahmen. Dass sie eine Ehekrise verhindert, erfährt sie nicht. Die Frau des Japaners packt nämlich den Koffer aus und wundert sich über das Video.

Schwierig, zu erzählen, was die Zeichnerin in ihre vertrackt verwickelten Geschichten packt. Man muss *sehen*, was sie auf je neun Seiten entwickelt, wie sie in fliessenden Übergängen das Drama vorwärtstreibt, leichthändig elegant, listig verspielt, tiefsinnig melancholisch – auch ein bisschen schadenfreudig. Komische Figuren, absurde Romanzen, schräge Situationen: »alltägliche Beziehungsgeschichten mit traurigem Ende«.

Die freie Seiteneinteilung, das Ineinanderweben der Bilder ist neu, aufregend. Anna Sommer versteht sich ja noch gar nicht als Comic-Zeichnerin. Als zeichnende Erzählerin vielleicht. Frauen, die aus dem Rahmen fallen, faszinierten sie schon als Kind. Sie entwarf unzählige Frauenfiguren und verband die Zeichnungen eines Tages zu Geschichten. Voilà, da war sie, die Comic-Künstlerin.

Erst jetzt beginnt sie Comics zu lesen, mehr aus »Pflichtgefühl«, zur Information. Entdeckt Julie Doucet und Cester Brown, kanadische Zeichner, deren autobiografische Alben sie verschlingt. *Strapazin* publiziert als erste deutschsprachige Zeitschrift eine Arbeit: »Nordpol«, die Romanze zwischen einer in der Arktis abgestürzten Frau und einem Eisbären. Das war im Herbst 1994. Erste Comics erschienen in der Westschweiz. Lebenspartner Yves Noyau öffnete ein paar Türen. Was die Romands schon lange selbstverständlich pflegten, mussten die Deutschschweizer erst erschaffen. Eine Männerdomäne ist es noch immer, beidseits des Röstigrabens, aber die Frauen holen auf.

Wie sie wohl ist, die Urheberin der *Damen Dramen*, die am Telefon fast tonlos erklärte, »mein Leben ist nicht interessant«?

Schmal, zierlich, braune Kraushaare, dunkle Augen: Anna Sommer sieht aus wie auf ihren Zeichnungen. Sie spricht leise, bedächtig, gewählt. Sie wirkt ruhig, ernsthaft, aufmerksam. Scheu – und derart freundlich, dass ich mich wundere, zu welch skurril-verrückten Fantasien diese Person fähig ist.

Auf *Damen Dramen* folgt *Honigmond* (1998). Auf dem Titelbild schlüpft eine Hochschwangere ins Hochzeitskleid, auf der Rückseite frisst eine schwarze Katze eine weisse Taube. Dreizehn Doppelseiten Unglück. Eine Tafel ohne Gäste. Eine unheimliche Hochzeitstorte, dekoriert mit einem Plastik-Brautpaar. Die Braut verschluckt den kleinen Hochzeiter mit Zylinder (oder spuckt sie ihn aus?), der Angetraute trägt sie ins Haus, ins Bett, liebt sie, die schwarze Katze und Maria im Bilderrahmen schauen zu. Die Frau gebärt einen erwachsenen Mann, hätschelt, stillt ihn. Der eifersüchtige Gatte, verbannt ins Kinderzimmer, malträtiert eine Puppe (oder ist es seine Frau?), beobachtet von zwei Polizisten aus dem Kasperle-Theater. Zerstückelt die Frau im Geist mit dem Küchenmesser, findet die Gattin im Bett (ist sie tot?), das neugeborene Baby schreiend am Boden. Zwei Polizisten (die aus dem Kasperle-Spiel) führen den Mann ab. Horror-Hochzeitsnacht, blutige Liebesmoritat, ein Verwirrspiel, zusammengesetzt aus 26 quadratischen Papiercollagen. Die 600 Stück des mehrfarbigen Siebdrucks sind längst vergriffen; antiquarisch ist kein einziges Exemplar der bibliophilen Rarität zu finden.

»Die Räume zwischen den Bildern muss der Leser selber füllen«, bemerkt Anna Sommer, »das ist der Reiz an diesem Spiel mit Verschiebungen und Vertauschungen. Letztlich macht jeder etwas anderes aus meiner Geschichte.« Stumme Comics zwingen, die Bilder genau zu lesen. Was sich in dieser Nacht wirklich abspielt, bleibt das Geheimnis der Autorin.

Vorbilder hat sie nicht. Einflüsse realisiert sie erst im Nachhinein. Im Elternhaus gab es wenig Comics: »Tim und Struppi.« Tintin auf französisch bei der belgischen Grossmutter Paulette Schubert in Uttwil. »Ich liebte diese Geschichten, obwohl ich bedauerte, so wenig Frauen vorzufinden; ich liebte vor allem den Band mit der Sängerin Bianca Castafiore, der die Juwelen gestohlen wurden.«

Anna Sommer

saturday night

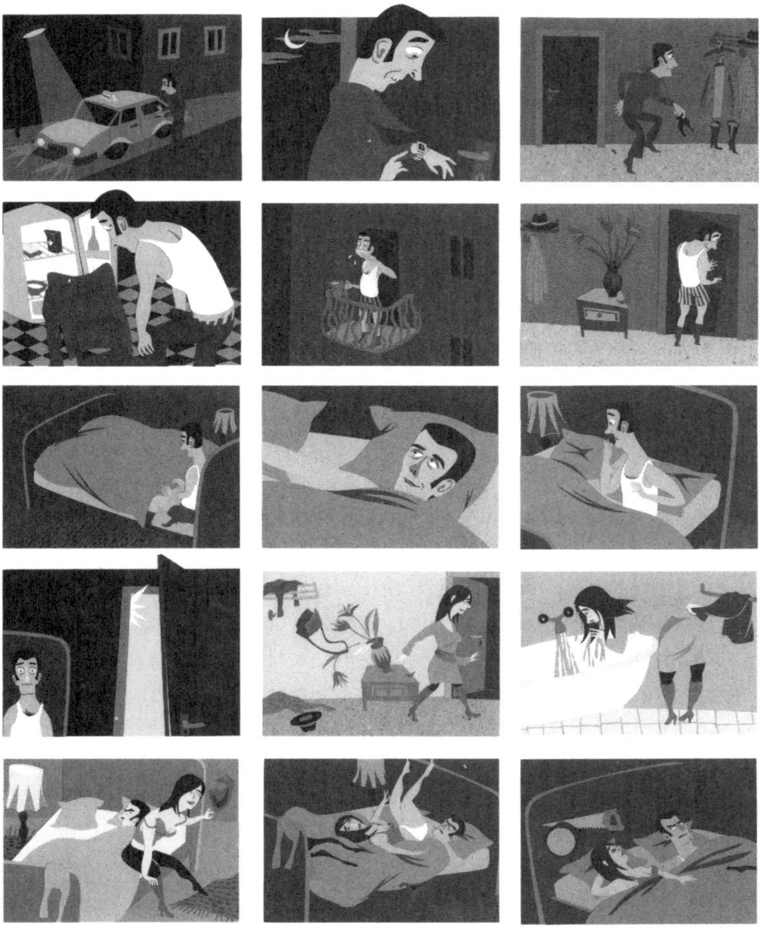

Sie unterhielt sich mit Wilhelm Busch, mit der »frommen Helene«, ihrer »allerliebsten Geschichte«. »›Helene!‹ – sprach der Onkel Nolte – / ›was ich schon immer sagen wollte! / Ich warne dich als Mensch und Christ: / Oh, hüte dich vor allem Bösen! / Es macht Pläsier, wenn man es ist, / Es macht Verdruss, wenn man's gewesen!‹« Eine Grosstante, sie wohnte im oberen Stock des grosselterlichen Hauses, besass sämtliche Busch-Bände.

»Das hat mich beeinflusst. Busch eher als Tintin.« Anna Sommer ist hingerissen von Buschs peinvollen Katastrophen, den komischen Todesspiralen; solch tragische Beziehungen brennen ihr selber unter den Nägeln. Der Blick in grausliche Abgründe, die Trinker, die ihre Frauen verlassen, die Frauen, die ihren Mann betrügen.

Dann, erinnert sie sich, gab es zu Hause die »Vater und Sohn«-Cartoons von e.o. plauen, eigentlich Erich Ohser. Geschichten ohne Worte über einen Vater und seinen kleinen, frechen Sohn, die mit Alltagsproblemen kämpfen und manchmal auch richtige Abenteuer erleben. Ohser illustrierte die Gedichtbände seines Freundes Erich Kästner, karikierte unter Pseudonym Hitler, Goebbels, später Stalin. 1944 verriet ihn ein Mitbewohner, auch den Freund Erich Knauf, Redakteur der *Neuen Leipziger Zeitung*. Erich Ohser erhängte sich, Knauf wurde hingerichtet.

Manchmal meint sie, Ohsers Einfluss zu spüren, in der Bildaufteilung, dem Ambiente. »Ich frage mich, weshalb meine Umgebungen so ältlich wirken, weshalb ich immer ähnliche Möbel zeichne, etwas klobig, absolut unmodern. Manchmal beklagen sich Auftraggeber über die verstaubten Interieurs, einen Herd, mit dem niemand mehr kocht. Für mich sind das Codes. Ich schaue mir keinen Herd an, keine Designerstühle. Es ist Erinnerung, und es sind immer auch Codes. Ein Stubentisch sieht so aus, ein Stuhl so. Ich strenge mich an, ein wenig zu variieren. Vielleicht müsste ich gewisse Dinge updaten, doch bei meinen Geschichten ist es nicht wichtig, wo sich das abspielt.«

Während der Arbeit an ihren autobiografischen Geschichten, »Die Wahrheit und andere Erfindungen«, realisiert sie, wie ungenau ihre Vorstellung ist. »Erinnerungen setzen sich aus vielem zusammen, Gefühlen, Gerüchen, Gesichtern, ich eingebettet mitten drin.« Anna Sommer erinnert sich zwar präzis an die Einrichtung der Nachbarn (sie wohnten als Erste mit Einbauküche und Polstergruppe), »doch alles, was sich draussen abspielte, kann ich nicht so packen. Ich zeichne gern Leute, gern Möbel, Häuser, Autos, aber mir fehlt jede Lust, etwas abzuzeichnen.« Am liebsten skizziert sie gar nicht. Weil es zu schnell geht und sie häufig nicht genau weiss, wie die Dinge aussehen. »Zeichne ich mit Feder und Tusche, habe ich Zeit, mir alles zusammenzureimen. Vieles sieht ein bisschen falsch aus, aber alles gleich falsch gibt auch eine Einheit.« Seit sie googlen kann, schaut sie ab und zu nach, wie ein Gerät aussieht. »Google ist perfekt für bequeme Menschen wie mich.«

Ungeduldig dazu. Will immer gleich loslegen. Den Ablauf eines Comics skizziert sie höchst rudimentär, nur weil sie wissen muss, ob die Geschichte funktioniert und die vorgegebene Seitenzahl nicht sprengt. Sie arbeitet möglichst direkt, Tippex in der einen, die Feder in der anderen Hand. »Es sind keine schönen Originale.« Sie schneidet auch einzelne Pannels aus und klebt sie neu zusammen, es entstehen immer verschiedene Fassungen. Zum Skizzieren zwingen sie vor allem Redaktionen, die einen Entwurf sehen wollen. Mittlerweile findet sie es praktisch, ein Gerüst zu haben, die Umsetzung einer Idee nicht erst während der Arbeit suchen zu müssen.

Lebt Anna Sommer von ihrer Kunst? Mal besser, mal schlechter, doch ernsthaft überlegte sie nie, etwas anderes zu machen. »Es gibt schwierigere Zeiten, aber ich musste nie einen Brotjob suchen, nie servieren oder verkaufen.« Langfristige Aufträge sind selten. Früher arbeitete sie öfters für Zeitungen: *Die Zeit, Libération Das Magazin, du, L'imbécile, Vibrations. NZZ am Sonntag* und *Wochenzeitung (WoZ)* gehören zu den treuesten Kunden. In jüngster Zeit verlagert sich die Arbeit auf Buchumschläge und -illustrationen. Sie entwirft den Umschlag zu Milena Mosers *Artischockenherz*. Erweitert die Köstlichkeiten in *Aschenbrödels Küche* der Alice Vollenweider mit sinnlichen Szenen. Erheitert die Tram-Geschichten von Thomas Schenk mit einem witzigen Dramolett: Frau im Tram gibt bettelndem Hund ein Biskuit, als dieser abzottelt, kriecht ihr ein Mann auf allen Vieren entgegen.

Die Originale kann sie meist ein zweites Mal in Ausstellungen zeigen, weil die Themen »recht einladend« sind, halt nicht abstrakt wie Finanzgeschichten. Hängt sie an einem Bild, verlangt sie so viel, dass es sicher niemand kauft. Solange die Arbeit noch frisch ist, fällt es ihr schwer, das Original herzugeben.

Schon gar nicht missen möchte sie die Puppen, die sie 1999 für die Ausstellung »Mutanten« in Düsseldorf nähte – und mehrfach hätte verkaufen können. Das Baby, das mit Druckknopf an der Brust der Mutter hängt. Die Frau mit den Haaren an den Beinen. Anna Sommer bastelte nachher ab und zu eine Puppe als Geschenk für Freunde; »sie gerieten nie mehr so schön, nie mehr so lebendig wie die ersten; sie waren zu perfekt«. »Schnurpfe« nennt sie ihre Bricolage und freut sich, wenn die Puppen beim Stopfen Form, Körper, Volumen bekommen, Charakter.

Das Faible für Textiles lebt die Handwerkerin auch in ihren Zeichnungen aus. So wenig sie technische Geräte interessieren, so lustvoll bekleidet sie sich und ihre Figuren, Freund Yves mit Quergestreiftem und dickem Rollkragenpulli im Fischgratmuster, die üppige Dame im Schwimmbad mit Riesenblumen auf Brüsten und Bauch, sich selber mit eleganten T-Shirts, engen Jeans, spitzenbesetzten Unterhosen, Schnabelschuhen, eleganten Stiefeln. Zu unserem Gespräch trägt Anna Sommer ein farbigblumiges Shirt der Textilkünstlerin Sonnhild Kestler.

Bücher und Zeichnungen prägen die charmante Altbauwohnung von Sommer/Noyau im Zürcher Stadtkreis 4. Ein Bild zieht mich magisch an. Stand ich nicht gestern mit Christa Meyenberger, der Gastroenterologin und Gastrounternehmerin (porträtiert auf Seite 141ff.) exakt vor diesen Häusern in Uttwil am Bodensee? Badhaus und »Schlössli«, einst »Schubert & Schramm«, heute im Besitz der Nachkommen des Basler Romanciers Emanuel Stickelberger.

Anna Sommers Urgrossvater führte hier eine Möbelschreinerei. Grossvater Nic Schubert übernahm sie, zusammen mit Manfred Schramm, der jedoch lieber malte. »Ein Künstler, ein blitzgescheiter Spinner, stellte Weltuntergangsberechnungen an, malte auch mathematische Bilder und hinterliess ein Riesenwerk. Die Grosseltern besassen ein paar Bilder; mir haben sie immer gefallen.« Anna und ihre Geschwister verbrachten früher die Sommer in Uttwil. Cousinen und Cousins aus Deutschland waren da, die Kinderschar vergnügte sich im Garten, am See, in den Beerenstauden.

Man könnte denken, ein Kind, das auf dem Land aufwächst, würde viel Zeit in der Natur verbringen …

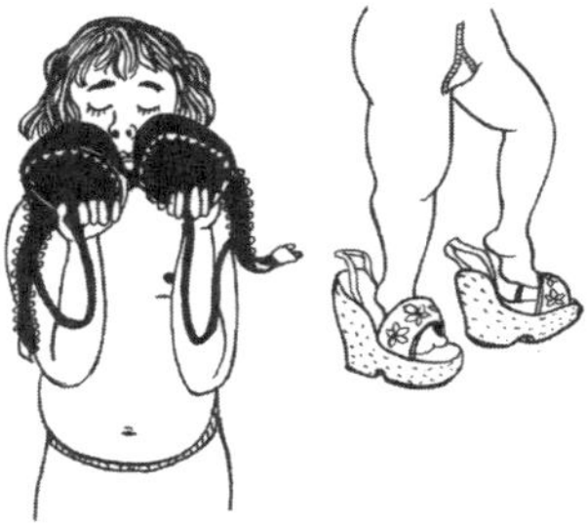

… ich aber bevorzugte Autowracks und die Nachbarswohnung.

Glücklicherweise teilte Tabitha meine Vorlieben.

Uns gefielen Spiele, die einen Vorgeschmack auf das Erwachsenenleben mit sich brachten.

«Nacht spielen» gehörte dazu. Denn wir ahnten, dass die Nacht den Erwachsenen mehr bot als uns.

Leider dauerten unsere gespielten Nächte nie lange genug, um dem Geheimnis auf die Spur zu kommen.

Da sind wir mitten im Leben der Anna Sommer, an dem sie uns in ihrem jüngsten Buch teilhaben lässt: Langweilig ist das nicht. Sie erzählt uns ihre eigenen Dramen. Kinderdramen, Jungmädchendramen, Reisedramen. Ohnmachten, Verdauungsalpträume, Selbstzweifel. Das Ganze chronologisch – bis zur Vernissage ihres Albums *Die Wahrheit und andere Erfindungen*. »Ob man mir meine Geschichten wohl glauben wird?«, fragt sie auf der letzten Seite des kleinen Entwicklungsromans. »Mir gefällt das Rekonstruieren von Erinnerungen, der Versuch, Erlebtes spannend und trotzdem möglichst wahrheitsgetreu wiederzugeben.« Beim »Stochern in der Vergangenheit« merkte sie, wie schwammig die Erinnerungen sind. Das »Herausschälen« der Bilder sei aufregend – und gleichzeitig beruhigend, wenn es ihr gelinge, »der Erinnerung ein Gesicht zu geben«.

Der Erinnerung ein Gesicht geben. Den Kinderjahren im Bauernhaus, den portugiesischen Knechten Antonio und Manuel, die sich unter dem Taubenschlag ein Zimmer teilten, die Fotografien ihrer Kinder an der Wand. Robert, der Knecht mit den Wutausbrüchen, der erzählt, wie sein gewalttätiger Vater die Mutter so lange in den Bauch trat, bis das Baby tot war ... Anna faszinierten die Geschichten: »Wir hörten ihm gerne zu, wenn er uns aus seiner Kindheit erzählte.« Ein Gesicht bekommt auch der missgebildete Nachbarsbub: »Das Fehlen von Händen und Füssen machte neue Spiele erst möglich.« Am liebsten aber vergnügte sich Anna mit der Busenfreundin Tabitha in den Autowracks der nachbarlichen Garage, mit den BHs und Stöckelschuhen von Tabithas Mutter, Spiele, »die einen Vorgeschmack auf das Erwachsenenleben mit sich brachten«. »›Nacht spielen‹ gehörte dazu. Denn wir ahnten, dass die Nacht den Erwachsenen mehr bot als uns. Leider dauerten unsere gespielten Nächte nie lange genug, um dem Geheimnis auf die Spur zu kommen.«

Lakonisch kommentiert sie Passagen ihres Lebens, im Sechserraster à la Globi: Klein Anna, die für den Klavierschüler ihrer Mutter schwärmt; der Backfisch, der gewaltig erschrickt über die erste Periode, verwirrt ist über die erste Liebe, angewidert über zu viel Spucke beim Küssen. Wie sie den einen und anderen Freund ihrer vielbegehrten Freundin Sandra übernimmt, den Verdacht aber, dass sie beim Küssen jeweils an Sandra dachten, nie ganz los wird. Sie verdient sich Geld mit Modellstehen, fällt ohnmächtig über einen glühenden Ofen. Verliebt sich in den Arbeitskollegen Yves, der eine Freundin in Tokio hat. Schwierig. Was auf den ersten Blick kindlich-naiv erscheint, brav beinahe, ist virtuos inszeniert, pointiert kommentiert. Eine grandiose Porträtistin, die sich und ihre Figuren durch persönliche Melodramen führt.

Anna Sommer serviert Quarkkuchen, übrig geblieben vom gestrigen Jassabend mit Freunden. Sie spielt gern. Nachtspiele und anderes. Geboren ist sie am 13. Mai 1968 in Staffelbach, einem kleinen Bauerndorf im aargauischen Suhrental. Vater Fritz Sommer, gelernter Kürschner, brach die Kunstgewerbeschule ab, als das erste Kind unterwegs war. Mutter Christa Schubert ist Zeichnungslehrerin. Später machte sich der Vater in Aarau selbständig. »Papi, darf ich einen Fuchskopf?«, fragte die Tochter. Die Kunststoff-Formen, mit denen er die Fuchsköpfe modelliert, »passten perfekt in meine enge Pyjamahose. Mit dieser prächtigen Beule in der Hose mimte ich Mick Jagger«.

Als es schwierig wurde in der Pelztragen-ist-Gewissensfrage-Zeit, arbeitete der Vater, ein begeisterter Velofahrer, den Sommer über als Velomechaniker. Der Künstler ist immer zu kurz gekommen, umso mehr zeichnet und fotografiert der Pensionierte – und trifft sich mit der Tochter im gemeinsamen Druckatelier. »Früher arbeitete ich oft zusammen mit meinem Vater an der Presse«, notiert sie im jüngsten Buch. »Waren meine Motive allzu freizügig, wartete ich jeweils, bis er eine Pause machte. Doch ich schaffte es nie, die Abzüge verschwinden zu lassen, bevor er zurückkam. Er schien sich jedoch nicht daran zu stören. Ganz im Gegenteil. Heute ist vor allem er derjenige, der die Presse nutzt, und ab und zu auch mal eine alte Platte von mir nachdruckt.«

Anna Sommer wünschte seit je einen Beruf, in dem sie zeichnen konnte. Aber was? Ein Bruder lernte Schreiner, der andere Zimmermann, die zielstrebige Schwester Barbara Tierärztin,

Unkorrekte Gender-Forscherin

Im Atelier hielt ich eher Distanz zu ihm.

Aber zum Glück gab es andere Möglichkeiten.

Im Atelier wurde so oft über Affären von Mitarbeitern getratscht, ...

... dass wir beschlossen, die Sache für uns zu behalten.

Unsere Treffen arrangierten wir jeweils vor dem Kopierer.

Aber unzählige Male wartete ich vergebens.

engagiert sich in der Leitung der Tierklinik AW Oberentfelden – zusammen mit Christoph Gloor, Gatte der Architektin Vera Gloor (porträtiert auf Seite 125 ff.), die ebenfalls sommerliche Zeiten in Uttwil verlebte.

Anna sucht in zahlreichen Schnupperlehren nach dem Richtigen, auch im Vorkurs an der Kunstgewerbeschule in Zürich. Sie denkt an wissenschaftliche Zeichnerin; ihr Lehrer Harry Buser wies in diese Richtung; die Geduld, das Genaue, Stille würde ihr entsprechen. Erst im Nachhinein verstand sie, weshalb sie diese Prüfung nicht geschafft hat; es fehlte »das räumliche Vorstellungsvermögen, das logische Denken«.

Sie hospitiert an der Kunstgewerbeschule, schnuppert weiter, denkt an Modellbauerin, Goldschmiedin. An Kinderbuchillustratorin, lange ein Traum. Damals existierte die Illustrationsklasse Luzern noch nicht, es führten nur Umwege zu diesem Beruf. 1988 beginnt sie die vierjährige Lehre als Grafikerin im renommierten Zürcher »Fabrikatelier am Wasser«, das stark illustrativ arbeitet. Das Atelier existiert nicht mehr, wie viele überlebte es die 90er Jahre nicht. In der Yuppie-Zeit zuvor florierte die Wirtschaft; Grafiker waren gesucht und verdienten ihr Geld leicht.

Anna Sommer lernt den Beruf ohne Computer – und absolviert als Letzte eine Abschlussprüfung ohne Mac. Schwierig, eine Stelle zu finden; die Ateliers wollen erfahrene Computerleute. Sie kommt in einer kleinen Bude unter, die noch ohne Computer arbeitet, kurz danach aber auch aufrüstet. Anna Sommer kümmert sich um die illustrativen Aufträge. Das Digitale lockt noch immer nicht, aber sie kann damit arbeiten, koloriert zum Beispiel ihre schwarz-weissen Illustrationen für den wöchentlichen Comic in *Femina*, dem Supplement der französischen Zeitung *Dimanche Matin*.

Ab 1996 arbeitet sie als Freelancer zu Hause. Ein Zimmer dient als Atelier, Yves zeichnet im Raum nebenan. Sie inspirieren sich gegenseitig. Er, der schon viel länger im Metier ist, brachte sie erst auf die Idee, Comics zu zeichnen. Sie beneidet ihn, wie mühelos er sich auf seine Arbeit konzentrieren kann. »Ich fand immer eine Beschäftigung, um zeichnerischen

Schwierigkeiten aus dem Weg zu gehen.« Viele Freunde leben im selben Quartier (die günstigen Wohnungen!), kommen auf einen Kaffee. »Wer zu Hause arbeitet, wird leider nie ganz ernst genommen.« Auf Dauer stresst sie der verzettelte Alltag: »alles durchsetzt mit Arbeit, Telefone während des Essens, Papier überall.«

Sie findet einen Platz im Gemeinschaftsatelier an der Eglistrasse, der Schweizer Comic-Schmiede rund um David Basler – mit Verlag »Edition Moderne«, mit *Strapazin*. 1984 in München gegründet, leistet das Magazin »Widerstand gegen die grelle Welt starker Rücken, potenter Knarren und praller Brüste, veröffentlicht schwarzweisse Geschichten mit hohen inhaltlichen und ästhetischen Ansprüchen und einem unübersehbaren Hang zu düsterem Expressionismus« (Comic-Experte Christian Gasser).

Der Verlag ging nach der ersten Nummer Konkurs, seither wird *Strapazin* in Zürich herausgegeben, trug massgeblich zum Entstehen einer neuen Comic-Szene bei, publiziert internationale Stars und Newcomer, aber auch junge Zeichner und Zeichnerinnen aus der Schweiz und Deutschland. Gasser: »Bis heute ist *Strapazin* ohne Zweifel eines der langlebigsten unabhängigen Comic-Magazine der Welt, alle drei Monate ein wichtiger Treffpunkt für die Szene.« Seit Anna Sommer auswärts arbeitet, nimmt sie die Wohnung wieder als Wohnung wahr – »obwohl es genau gleich aussieht wie vorher«. Meist geniesst sie die Morgenstunden zu Hause und arbeitet im Atelier in den ruhigen Abend hinein.

Bringt zum Beispiel den »kulturellen Abend« aufs Papier. Auf einem Spaziergang trifft sie Peter, dem sie vor vielen Jahren eine Serie Radierungen verkauft hat. »Ihr müsst unbedingt mal zu uns kommen; ich habe immer noch grosse Freude an deinen Radierungen!« Eines Tages wird sie tatsächlich eingeladen. Anna und Yves gehen hin. Ausser ihnen ist noch ein Paar aus der Kunstszene da. Hochgestochenes Geschwafel. »Ja, den mag ich auch sehr«, sagt Anna: »Ich strengte mich an, meine Kommentare nicht allzu plump ausfallen zu lassen.« Überall hängen »grosse Bilder aufstrebender Künstler«, nur ihre Radie-

rungen entdeckt sie vorerst nirgends. Sie hängen im Klo. Anna ist beleidigt. Verletzte Künstlereitelkeit. Als könnte man nicht auch im Klo Freude an Bildern haben ...

Radierungen? Seit 1986 übt sich Anna Sommer in der Kunst der Kaltnadelradierung – »eine wunderschöne Technik«. Scooterbahn. Messerwerfer. Waschsalon. Männerstammtisch. Ein gelangweiltes Paar beim Apéro, ein nachbarlicher Streit. Zahlreiche Geburten und ohnmächtige Kindsväter. Ein Mann ertappt seine Frau in flagranti, eine Mücke treibt ein Liebespaar auseinander, eine Frau epiliert ihre Beine. Eine andere legt lächelnd einen zerstückelten Mann aufs Fliessband vor der Kasse. Alltägliches, Frivoles, Perverses, Erotisches. Anna Sommer beherrscht das Metier meisterlich. Ob Radierung, Scherenschnitt, Siebdruck, ob mit der Nähnadel oder mit der Feder – sie ist eine brillante Stilistin und begnadete Erzählerin.

Mit Yves zusammen gibt sie 2004 in Johannesburg und Kapstadt Workshops für Comic-Zeichner. Zum ersten Mal in Südafrika, erschrickt sie über diskriminierende Situationen, zehn Jahre nach Apartheid. Ist bestürzt über die Ahnungslosigkeit der Leute, die, abgeschottet in weissen Ghettos, in ihrer Jugend den

Namen Nelson Mandela nicht kannten. Die weissen Zeichner sind ebenfalls in schwieriger Lage. Wer südafrikanische Künstler ins Ausland lädt, will vor allem Schwarze fördern, das heisst, Weisse werden oft wieder ausgeladen, weil sie weiss sind.

In Kapstadt lernen sie Karlien de Villiers kennen und schlagen dem Verlag »Arrache Cœur« eine Publikation vor. 2006 erscheint *Meine Mutter war eine schöne Frau*, Einblicke in eine Welt, die sich erst auf den zweiten Blick von unserer unterscheidet. Die Zeichnerin berichtet ruhig, zeigt das Kleine, Nebensächliche, stellt weder den frühen Tod der Mutter noch die Apartheid in den Mittelpunkt. Am internationalen Comixfestival Fumetto in Luzern steht ihr Buch im Rampenlicht. Der Sprung nach Europa kann entscheidend sein.

Im Gegensatz zu Yves Noyau, der sich Zeit für Bücher nimmt, ihr auch die Literatur seiner Westschweizer Heimat vermittelt, liest sie in Phasen. Gefällt ihr ein Autor, will sie möglichst alle Werke kennen – von Natalie Ginzburg zum Beispiel oder Cesare Pavese. Steve Tesich findet sie »eine Wucht«, Alice Rivaz fasziniert sie, Agota Kristof, Aglaja Veteranyi. Sie schätzt Flaubert, Fontane, überhaupt Autoren des 19. Jahrhunderts. Zu den grossartigen Entdeckungen gehört Emanuel Bove, der französische Journalist und Schriftsteller. Wie Anna Sommer selber, wie Rivaz, Kristof, Veteranyi beobachtet Bove erbarmungslos seine Helden, die ihr Leben erträumen statt leben: »Ich schreibe, um mich mitzuteilen, weil dies, wie ich finde, mit den Missverständnissen des alltäglichen Lebens nicht möglich ist.«

Anna Sommer liebt die Literatur und die Melancholie dieser Zeit. Taucht gern in andere Welten, ob im Buch oder Film, neugierig zu erfahren, wie andere die kleinen Alltagsdramen erzählen, von denen sie auch gern berichtet. Sie mag das französische Kino. Und Rainer Werner Fassbinder: *Die bitteren Tränen der Petra von Kant* und *Angst essen Seele auf* zählen zu den Lieblingsfilmen.

Würde sie gern schreiben statt zeichnen? Filmen statt zeichnen? Sie antwortet rasch. »Es gibt kaum etwas anderes, von dem ich das Gefühl hätte, es liege brach. Ich werde nicht müde, zu zeichnen.« Sie will weiterentwickeln, was sie kann.

Im November 2006 bekommt sie zusammen mit dem Zeichner Hannes Binder ein Werkjahr der Stadt Zürich, also ein halbes, 21000 Franken. Damit kann sie in aller Ruhe ihr Buch abschliessen. Am Eidgenössischen Kunststipendium scheiterte sie zweimal. Misserfolge? »Ich bin verwöhnt; vieles fiel mir zu.« Die Möglichkeit, in Frankreich zu publizieren. Auch ein Teil ihrer Biografie »Wahrheit und andere Erfindungen« erschien in der Pariser Zeitschrift *L' imbécile*, der Satire-Zeitschrift von Frédéric Pajak. »Frankreich ist weit weg, da kennt mich niemand; ich fühlte mich geschützt und legte los.« An ein Buch dachte sie nicht.

Wie war das, nach stummen Geschichten Texte zu formulieren? Die einen entstanden leicht, bei anderen mühte sie sich ab, die Sache auf den Punkt zu bringen. Anna Sommer schreibt gern, allerdings gewichtete sie den Text zu stark, traute dem Bild zu wenig. »Schreiben ist viel konkreter als zeichnen, ich hatte Wörter, Sätze im Kopf, die mir gefielen, aber aufgesetzt tönen, die ich sonst nie brauche, etwa Rummelplatz statt Chilbi.«

Es sind nicht ihre ersten Comics mit Text. Gegen Ende der 90er Jahre entsteht eine Serie Radierungen in klassischer Sechseraufteilung mit Zweizeilern – weniger aus Neigung denn aus Not. »Ich wollte ausbrechen aus dem immer gleichen Raster, den immer gleichen Themen. Das Reimen brachte mich auf neue Ideen.« Auf Max zum Beispiel. »Max verlässt wie jeden Morgen sein Haus mit diversen Sorgen. / Max hat Angst vor bösen Frauen, die ihn mit dem Schirm verhauen. / Max hat Angst vor teuren Frauen, die ihm auf die Mitte schauen. / Max hat Angst vor armen Frauen, die ihm seine Tasche klauen. / Max hat Angst vor starken Frauen, die ihm seinen Weg verbauen. / Max hat sich in einer Nacht vor lauter Sorgen umgebracht.«

Kehren wir zurück zu einem Lieblingsthema der Zeichnerin, zu erotischen Spielen, zu den Frauen. »Berufsbegattungen« heisst die Geschichte: »Wissen Sie, was ich gern denke, wenn ich mich mit ihm verrenke? / Dass mein Mann ein andrer ist: beispielsweise Polizist. / Auch der Bäcker weiss genau, was gut ankommt bei der Frau. / Sogar mit einem Urologen hab ich meinen Mann betrogen. / Der Bademeister küsst sehr wild, ansons-

ten ist er eher mild. / Nur mein Mann kommt nicht in Frage, ihm gehört die Kläranlage.« Im letzten Bild die gelangweilte Frau mit ihrem hilflosen Direktor: Zigarre im Mund, Krawatte am Hals, Gummistiefel an den Füssen.
Anna Sommer hat wieder Lust auf Geschichten ohne Worte.

Quellen

Anna Sommer: *Damen Dramen*, Zürich 1996
Anna Sommer: *Honigmond*, Zürich 1998
Anna Sommer: *Amourettes, gravures sur zinc*, 1986–1999, Paris 2002
Christian Gasser (Hrsg.): *Mutanten. Die deutschsprachige Comic-Avantgarde der 90er Jahre*, Ostfildern-Ruit 1999
Christian Gasser: »Bitterer Honigmond – Anna Sommers Damendramen«, *NZZ*, 5. Mai 1999
Friedrich Bohne (Hrsg.): *Wilhelm Busch, Bildergeschichten*, Zürich 1974/2007

Die rote Zora der Gerichte

Viviane Lüdi

Anwältin

Sie trägt ein Kleid von miu miu, am 30. April 2007 im Prozess gegen den Stalker, der seine Ex-Freundin mit dem Rüstmesser attackierte. Spitze Schuhe dazu. Hexenschuhe. Viviane Lüdi gilt weit herum als bestgekleidete Anwältin. Schuhe sind ihre Leidenschaft. Sie gründete sogar einen Schuhladen – weil sie in Zürich nicht fand, was ihr gefiel. Im Modeatelier »Autre Couture« an der Bäckerstrasse brachte sie ihr Label »Minskis« unter (so nannte sie Tochter Milena, als sie klein war). »Wir führten die verrücktesten Schuhe der Stadt, sündhaft teure Schuhe, handgemacht, von Paul Harnden zum Beispiel, dem irren Schotten, der in einer abgelegenen Hütte lange Schnabelschuhe herstellte.«

Am Geschäft beteiligt war ihr damaliger Lebenspartner; der Architekt und die Anwältin besuchten Schuhmessen, Schuhmanufakturen, Schuhkünstler. Am Samstag stand Viviane Lüdi im Laden, manchmal nach der Arbeit beim Zeitungsverlegerverband. Eine Filiale an der Weiten Gasse brachte den beiden kein Glück. Der Mietzins war horrend, die Beziehung am Ende, die Liquidation unumgänglich. Doch immer, wenn die Anwältin keine Schuhe findet, träumt sie vom eigenen Laden.

Kleider sind weniger problematisch. Während des Studiums nähte sie selber, stets auf der Suche nach besonderen Stoffen. Sie legte ihren Fund auf den Boden, begann zu schnipseln – und plötzlich war da »eine lässige Jacke«. Als das »Flickwerk« nicht mehr befriedigte, besuchte sie einen Nähkurs. Irgendwann fehlte die Zeit für das aufwendige Hobby. Zum Glück schneidert John Galliano, der Brite aus Gibraltar, nach ihrem Geschmack: 1987, drei Jahre nach dem Abschluss bereits British designer of

the year, schockte er als Chef bei Givenchy mit respektlosem Stil. Auch die Japaner mag sie. Yamamoto. Issey Miyake mit seinen visionären, revolutionären Kleidern aus einem einzigen Stück Stoff. Ihr Miyake-Kleid, »sicher zwanzig Jahre alt«, trägt sie ab und zu – ein Museumsstück.

Als Kind nähte sie Puppenkleider. Strickte in der Primarschule drei paar Socken, während die anderen noch am ersten knorzten. Strickte sich Kleider, der »Sockenlismerei« überdrüssig. Strickte in der Schule, unter der Bank im Lehrerseminar Stadelhofen.

Kein Strick dieses Frühjahr. Die Extravagante empfängt mich in heiterer Bluse und dreiviertellangen schwarzen Hosen. Trägt ihren »absoluten Lieblingsschuh«, zehnmal repariert. »Ein Lebensstück. Aber ja, Schuhe müssen etwas Schräges haben.« Rote Haare. Orientalischer Armschmuck. Im weiten Entree der »Advokatur Zeughaus« ein exotischer Pflanzendschungel mit Rattansessel. Feriengefühl auch in der Küche mit gelben und orangen Stühlen, sogar im WC. Überall Blätter, Samenobjekte, Blumen, echte, künstliche.

Im luftigen Büro der Anwältin wähnt man sich zwischen Souvenirsammlung und Kunstgalerie. Riesenmuscheln, Murano-Glas in der Vitrine, beleuchtete Glasobjekte auf dem Fenstersims. Aus Indien importiert eine orange und rote Büchersäule. Ein suggestives Triptichon der Zürcher Malerin Susanne Keller. Ein Hirschgeweih aus Plastik mit schwarzen Häuschen an den zwölf Enden – listiger Wächter über der Eingangstür zum Büro. Eine mit Schweizerkreuzen gebundene farbige Frau: trotzige Haltung, trotzige Augen: »Ich bin die letzte Frau« heisst die Skulptur. »Sie passt zu meinen Klientinnen – manchmal fühle ich mich selber so.«

Der Dschungel besänftigt, inspiriert auch. Kommt sie in einer Sache nicht weiter, helfen ein paar Schritte durch den Zimmergarten. Grün ist auch privat die dominante Farbe. Viviane Lüdi ist mit einem Landschaftsarchitekten verheiratet, spezialisiert auf Wildpärke. »Ein Mythos«, der grüne Daumen. »Wer Freude an Pflanzen hat, merkt, was ihnen fehlt und was zu tun ist.« Bürokollege Peter Sprenger stört sich an ihren Gifteinsätzen: »Wir sind doch kein Gewächshaus.« Sie sieht das pragmatisch: »Manchmal muss man harte Mittel einsetzen, das ist in meinem Beruf auch so.«

Spezialisiert auf Scheidungsrecht und Sexualdelikte, vertritt sie Geschädigte, Opfer. Ihre Klienten stecken meist in Grenzsituationen. Die psychotherapeutische Betreuung sei »der interessanteste Teil« ihrer Arbeit. Auch im eben abgeschlossenen Fall des Stalkers. Der 51-jährige Schweizer belästigt seine Ex-Freundin innerhalb von knapp zwei Monaten 141 Mal per Telefon. Droht ihr, sie zu töten. Im September 2005 wartet er morgens vor ihrem Wohnhaus mit einem Rüstmesser. Die Frau, selbstverteidigungsgeübt, wehrt den Angriff ab, ein Tankwart kommt zu Hilfe, gemeinsam überwältigen sie den alkoholisierten Mann.

Viviane Lüdi betreut das Opfer, macht geltend, dass ihre Mandantin den Überfall als Kampf auf Leben und Tod erlebte. Ihre Forderung von 7000 Franken Genugtuung und 9000 Franken Schadenersatz heisst das Obergericht gut, weist hingegen den Antrag ab, dem Täter nach Entlassung aus dem Gefängnis ein Kontakt- und Rayonverbot aufzuerlegen; dazu fehle die gesetzliche Grundlage: Einem Straffälligen zu verbieten, zu einer Geschädigten Kontakt aufzunehmen oder in ihre Nähe zu kommen, ist nur bei bedingten Freiheitsstrafen möglich. Der Stalker muss zweieinhalb Jahre ins Gefängnis.

Rund um die Verhandlung geschah für die Anwältin psychologisch »extrem Spannendes«. Die Ablehnung ihres Antrags bedrückt sie; überzeugt, der Stalker werde rückfällig, denkt sie an ein Rayonverbot nach der Haftentlassung; ihre Frage, ob er sich freiwillig einem Kontaktverbot unterziehen würde, hat er mit Ja beantwortet. Als der Verteidiger ihr nachher erklärt: »Mein Mandant will kein Verbot mehr, das Urteil ist gefällt, das reicht«, verlässt sie konsterniert das Obergericht, läuft durch den Wald, wie immer, wenn es ihr schlecht geht – »eine Therapie wie das Malen«. Und während sie rennt, hat sie plötzlich das Gefühl: Der Angeklagte ist kein Psychopath.

Übersinnliche Fähigkeiten? Nein, sie hat Respekt vor solchen Phänomenen, registriert aber doch in gewissen Momente eine »ganz schwache Hellsichtigkeit«. Ahnungen und Wahrträume überkommen sie seit der Kindheit. Anfang zwanzig fährt sie mit einem Freund im Auto, nickt ein, schreckt auf, sagt »schau, ein Geisterfahrer«. Er sieht nichts, sie schläft wieder ein, fünf Minuten später taucht ein Geisterfahrer auf. Vor einem Jahr träumte sie, ihre Tasche sei gestohlen, sucht verzweifelt und findet sie irgendwo am Boden, der Inhalt ausgebreitet, das Wichtigste ist weg. Anderntags im Büro ein Déjà-vu: Kein Ordner steht mehr in den Schränken. Ein Einbruch.

»Es ist kein Zufall, dass ich solche Vorahnungen habe.« Ihre Gefühle Menschen gegenüber täuschen sie selten, auch im Gerichtssaal könne sie manches voraussagen. »Das wächst mit der Erfahrung, dem Alter.« Die Anwältin erzählt von einer Klientin, die kürzlich mit ihrem Mann wegen einer Scheidungskonvention in die Kanzlei kam. Das Ehepaar, schon länger getrennt, konnte sich bisher auf nichts einigen. »So«, meint Viviane Lüdi, »jetzt fliegen halt die Fetzen, jetzt müssen wir ein bisschen streiten, das ist auch wichtig.« Nein, sagt die Frau, sie habe auf diese Sitzung hingearbeitet. »Ich schaute sie an und wusste, sie hat vermutlich recht. Alles ging wie Butter, in zwei Stunden war die Konvention auf dem Tisch. Stark, dachte ich, jetzt hat die das geschafft.«

Psychologie interessiert Viviane Lüdi brennend. Studieren wollte sie aber Geografie, das Fach mit den Bestnoten, der Aussicht auf Reisen. Dann motiviert sie die gewalttätige Ehe und hässliche Scheidung ihrer Eltern zum Jusstudium. Als die Mutter die Scheidung einreichte, zwang der Vater sie mit Drohungen, die Klage zurückzuziehen und verpflichtete einen gemeinsamen Anwalt. Viviane ist neunzehn, schwört sich, etwas zu unternehmen, um einer solchen Situation nicht hilflos ausgeliefert zu sein. Eine Illusion: »Persönlich betroffen, nützen einem die Kenntnisse wenig.«

Während des Studiums oft unterwegs, verbringt sie auch ein Semester in Berlin, lässt die Jusvorlesungen links liegen und sitzt vor allem in den Hexenseminaren der historischen Fakultät. Ein Kultthema Anfang der 80er Jahre, es wurde richtig »zelebriert«. Viviane Lüdi faszinieren die jungen Professoren und eifrigen Studenten, »alle engagiert, alle furchtbar gescheit« – ahnt aber nicht, was auf sie zukommen wird, 1993 im kreuzbraven Wädenswil.

Zwischen dem 14. und 18. Jahrhundert wurden in der Schweiz mehrere tausend Menschen als Hexen hingerichtet, vorwiegend Frauen, weil laut kirchlicher Erbsündenlehre Frauen besonders empfänglich für die Einflüsterungen des Teufels sind. Anna Göldi, 48-jährig, enthauptete der Scharfrichter am 13. Juni 1782 als letzte Hexe in Europa auf dem Richtplatz zu Glarus. Der Justizmord empörte europaweit.

Aber eine Juristin auf dem Scheiterhaufen? Viviane Lüdi ist zu dieser Zeit Chefredaktorin des *Allgemeinen Anzeigers vom Zürichsee*. Besucht einen Fasnachts-Abend, an dem die Vereine ihre Schnitzelbänke zum Besten geben. Sie berichtet unfreundlich, bestürzt über das Niveau, die widerlichen, frauenfeindlichen, ausländerfeindlichen Sprüche. Darauf folgt die »öffentliche Bekanntmachung« des Skiclubs. Auf den Plakaten eine Bilderbuchhexe: Krummnase, Warze, Buckel – auf einem Besen fliegend, in die Wahrsagerkugel glotzend. Dazu folgendes Verdikt: »Die hochlöbliche, alleweyl unfehlbare Gerichtsbarkeit der hochwohlgeborenen und gnädigen Herren zu Wadenschweyl bringen allen ehrbahren Manns und Wyberlüüt zur Kund, dass die alleweyl des Schreibens kundige Vivianna Gölüdi wegen dero schändlichen und kezerischen Verhalten gegen all gutgesitteten, friedliebenden Gewerbetrybenden und geselligen Vereine, wie auch gegen das Mummmenschanz frönende Volke, morgen Sonntag, den 28. Hornung im Jahre 1993 anlässlich des Umzugs zur Abschreckung aller Glychgesinnten auf dem Scheiterhaufen vom Leben zum Tode gebracht wird.«

Das Kesseltreiben gipfelt im Abfackeln einer Kartonhexe. Viviane Lüdi fühlt sich bedroht, ist zugleich aber stolz, eine Hexe zu sein, ein Sinnbild für Stärke. Sie versucht, die Wogen zu glätten, Verständnis für Medien zu wecken, für Kritik. Arrangiert eine Podiumsdiskussion zum Thema Vermischung von redaktioneller Leistung und Werbung. Das einheimische Gewerbe füllte seit Jahrzehnten die Spalten mit Werbebotschaften, Vereinsberichten, Firmenanlässen, Produkteinformationen. Der Skiclub mit buntem Abend, der Coiffeursalon auf Jahresausflug, der Schreiner mit Tag der offenen Tür. Dieser Gratiswerbung will sie den Riegel schieben. Verlagsleiter und Chefredaktorin spannen zusammen; er will Inserenten gewinnen, sie eine interessante Zeitung machen – jedenfalls nicht »diesen Mist abdrucken, den wir noch mühsam redigieren mussten, damit es überhaupt deutsch war«.

Die Podiumsdiskussion verläuft turbulent, die Gewerbler sehen ihre Privilegien davonschwimmen, pfeifen die Chefredaktorin aus: »Kommt da eine von Zürich und will alles besser wissen.« An diesem Abend »fast gelyncht«, empfängt sie nachher Kritiker-Delegationen auf der Redaktion; sie fordern ihren Abgang, zumindest eine öffentliche Entschuldigung. Viviane Lüdi, sonst nicht ängstlich, schaut jeden Abend unters Auto.

Der *Anzeiger vom Zürichsee* gehörte damals zu 49 Prozent der Stäfner Zeitungsfamilie Theodor Gut. Eine Mantelkonstruktion der *Zürichsee-Zeitung*. Viviane Lüdi, vorher stellvertretende Geschäftsleiterin des Schweizerischen Zeitungsverlegerverbands, war topmotiviert, hier eine gute Arbeit zu machen.

Schon als Mitglied der PRW-Kommission (Kommission für Public Relation und Werbung in den Informationsmedien) hatte sie Verstösse geahndet. »Die sogenannte Publireportage ist klar als Werbung zu deklarieren.« Sie zog die Regelung durch; viele Leser schätzten die neue Klarheit und Qualität.

Ein paar Tage nach der tumultuösen Versammlung offeriert ihr der *Tages-Anzeiger* einen Job im Ressort »Kanton Zürich«. »Das war mein Traum, darauf hatte ich gewartet.« Viviane Lüdi ist 33 und voller Elan. Doch die aufmüpfige Ex-Chefredaktorin tut sich schwer mit Einordnen, Fügen, Kuschen: »Ich mochte mir nicht von allen sagen lassen, wie das geht, der Journalismus.« Die Konzernstruktur passte ihr nicht, doch wegmobben liess sie sich auch nicht. »Es war die Zeit der »wackelnden Arbeitsplätze, der Vollversammlungen.«

Der anwaltschaftliche Journalismus der Neuen passt Chefredaktor Roger de Weck nicht. Sie wiederum empören ein paar Chefentscheide. »Da baut der Kaufmännische Verband Zürich mit Peter von Lanthen an der Spitze eine Mobbing-Beratungsstelle auf – der Chef selber aber setzt eine Rauswurfprämie für eine Mitarbeiterin aus.« Eine Kollegin recherchierte die brisante Story. Viviane Lüdi will den »hieb- und stichfesten« Beitrag publizieren. Sie weiss nicht, dass von Lanthen längst mit dem stellvertretenden Chefredaktor konferierte. Sie wird gerüffelt, der Artikel gekippt. »So nicht«, murrt sie, »nur weil der von Lanthen den Biland kennt ...« Das widerspricht ihrem Gerechtigkeitsgefühl, ihrem Verständnis als Redaktorin. Wenn schon Journalismus, dann engagiert, fundiert, gut recherchiert. »Das ist spannender und ehrlicher als das objektive Faktenabwägen, oft nur blosse Augenwischerei, da jeder Journalist Stellung bezieht: durch die Wahl der Themen, den Ton, die Akzente.« Drei Jahre hält sie es aus: »rückblickend eine gute Zeit.«

Die Serie »Ludwig B.« zum sexuellen Missbrauch an Kindern unter der Federführung von Barbara Bürer brachte das Fass zum Überlaufen. Viviane Lüdi kritisiert in einem Kommentar die skandalöse Verjährungsfrist (damals fünf Jahre), erklärt, bei Sexualdelikten an Kindern dürfte überhaupt keine Verjährung gelten. Roger de Weck streicht die Passage in letzter Minute. Die

Unbotmässige kündigt; werfe man ihr schon Anwaltschaftlichkeit vor, könne sie ja gleich als Anwältin arbeiten. In der Tat realisiert erst die Journalistin, wie spannend ihr gelernter Beruf sein könnte. Hat nicht die Opfervertreterin im Fall »Ludwig B« erfolgreich den Freispruch angefochten? »Ich kann darüber schreiben, die Anwältin kann etwas bewirken.«

Der Prozess liegt zwölf Jahre zurück. Am 27. Juni 2007 verabschiedet der Bundesrat einen Gegenvorschlag zur Volksinitiative für die Unverjährbarkeit »sexueller oder pornografischer Straftaten an Kindern vor der Pubertät«. Die Verjährungsbestimmungen bei Sexualdelikten an Kindern ändern sich somit zum vierten Mal innerhalb von fünfzehn Jahren. Das Opfer soll mehr Bedenkzeit bekommen, um über eine Strafanzeige zu entscheiden; die fünfzehnjährige Verjährungsfrist für schwere Delikte an Kindern unter sechzehn Jahren wird nicht mehr mit der Tat anlaufen, sondern hinausgeschoben, bis das Opfer volljährig ist.

Als Viviane Lüdi den *Tages-Anzeiger* verlässt, telefoniert sie drei Studienkollegen, der Dritte sagt: »Du kannst morgen anfangen.« Einer der ersten Fälle führt in den Journalismus zurück; sie prüft das Buch *Swiss Connection* des Wirtschaftsjournalisten Gian Trepp auf juristische Fallen. Kaum ist die Enthüllungsstory auf dem Markt, ist der Teufel los, Kanzleien aus Genf und Zürich fordern eine superprovisorische Verfügung. Sie argumentiert geschickt, das Buch wird nicht verboten, erst in der zweiten Auflage mussten die inkriminierten Passagen gestrichen werden.

Sieben Jahre arbeitet sie im Team an der Zürcher Apollostrasse. Tut, was sie als Journalistin nicht durfte, engagiert sich anwaltschaftlich für Frauen und Kinder, Opfer von Sexualdelikten und häuslicher Gewalt. Vertritt Ausländerinnen, die Beratungsstellen an sie weisen. Sie identifiziert sich leicht, wird wütend, traurig – findet eben darum oft ein Schlupfloch. Zum Beispiel in folgendem Fall. Eine Kosovarin trennte sich nach langem Ringen von ihrem gewalttätigen Ehemann. Kaum hat sie mit den Kindern ihre neue Wohnung bezogen, entführt dieser sie zurück in die eheliche Behausung, wo sie resigniert ausharrt über Weihnachten/Neujahr. Viviane Lüdi gelingt es zusammen mit der Therapeutin, »unter Einsatz all meiner Mittel und Kräfte«, die Polizei zu überzeugen, dass Frau und Kinder befreit werden müssen. »Es geschieht in letzter Minute, kurz zuvor eskalierte die Situation, beinahe wäre Schreckliches passiert.«

2001 erkrankt Viviane Lüdi an einer zervikalen Diskushernie, meint, zervikal heisse Hirn und rechnet mit dem Schlimmsten. Die lädierte Halswirbelsäule ist Tortur genug. 24 Stunden Schmerz, nah am Kopf. Der eingeklemmte Nerv strahlt aus. Tabletten nützen nichts. Sie will ihr Leben ändern. Hat die Zwänge eines gemeinsamen Büros satt, die Sitzungen, Supervisionen, Retraiten, Mittagessen. Sie wehrt sich gegen eine Operation, therapiert, trainiert. Es gibt Rückfälle, Schmerzattacken, Blockaden. Dann weiss sie: zu viel gearbeitet, kürzer treten, auf den Körper hören.

Sie zündet eine Zigarette an, steht auf, sucht Unterlagen; ihre Absätze klacken über das dunkle Kirschbaumparkett. Nach dem Abschied von der Apollostrasse wollte sie zurück in den Kreis 4. Hier hatte sie gewohnt, an der Bäckerstrasse, an der Langstrasse. Das Parterre an der Zeughausstrasse 39 stand leer, ursprünglich eine Beiz, dann Gewerkschaftssekretariat. Sie findet eine innenarchitektonische Katastrophe, tiefgehängte Decke mit Neonschlange, schmuddeliger Spannteppich, eine Faltwand mitten im Raum, die Küche im Eingang. Sie stellt sich die hohen Räume entrümpelt vor, eine aufwendige Sache, erklärt der Hausverwaltung, in diesem Zustand käme eine Miete nicht in Frage. »Schreiben Sie auf, was sie wollen.« Die Liste umfasst drei Seiten. Der Vermieter baut um, »wie im Märchen, der ganze Wunschzettel wird erfüllt«.

Sie sucht Partner. Katharina Stucki zieht ein, eine Studienkollegin und mittlerweile beste Freundin, die auf ähnlichem Gebiet arbeitet. Peter Sprenger ist da. Viviane Lüdi versteht die Kanzlei als eine Art »Rechtsladen«, einen Ort ohne Hemmschwelle. Es gibt keine Vorhänge, die Passanten blicken ungeniert auf den Schreibtisch.

Gibt es Vorbilder? Das Zürcher Anwaltskollektiv. Die politisch links orientierte Institution, 1975 begründet, wollte eine möglichst niedrige Schwelle für Rechtsuchende. Nur Schwache gegen Starke verteidigen – mit der internen Regel: Kopf und Handarbeit gelten gleich viel, also gleicher Lohn für alle. Das Vorhaben scheiterte. Die Arbeit, ungleich verteilt, wuchs über die wohlmeinenden Köpfe; die bewegten Achtzigerjahre erschöpften die Kräfte. 1981 wird das Kollektiv zum Verein Rechtsauskunft. Was tadellos funktioniert. Nun gibt Viviane Lüdi nach fünf Jahren das Präsidium weiter. Selbstverständlich bleibt sie dabei. Etwa 30 Aktivmitglieder geben im Turnus Auskunft. 60 Franken kostet die obligate halbe Stunde.

Das Ambiente gleicht einer Landarztpraxis. Hier sitzen auch schräge Gestalten, Neurotiker, Psychopathen. Für viele eine Art Zuhause. Sie kommen regelmässig, deponieren ihre Sorgen, manche sind seit Jahren in einen Prozess verwickelt. Bei Viviane Lüdins letztem Einsatz häuften sich die Betrugsopfer. Ein pensioniertes Ehepaar macht Urlaub in Thailand, erhält einen Anruf ins Hotel, sie hätten eine Reise gewonnen und seien eingeladen an eine Veranstaltung. Die beiden werden dorthin gekarrt mit zwanzig anderen, die auch eine Reise gewonnen haben, erfahren, dass es keine Reise, sondern ein Anteil an einer globalen Feriensiedlung ist. Sie bezahlen 5 000 Euro, unterschreiben einen Vertrag für weitere Raten – und wollen jetzt wissen, ob der Vertrag verbindlich sei. Ein bekannter Trick. »Ich erlebte das in Phuket. Als ich die Polizei benachrichtigen wollte, riet man mir ab, die Betrüger seien unberechenbar.«

Dann die verzweifelte Coiffeuse. Kaufte auf einer Werbeveranstaltung ein Luftbett, ein sündhaft teures Ding. Mit einer Blase auf Kreuzhöhe nimmt das Verhängnis seinen Lauf. Das Bett wird geholt, zurückgebracht, dabei eine Vase zerstört, das Parkett zerkratzt ... Im nächsten Fall wurde ein älteres Ehepaar im Car nach Einsiedeln gefahren, wo man ihnen eine Vitamin-Therapie für 2 000 Franken andrehte, ein Vitamin, das in der Schweiz nicht zugelassen ist. Das Paar will rechtliche Schritte unternehmen. Leider sitzt die Firma auf irgendeiner exotischen Insel, mit Gerichtsstand ebenda.

Und die naiven Grossmütter, die vermeintlichen Enkeln ihr Vermögen in die Hand drücken? Die Anwältin relativiert. »Wie viele kluge Leute sind auf Dieter Behring reingefallen?« Ein Krimi nach ihrem Gusto. Noch immer sind Millionen verschwunden, laut Behring selber 1,2 Milliarden. Die Staatsanwaltschaft Basel liess sogar eine Wahrsagerin aus Neapel kommen. Sie sah einen versteckten Raum in Behrings Bürogebäuden, einen silbernen Knauf an seinem Pult, der, wird er bewegt, eine Wand öffnet ...

Viviane Lüdi konsumiert »vergiftet« Krimis, »jeden Abend mindestens drei«. Oft läuft der Fernseher die ganze Nacht; den Krimi, um 20 Uhr verpasst, sieht sie dann morgens um Eins. »Ist ja blöd, die Zeit zu verschlafen, wenn so gute Filme laufen.« Ein paar Stunden Schlaf reichen ihr. Kürzlich erschreckte sie zwar das Fazit einer Untersuchung, Vielschläfer seien intelligenter: »Meine Güte, ich trage mein ganzes Reservoir an Intelligenz ab.« Sie lacht. »Mich vitalisieren die Filme, ich mag die fliessenden Übergänge von den Krimis im Beruf zu den Krimis am Bildschirm.«

Absolute Lieblingssendung ist *The Closer* (Closer sind Ermittler, die jeden Fall zum Abschluss bringen), die amerikanische Serie mit der »genialen Kommissarin« Brenda Johnson. »Eine schräge Nudel, eine Schönheit, blondgelockt, ein irres Leuchten in den Augen, wahnsinnig intuitiv, wahnsinnig schnell, mit einer stupenden Verhörtechnik. Hebt sie an zum finalen Verhör: ›Aber ich möchte jetzt von Ihnen wissen ...‹, setzt sie immer ihre Lesebrille auf. Ich war in mehreren Optikerläden: Kennen Sie ›The Closer‹, fragte ich, ich will so eine Brille wie Brenda Johnson sie trägt – fand auch eine, heute abgeholt, nicht exakt die richtige, aber ziemlich nah dran.«

Criminal Intent verpasst sie ebenfalls ungern, vor allem den brillanten Profiler. »Das sind Kriminalpsychologen, die Profile von Serientätern à la Kindermörder Werner Ferrari erstellen. Mein Traumjob, Profilerin. Leider gibt es keine in der Schweiz.«

Sind die TV-Krimis auch Lehrstücke? »Reiner Spass; ich unterhalte und amüsiere mich wunderbar.« Ihre eigenen Mandate findet sie trotzdem spannend, am allermeisten die Fälle mit Psychopathen. »Es muss nicht ein Serienmörder sein, aber im Bereich häuslicher Gewalt gibt es diesen Tätertyp.« Sie erinnert sich an den Fall, in dem sie, wie immer, das Opfer vertrat: Ein Alkoholiker schlägt seine Frau, sie zeigt ihn an, er wird verhaftet, routinemässig DNA analysiert. Was ergibt sich? Der Mann hat eine Serie übelster sexueller Nötigung an Kindern auf dem Kerbholz. Das liegt zehn Jahre zurück. Die Ermittler hatten zwar den damaligen Gentest, der Mann jedoch blieb unerkannt. Das Delikt an seiner Frau bringt das Verbrechen ans Licht. Er erhängt sich in der Zelle.

Ein Erfolg? Ein schwieriges Wort. Einen Fall gewinnen, Täter ins Gefängnis bringen, ist für die Anwältin kein Erfolg. Sie erlebt Glücksgefühle, wenn eine gepeinigte Frau wieder ruhig schlafen kann. Wägt sie ab, was sie gewinnt, »kommt viel mehr Gutes zurück als Schlechtes«.

Wir trinken Prosecco. Viviane Lüdi hat heute wieder einmal ein Mandat niedergelegt; die Klientin beschäftigt hinter ihrem Rücken noch einen anderen Anwalt. »Sie brauchte mich für die Kinder, wusste, da kämpfe ich wie eine Löwin. Anderes verschwieg sie. Solch fiese Touren mach ich nicht mehr mit.« Seit der Halswirbel-Geschichte legt sie Mandate nieder. »Das befreit mich.« Sie ist Meisterin in dieser Disziplin und »total stolz« auf sich. Sobald ein Fall aus dem Ruder läuft, sobald sie merkt, hier spielt jemand Katz und Maus, greift sie zum Telefon. »Ohne mich.« Sie liess sich früher oft vereinnahmen, vor allem von Frauen. »Ich musste ihr Leben in Ordnung bringen. War für alles verantwortlich, musste alles regeln, alles retten, die ganze Ruine kitten.« Noch in der Notfallstation belästigte eine Klientin sie per SMS mit Fragen.

Die Anwältin arbeitet zwölf Stunden täglich; betreut siebzig Fälle nebeneinander, doch am Wochenende will sie Ruhe. Zeit für den Waldlauf, für die Saunahütte im »Verein für Volksgesundheit«, am Zürichberg. Zeit für Freunde, Familie, die Mutter. Viviane Lüdi hat jüdisch-deutsche Wurzeln. Die Grossmutter stammte aus Dessau, der Grossvater aus Ungarn: Jude und Kommunist, befreundet mit dem Sozialisten Bela Kuhn, leistete er Widerstand gegen den Nationalsozialismus, pflegte einen Zirkel zu Hause und wusste sehr früh, was mit den Linken in Deutschland passierte. Mit einem der letzten Züge entkam die junge Familie über die Grenze. Die Schweiz verweigerte das Asyl, in Bordighera an der italienischen Riviera fanden sie eine Heimat. Viviane liebte, bewunderte ihren Grossvater – »ein Urgestein«.

Ihre Mutter, zweisprachig aufgewachsen, absolvierte in Zürich die Dolmetscherschule, heiratete einen Schweizer Ingenieur, einen Erfinder, der seine Kontrollgeräte für Ölführungen weltweit vertrieb und damit ein Vermögen machte, widmete sich den vier Kindern, litt unter dem tyrannischen Ehemann. Heute ist sie 77, Kakteenkennerin, Katzenfreundin, Schriftstellerin mit einem tausendseitigen historisch-politischen Roman in der Schublade. Er spielt in Saudiarabien zu Beginn des 20. Jahrhunderts. Ein älterer englischer Colonel erzählte ihr in Bordighera diese Beduinengeschichten. Sie interessierte sich mehr und mehr, ohne je dort gewesen zu sein, ein weiblicher Karl May, recherchierte akribisch, kennt jeden Volksstamm, beherrscht das Vokabular. Ein Lebenswerk. Gewiss 40 Jahre schrieb sie an diesem Buch, von Hand.

Viviane Lüdi brauchte lange, bis sie sich mit ihrem Vater versöhnte. Bei Scheidungen vertritt sie oft Männer gegen Frauen, die »nur böse« sind. »Begehrungsneurotikerinnen« nennt sie die Frauen, die mit einem Kind in ihrer Villa sitzen, »die Ehe als Lebensversicherung betrachten, auf keinen Luxus verzichten wollen und nicht arbeiten können, weil der Garten so viel Pflege braucht ...« Sie kann sich enorm echauffieren, auch stimmlich, etwa über die »dumme Prozentregelung«, dass Frauen erst fünfzig Prozent arbeiten müssen, wenn die Kinder zwölf sind. »Es gibt Frauen, deren Kinder elf sind und die sich standhaft weigern, auch nur ein paar Stunden berufstätig zu sein, weil das Kind so viel Betreuung brauche. Wie soll sich das arme Kind entwickeln, wenn sie immer daneben sitzt?« Sie schüttelt den Kopf über die Gattin eines Mandanten, die sie allen Ernstes fragt, was sie denn tun würde, wenn ihr Kind Sommerferien hat. »Mir fiel manches ein, das sie erfreute, ohne dass ich selber fünf Wochen frei nahm.« An ihre Loyalität als Geschlechtsgenossin erinnert zu werden, macht sie wütend.

Seit sie der *Weltwoche* im Juni 2006 ein Interview zum Thema Scheidung gab, kommen die Männer in Scharen. Schwierige Fälle, wo Männer wirklich Opfer sind, weil ihnen die Kinder weggenommen werden. »Die übliche Regelung, ein Wochenende alle vierzehn Tage, ist grausam. Oberstes Gebot einer Scheidung ist das Wohl der Kinder. Das zu ermitteln, ist das Schwierigste und Faszinierendste an Scheidungen.« Rein rechtlich seien Scheidungen ja anspruchslos – ausser vielleicht bei komplizierten güterrechtlichen Verhältnissen. Viel wichtiger als Fachkenntnisse sind menschliche Qualitäten, die Fähigkeit, jemanden »auf gute Art durch eine schwierige Zeit zu begleiten. Strategie und Psychologie sind das Wichtigste.«

Manchmal nützen alle Strategien nichts. Da ist der Mann, der seine dreijährige Tochter seit der Trennung jedes Wochenende bei sich hat. Die Beziehung ist innig, »ein emotionaler Mensch, ein toller Papi«. Seine Frau klagt auf mehr Unterhalt, rückwirkend, obwohl er immer gezahlt hat, und gibt ihm die Tochter nur noch jedes zweite Wochenende, um die Klage durchzusetzen. »Ich sehe Vater und Töchterchen, beobachte, wie der Anwalt der Mutter agiert. Dann komme ich rein in das Bezirksgericht auf dem Land. Der Richter fragt nicht nach dem Kind, nicht nach der bisherigen Besuchsregelung, obwohl er sich überzeugen müsste, ob es dem Mädchen gut geht und wo es ihm am besten geht. Ich betone nochmals, wie wichtig es ist, dass der Vater sein Kind häufiger sieht. ›Frau Kollegin, gerichtsüblich, Sie wissen doch, gerichtsübliche Besuchstage …‹ Ich wiederhole meine Bitte, bekomme das vermaledeite ›gerichtsüblich‹ zur Antwort. Ende der Verhandlung. Mein Appell verpufft; ich stehe im Regen, sehe meinen Klienten leiden, sehe die Bilder des blonden Engels in den Armen des Vaters – und habe eine Riesenwut.«

Seit Beginn dieses Streits um Unterhalt und Besuchsregelung ist der Klient überzeugt, Richter und Gegenanwalt schnürten zusammen ein Päckchen. Viviane Lüdi beschwichtigt: »Vergessen Sie es, das ist Fantasie, Filmstoff.« Erhält aber einen negativen Gerichtsentscheid nach dem andern – und sieht sich wirklich im schlechten Film. »So kann man nicht umgehen mit

Menschen.« Nach dem letzten Entscheid sucht sie zwei Tage nach einem tauglichen Rechtsmittel.

Zur Erläuterung: Ein Entscheid lässt sich mit diversen Rechtsmitteln anfechten, zum Beispiel Berufung, Rekurs, Nichtigkeitsbeschwerde, Wiedererwägungsgesuch. Häufig enthält der Entscheid eine sogenannte Rechtsmittelbelehrung (z.B. Gegen diese Verfügung kann innert 30 Tagen schriftlich und begründet Bewerde erhoben werden.)

Das Prozessrecht sei höchst formalistisch; »wer das falsche Rechtsmittel wählt, hat Pech gehabt«. Viviane Lüdi kommt sich ein bisschen vor wie im Altertum: »Zauberworte murmeln, dreimal nach rechts drehen, sieben Berge anrufen.« Da sitzt sie dann, studiert die Prozessordnung, überlegt sich, was sie rügen will und welches Rechtsmittel sie dafür ergreifen muss.

Just am Tag unseres Gesprächs rief das Obergericht an, sie solle das Rechtsmittel zurückziehen, sie könne diesen Zwischenentscheid mit dem Endentscheid anfechten. Die Anwältin wäre am liebsten im Boden versunken. Der Obergerichtssekretär tröstete; in den dreissig Jahren am Obergericht sei er kaum einem solchen Fall begegnet. »Gut, denke ich, das ist jetzt halt ein spätes Lehrstück.«

Gibt es ein Urteil, auf das sie stolz ist? Ihr erster Fall. Sie vertrat zwei junge, vom Vater missbrauchte Frauen. Der Bezirksanwalt (heute Staatsanwalt) führte die Strafuntersuchung; bis zur Anklage dauerte es Jahre. Der Fall sei verjährt, hiess es dann. Viviane Lüdi fand heraus, dass er den falschen Tatbestand eingeklagt hatte, ergriff ein Rechtsmittel, das sich als unzulässig erwies, focht dies an und jenes und noch Drittes, bis sie erreichte, was sie wollte: Der Staatsanwalt musste die Strafuntersuchung ergänzen, nochmals Anklage erheben. Schliesslich verurteilte das Bundesgericht den Vater zu einer Gefängnisstrafe.

»Anfängerglück«, meint sie, der Risiken war sie sich nicht bewusst. »Ich arbeitete einfach besessen drauflos.« Heute ist sie klüger: »Rechtsmittel ergreifen für Geschädigte ist heikel. Ich habe viele Male verloren. Dann müssen die Opfer zur Niederlage noch die Kosten tragen.«

Geschädigtenvertreter sind die Mauerblümchen der Branche. Kürzlich vergass man, sie an eine Gerichtsverhandlung einzuladen, obwohl sie seit langem involviert ist in diese Strafuntersuchung. »Symptomatisch. Wir werden immer erst am Schluss angehört und manchmal behandelt wie Schulmädchen.« Vor Jahren erkämpfte sie vor Obergericht, dass in einem Gerichtsurteil die Geschädigten ebenfalls auf der ersten Seite im sogenannten Rubrum erscheinen, zusammen mit Angeklagtem, Ankläger, Staatsanwalt. »Die müssen ihren Platz bekommen, verdammt nochmal, Opfer sind ohnehin stets am Schluss.«

Heute belustigen sie solch antiquierte Sitten eher. Keine Prozessordnung legt die Reihenfolge fest. Logisch wäre doch, dass die Opfervertretung zuerst Fragen stellen kann. Als junge Anwältin geriet sie jeweils in Rage. Heute denkt sie: »Mein Gott, wo leben die? Dann warte ich halt. Der Gerichtssaal widerspiegelt unsere Gesellschaft.« Wäre sie nicht auch mal gern die Renommierte? Prominentenanwältin? Wirtschaftsanwältin? »Niemals!« Das wäre ihr ein Graus.

Viviane Lüdi wechselt nicht die Klientel, aber die Wände. Sie zieht in eine neue Attikawohnung am Hang des Üetlibergs. Hinten der Wald, vorne der Blick auf die Stadt. Mitten drin im Auf- und Umbruch, versteht sie auch jene Klienten besser, die eine Wohnung kaufen und sich dann scheiden lassen. Eine enorme Belastung neben der ohnehin strapaziösen Arbeit. Umtriebe, Diskussionen, Entscheidungen. Das Leben gerät aus den Fugen. Ein weites Feld für Beziehungskrisen, »am Schluss ist man so erledigt, dass man am liebsten bliebe, wo man ist«.

Sie wird es überstehen, humorvoll. Vielleicht ein paar Waldläufe mehr einschieben. Sich schliesslich freuen über den grösseren Kleiderschrank, die frisch bepflanzte Dachterrasse. Im Alter möchte sie einen botanischen Garten in Süditalien führen, unter Zitronenbäumen Berge von Kriminalromanen lesen. Malen. Selber einen Krimi schreiben. Könnte sein, dass in der Geschichte eine Hexe vorkommt ...

Quellen:
Brigitte Hürlimann: »Stark für die Schwachen«. In: Bruno Glaus / Karl Lüönd (Hsrg): *Läufer, Mietmaul, König. Anwälte an der Schnittstelle von Recht und Macht*, Zürich 2005
»Die Fetzen dürfen fliegen«. Interview von Beatrice Schlag, *Weltwoche* Nr. 22/2006
Daniel Ammann: »Überleben macht Spass«. Interview mit Dieter Behring, *Weltwoche* Nr. 15/2006

Wortakrobatin mit Prachtstimme

Dodo Hug

Sängerin, Kabarettistin, Schauspielerin

»I ma nümm, I ha gnue, I ma nümm, I wott Rueh / Ir Badwanne lige u nüt müesse tue ... Im Dezember 1992 hat Dodo Hug genug. Sie ist dauergestresst, ausgepumpt, einer Depression nahe. Ein kreatives Tief, einer ihrer ersten eigenen Songs entsteht, ein musikalischer Stossseufzer von irrwitzigem Tempo: »Scho wider ufschtah scho wider ässe scho wider abhocke scho wider gsässe scho wider furt und scho wider da scho wider cho und scho wider gah, scho wider flüge scho wider lüge scho wider z'vill und scho wider gnueg scho wider schaffe scho wider paffe scho wider gse und scho wider lueg! scho wider warte scho wieder hoffe scho wider laufe scho wider gloffe scho wider frei und scho wider bunde scho wider gsuecht und scho wider gfunde und scho wider Du!« 200 Vorstellungen mit »Mad Dodo« in knapp anderthalb Jahren – inklusive Weltausstellung in Sevilla. Sie ist 42. »I ma nümm«. Nicht »scho wider singe, bringe, räne, jufle, hetze, schtrite, schletze ...

In der Badewanne liegen, den Vögeln zuschauen. Nur keine Bühne, kein Publikum. Obwohl ihr Hanns Dieter Hüsch gerade den Deutschen Kleinkunstpreis überreicht. Die Gruppe »Mad Dodo« überzeugt »seit ihrer Gründung 1982 mit musikalischer Präzision und komödiantischer Interpretation«, rühmt die Jury, »begeistert mit überschäumender Sinnes- und Sangeslust und eröffnet durch sprachliche Vielfältigkeit, mimische Perfektion, parodistische und schauspielerische Mittel dem musikalischen Entertainment neue Dimensionen.«

Die neuen Dimensionen können Dodo Hug gestohlen werden; sie löst ihre Truppe auf. »Ich plane nicht viel in meinem Leben, ich gehe einfach rein.« Das lernte schon das Kind. Doris kommt am 12. Februar 1950 im Zeichen des Wassermanns zur Welt. Die Mutter, Bethli Zürcher, Serviertochter, der Vater, Ernst Hostettler, Musiker mit eigener Kapelle, spielt Akkordeon, Kontrabass, Hawaii-Gitarre etc. Heimatort ist Rüschegg in den Berner Voralpen, bereits im Mittelalter Treffpunkt der Gaukler und Fahrenden. Die Gemeinde war arm, und weil sie als eigenständige Kommune mehr Subventionen bekam, trennte sie sich 1860 von Guggisberg – damit vom schönsten, traurigsten Volkslied der deutschen Schweiz, dem »Vreneli ab em Guggisbärg«. Viele Rüschegger arbeiteten als Taglöhner, Hausierer, Korbflechter, Pfannen- und Kesselflicker. Doris' Vorfahren waren Täufer, vermutlich auch Jenische. Ein Grossvater schnitzte Flöten im Emmental.

Sie ist ein Jahr alt, als die Eltern sich trennen; der Vater hat sich in eine Solojodlerin aus dem Tirol verliebt; Doris wird ihn erst als Fünfzehnjährige kennen lernen. Vorerst lebt sie bei der Grossmutter mütterlicherseits. Die Beziehung ist innig und der Schock enorm, als die Dreieinhalbjährige von ihr weggerissen wird. Die Mutter hatte wieder geheiratet: Fritz Richard Hug, er ist Pöstler, bringt einen Buben mit. Doris mag den Stiefvater, 1957 bekommt sie seinen Namen, festgehalten auf einem A4-Blatt mit Stempel der Berner Regierung. Die Eltern ziehen mehrmals um; Doris lernt, mit dem unsteten Leben zurechtzukommen.

Dodle, Dodi, Dodo ruft sie die Mutter. Ein quirliges Kind. Ein kluges Kind. Liest, schreibt, rechnet im Kindergarten, langweilt sich in der Schule, spielt den Clown. Zur Strafe ein Wochenende eingesperrt, verschlingt die Zwölfjährige ihren ersten richtigen Roman und identifiziert sich mit dem Waisenkind *Jane Eyre* der Charlotte Brontë. Singt zu Radio und Schallplatten, kennt alle gängigen Schlager auswendig. Schwärmte schon im Kindergarten für Vico Torriani und Caterina Valente: »Caterina Valente wollte ich von allen am meisten sein. Weil sie singen und tanzen und mehrere Sprachen konnte.«

Früh übt sich. Die zwölfjährige »Hugine« (so nennen sie ihre Kameradinnen) sieht hinreissend aus auf dem Foto vom Schultheater in Birmensdorf: mit chicem Hut und keckem Blick. Die

schwierige Kindheit, das harte Regime der Mutter sieht man ihr nicht an. »Di rächt Erziehig« heisst das Stück, ausgerechnet. Ihr Lieblingslehrer Paul Labhard gesteht ihr Jahre später, wie leid es ihm tue, dass er sie nicht besser fördern konnte. Immerhin weckt er ihre Liebe zu Italien, bringt den Schülern Oliven und Kakis mit von seinen Reisen, schildert Landschaften und Städte. Doris hört gebannt zu – und merkt zum ersten Mal, dass sie eher darauf hört, *wie* jemand etwas sagt, als *was* er sagt. So ist es noch heute. Muss zweimal in die Vorstellung von Lorenz Keiser, weil sie vor lauter Beobachten den Text nicht mitbekommt. Peinlich, findet sie, diese »déformation professionelle«.

15-jährig, arbeitet der Teenager bei Claire und Walter Charpié-Helfer in Le Locle als Au-pair im Sechs-Personen-Haushalt mit Tankstelle. Sie singt an der Zapfsäule – »en Français, bien sûr«. »Tu possèdes un diamant«, sagt Madame, »mais il faut savoir le mettre en valeur!« Sie schickt das Mädchen ins Jugendmusiklager der Heilsarmee nach Adelboden; Doris lernt erste Gitarrengriffe.

An ein Musikstudium ist nicht zu denken. Mutter und Stiefvater führen ein Restaurant in Schindellegi, dann das Hotel Schwanen in Einsiedeln, erwarten, dass die Tochter anpackt oder singend die Gäste unterhält. So ist die kaufmännische Lehre nicht zu bewältigen; Doris muss sie aufgeben. Achtzehnjährig zieht sie aus, nach Bern, schlägt sich als Keramikmalerin, Serviertochter, Zahnarztgehilfin durchs Leben. Als Büroangestellte und Verkäuferin. Singt nebenbei in Altersheimen, Gefängnissen, auf Wohltätigkeitsveranstaltungen. Singt in allen Restaurants, an dessen Türen kein »Singen verboten« hängt. Verliert öfters die Stelle: Sie summt, sie trällert, sie singt zu viel.

Den jüngeren Berner Liedermachern ist sie zu wenig politisch, zu frech, zu eigenständig. Der Jazzmusiker Bruno Spoerri (*1935), Förderer der ersten Stunde, bringt sie 1972 mit Hans Peter Treichler zusammen. Ein Glücksfall. Zwei Jahre lang singt sie die »zweite Stimme« in Treichlers Programm: mittelalterliche Lieder, bevölkert von Landstreichern und Deserteuren, wackeren Dirnen und aufmüpfigen Bauern. Das erste Fotoshooting zeigt sie verträumt melancholisch. »An meinen freien Tagen mache ich immer noch den Beizenrundgang in Zürich und Bern mit Liedern aus zehn Ländern«, bemerkt Dodo Hug in ihrem Lebenslauf zuhanden des Radios.

Am 23. März 2007 ist der »Sternenkeller« in Rüti (Zürcher Oberland) bis auf den letzten Platz besetzt. Kerzen flackern auf schummriger Bühne. »Ohne Krimi geht der Jimmy nie ins Bett.« Dodo Hug eröffnet heiter: »Via Mala« ist das jüngste Programm, das erste thematische, ein erweitertes »Corpus delicti«, uraufgeführt an den Krimitagen Burgdorf 2004.

Via Mala, der üble, gefährliche Weg. »Schwarze Lieder, Detective songs und Canti di malavita.« Schräge Geschichten. Sie singt von Kindsmörderinnen und Zigeunerdramen, von kleinen Gaunern und handfesten Verbrechern, singt das Schlaflied für ein Hinter-Schloss-und-Riegel-Kind – »Stillepenn Schlufflied«. Singt Berndeutsch und Baseldeutsch, englisch, italienisch, französisch, jiddisch. Singt bündnerisch in Corin Curschellas »A mym Rhy«, die traurige Ballade vom verwunschenen Ort, wo einst eine dunkelhäutige Fremde mit vier Kindern vom rechtschaffenen »Gmaindrot« vertrieben wird und verzweifelt ihr Haus anzündet: »Us Füür und Flamma kunnt dä Gsang / So wunderbar schön, s macht Angscht und Bang. Es tönt nach Läba und Tod.«

Gefährliche Wege geht man besser nicht allein. Mit unterwegs auf der »Via Mala« sind Efisio Contini (Gitarre, Gesang) und Pascal Bruggisser (Piano, Akkordeon). Im neuen Porgramm »Kreis« will Dodo Hug wieder eine Frau mit dabei haben, am liebsten eine Instrumentalistin (Akkordeon, Piano), die auch singt.

Frauen prägten Dodo Hug: die Grossmutter, Caterina Valente, Madame Charpié. Christina Bauer, ihre langjährige Lieblingspartnerin. In neuen Mitspielerinnen suchte sie immer wieder Christina, die Freche, schlacksig Schnelle, die brillante Komödiantin, das Sprachtalent. »Wir waren sehr gegensätzlich, ergänzten uns aber ideal.« Ein Stück Bewunderung muss sein, damit die Zusammenarbeit funktioniert. Die Partnerinnen kommen aus Frankreich, Amerika, Brasilien, Tschechien, Bulgarien, Rumänien – »welche Chance, mit anderen Kulturen zu kommunizieren! Das brachte mich auf neue Wege«.

Es gab und gibt wichtige Männer: Ehemann Efisio Contini. Christoph Marthaler und Bruno Brandenberger, beide eine Zeitlang Lebenspartner. »Christoph verführte meine Ohren zu klassischer und neuer Musik und lehrte mich, Schräges und Komisches nicht nur als Blödsinn zu begreifen.« Bruno, klassisch geschulter Kontrabassist, vermittelte ihr den melodiösen Jazz, eröffnete die Welt der reinen Instrumentalmusik. »Bruno und ich waren ein tolles Team. Auch im gemeinsamen Arrangieren von Songs. Er hatte ein sicheres Gespür für die Reduktion. Wir waren ja nur zwei Frauen und ein Kontrabass. Und doch tönten wir nach viel mehr.«

Da ist auch Christof Stählin, Dichter, Schriftsteller, Liedermacher, Kabarettist aus Tübingen, »der ein Deutsch schreibt, das es schon fast nicht mehr gibt«. Der den eigenen Verlag »Nomen und Omen« in einem hohen Turm untergebracht hat und in einer spartanisch eingerichteten Kammer Lieder schreibt und neue Melodien spielt auf der Vihuela, einem Renaissance-Instrument. 2005 die Darmstädter Dichterschlacht (Poetry Slam) gewann. Dodo Hug singt Stählins Lieder, vertonte auch Texte – und legt mir seine Gedichtsammlung *Findelkinder* ans Herz.

Dodo Hug ist keine Turm-Eremitin. Ein Solo käme nicht in Frage. Sie mag »Ping-Pong-Arbeit«, lässt sich gern von anderen anregen. Will zuerst wissen, was sie mit jemandem verbindet, nicht, was sie trennt. »Wir kommen allein auf die Welt und gehen allein von der Welt, dazwischen haben wir gefälligst miteinander auszukommen.« Sie erfährt sich besser über ein Gegenüber. »Ich entdecke mich im Anderen.« Typisch Wassermann. Nicht fürs Alleinsein geschaffen. Zeichen der Bündnisse und Freundschaften. Zeit der Fastnacht, der Verwandlungs-Nacht, in der es sprüht und sprudelt. Freiheitsliebend, das ist sie schon, aber gesellig, warmherzig, und ohne Clique nur ein halber Mensch.

1974 gründet Dodo Hug mit den Musikern Pepe Solbach (Ex-»Minstrels«) und Christoph Marthaler (dem heutigen Theatermann) die Gruppe »TaroT« – und muss gleich zu Beginn vernichtende Kritik einstecken. Guido Bachmann (der Schriftsteller) verhöhnt die »drei Wagemutigen«: »Die von ihren Kollegen liebevoll ›Dodo‹ genannte Doris Hug, schon in Berns einschlägigen Beizen mit falsch gestimmter Gitarre und kopierten Liedern misslich aufgefallen, hat, gelinde gesagt, den Abend gänzlich verdorben. So etwas Dümmliches mit Augenzwinkern zum Publikum, das für Dodo errötete, habe ich früher nicht einmal an Pfadfinder-Uhas gesehen. Man müsste sie als gezinkte Karte aus dem Tarot-Spiel der Gruppe entfernen, sonst lebt dieselbe nur noch so lange, wie sie alt ist. Höchstens zwei Monate.«

Bachmanns Prophezeiung geht unter im Applaus. Das »TaroT«-Trio tingelt fünf Jahre durch Kneipen und Cafés und die jungen Schweizer Kleintheater. Eines Tages bittet Werner Wollenberger (der berühmte Zürcher Theatermann) Dodo Hug in sein Büro, er will ihre Karriere vorantreiben, versteht nicht, warum sie mit dem Trio ihre Zeit »verplempere«, ihr Talent »verschleudere«.

Dodo Hugs Karriere läuft von allein. Der Schauspieler Peter Brogle engagiert sie und Christoph Marthaler 1979 für seinen Lebenstraum, das Variété-Zelttheater »Schaubude«. Während der Proben passiert die Geschichte mit Fellini: Dodo Hug stand der Malerin Anna Keel Modell, der Gattin des Diogenes-Verlegers Daniel Keel. Vermittelt hat ihr Freund und Berater Thomas Bodmer, damals Lektor beim Verlag, der auch Federico Fellini edierte. Nun sucht der Filmregisseur für »Città delle donne« attraktive Frauen mit prominentem Hintern ... Sie sitzt dem Maestro gegenüber, sie gefällt ihm. Er will sie für eine kleine Rolle als weiblicher Clown. Mitten in den Proben zur »Schaubude« sagt sie schweren Herzens ab; die Arbeit mit »all den tollen Leuten« ist ihr wichtiger, als nach einer Woche sagen zu können: »Ich habe mit Fellini gearbeitet. So kann ich immerhin erzählen, ich hätte beinahe mit Fellini gearbeitet. Für die, die ihn kannten, war das nicht wenig.«

Acht Monate tourt sie mit »Peter Brogles Schaubude« durch die Schweiz. Die 380 Plätze sind fast immer ausverkauft. Die spezielle Mischung aus Theater, Musik, Komödiantik ist neu, das Leben im Wohnwagen gefällt der Sängerin mit Zigeunerblut. Sie kommt in Hochform. Singt Erik-Satie-Lieder in Marthalers neodadaistischer Collage »Indeed« am 1. Zürcher Theaterspektakel. Begeistert das Publikum im Zirkus Aladin als Komikerin mit dem antirassistischen Song »I'm in love with a Big Blue Frog«. Spielt unter Werner Düggelin im TV-Sommertheater in *König David, Die Schwarze Spinne, Die heilige Johanna auf dem Scheiterhaufen*. Dreht mit Christoph Marthaler »Glücksrabe und Pechritter«, den Einakter von Jacques Offenbach, in dem zwei Provinzler nach Wien fahren, um ein Glückslos einzulösen ... Gibt eine Spionin mit Mimen und Gauklern von Zampano's Variété im Film *Die Wandlung*. Verkörpert Madame und Monsieur Dodo in Marthalers zweitem »versponnen-irrigen« Satie-Abend: *Blanc et immobile* anlässlich von Harald Szeemanns »Gesamtkunstwerk«-Ausstellung.

1982 entsteht die Gruppe »Mad Dodo«. Den Namen erfinden Giuseppe Reichmuth (der Maler) und Christoph Marthaler. Dodo möchte es zunächst einfacher, »Sugus« oder »Little big band«, weil sie bloss zu dritt sind, weil der Name mit der Gruppe verknüpft sein soll, weil sie den Film *Little Big Man* so gern hat. Schliesslich gefällt ihr »Mad Dodo« doch, irgendwo zwischen Mad und Madame. Das Ensemble mit Christina Bauer und Bruno Brandenberger gewinnt 1985 den Kabarettpreis »Salzburger Stier«. Die Stuttgarter Zeitung sieht die Truppe »unterwegs zum Broadway«, die Westschweiz jubelt: »superbe, génial, grandiose. A vous couper le souffle, à vous faire hurler.« »Nur für Schwimmer« heisst das erste Programm. »Mon œil. Le spectacle de Mad dodo est un bain de jouvenance pour tous.«

1987 dann »Mad Dodo light«. Als »Schwergewichtige« dürfe sie ihr Programm durchaus so nennen. Es ist von komödiantischer Leichtigkeit. Damit ist sie mit Bruno Brandenberger und Lucy Novotny bis 1988 unterwegs. Ab 1991 musiziert »Mad Dodo« im Quartett: mit Gina Günthard, Marc Hänsenberger, Andrej Togni. Im Programm »De la musique à la folie« singt Dodo Hug ihr »Werbemärchen« »A man a woman a camera«: »Teuer smart mondän superb / schön schnell schlau / feminin farbig frech elegant / sportlich chic – ganz Frau / lässig zeitlos bunt aktuell / sanft zart mild / männlich zärtlich herb charmant / bequem harmonisch wild / Entspannt sein kann sehr spannend sein / Face Up – auf Knopfdruck / Lass Dich nicht verdriessen / Feeling haben – ein tolles Gefühl / Face Up – auf Knopfdruck / Unbeschwert geniessen / A man a woman a camera / made in paradise / a man a woman a camera / only for your eyes.«

Sie singt und singt – bis zum denkwürdigen I-ma-nümm-Tag im Dezember 1992. »Mac Dodo«, höhnt sie. Das Unternehmen hatte sich verselbständigt: zu aufgedunsen, zu kommerziell, zu klamaukig, zu schreierisch die Vermarktung. Und das Publikum grölte in zarte Lieder. In »Amour passé« (von Hardy Hepp für »Mad Dodo«): »Über den Strassen von ganz Paris / Zittert kein Wind und die Gedanken sie fliehen dahin / Je pense à mon père – je pense à ma mère / Je pense à ma sœur – je pense à mon frère. / La vie entière se tourne dans ma tête / Sur un bateau avec toi dans la mer / Wir stehn an der Reeling und schaun' in die Ferne / Am Himmel die Sterne Du mein und ich Dein / Und wieder bin ich in Paris auf der Strasse / Mutterseelenallein. / Das Glas vor mir steht leer, kein Verkehr, alles bleibt still / Der Kellner ist längst gegangen, muss es so sein, nur weil ich das so will / Vom Baume sinkt leise ein Blatt – Champs-Elysées / Der Sommer brennt über der Stadt – Amour passé …

Dodo Hug will wieder ernst genommen werden als Musikerin; im Februar 1993 löst sie »Mad Dodo« auf. »Dodo will nicht mehr mad sein«, bedauert Musikjournalist Bänz Friedli in der *Berner Zeitung*. Sie sei keine Songwriterin und »I ma nümm« bloss eine »kabarettistische Montage«. Die *NZZ* analysiert »das Missverständnis« um Dodo Hug. »Es ist das Drama der begabten Komödiantin, die im Lachen ihre feinen Nuancen, ihre musikalische Vielschichtigkeit vergessen macht. Dabei ist ihr – sich selbst die strengste Kritikerin – schenkelklopfender Sauglattismus ein Greuel.« 1994 erscheint Dodo Hugs erste Solo-CD. Zwei Jahre später erhält sie die goldene CD für je 25 000 verkaufte Exemplare: »Mad Dodo. De la musique à la folie« und die Solo-CD »Ora siamo now« mit dem Strassenfeger »I ma nümm« …

Dodo Hug empfängt mich in ihrer Jugendstil-Wohnung an der Zürcher Waffenplatzstrasse. Seit 33 Jahren wohnt sie mit Unterbrüchen hier, erst zuoberst in der eigenen Künstler- und Bohème-WG, dann einen Stock tiefer, noch immer WG. Seit 1993 im 1. Stock, allein mit Bühnen- und Lebenspartner Efisio Contini. Sie macht uns einen Capuccino: Lavazza, mit Kakaopulver und einem Hauch Zimt. »Liberté Légalité Café! Est-ce que le monde va s'écrouler si on le prive de café?« Mit dem Café-Song wollte sie »mal eine Hypothese aufstellen« – und sähe diese »allzu gerne« wahr werden: Was geschähe, wenn auf der ganzen Welt kein Kaffee mehr flösse? Dodo Hug kann sich »kindisch freuen über eine solche Fantasie«. »Warum immer Tabak, Drogen, Alkohol? Warum nicht einfach Koffein?« – »Stellet nech vor, es gäb kes Kaffee meh! Nid emal es Milchkaffee!«

Das stelle ich mir lieber nicht vor. Der Capuccino duftet und die Gastgeberin erzählt. Bildhaft, sprunghaft. Verliert ab und zu den Faden. Wechselt von einem Dialekt zum andern, je nachdem, wo wir geografisch gerade sind. »Ich bin eine assoziative Person. Mir wachsen die Bäume in den Himmel. Der Wunsch mag etwas Kindliches haben, in meinen Gedanken, meiner Kreativität nicht gehorchen zu müssen.«

Derzeit müht Dodo Hug sich mit der Realität ab: neues Management instruieren, Homepage aktualisieren, Auftritte organisieren. Das schmerzende Knie kurieren. Anklänge an »I ma nümm«? Nein, nur ein paar Irritationen: Eine Agentin betrachtet sie als zu alt für eine Deutschlandtour. Junge Musiker verbinden nichts mit ihrem Namen. Literatur wird als Wettbewerb inszeniert, Theatersport füllt die Säle. Die geschriebene Sprache verludert. Das Tempo nimmt zu. Marketing wird betrieben, bevor musikalische Ideen da sind. (»Es braucht doch auch Lebens-Zeit, um Neues zu entwickeln.«) Medien bestimmen zunehmend, wer und was gut ist – Angepasstes, Mehrheitsfähiges. (»Wenn du nicht bekannt bist, bist du auch nicht gut.«) Eine egoleptische Zeit, konstatiert Dodo Hug, sie finde »gopferteli« manchmal mehr Moral bei den Vögeln.

Sie wünscht sich mehr aufbauende Kritik, Journalisten, die sich auskennen, über Wörter verfügen. Wie Felix Reich: »Dodo Hug ist eine Wundertüte. Für jede Sprache zaubert sie eine neue Stimme aufs Parkett, sie gluckst, scharwenzelt, schmachtet, liebt und flunkert. Komödiantisch, leichtfüssig und in bewundernswerter Unaufdringlichkeit jubelt Hug dem Publikum Wahrheiten und Denkanstössigkeiten unter. Sie hat kein Kommentieren nötig, ihr reicht allein die Sprache und das Zerpflücken, Sezieren, Durcheinanderschütteln der einzelnen Worte und Begriffe.«

Die Sprachartistin. Schnappt lustvoll nach Wörterschlangen wie »otorhinolaryngologisches Phänomen«. Oder »traumatisch-zentral-nervös bedingte Augenmuskelmotilitätsstörung«. »Wahnsinn«, diese medizinischen Ausdrücke. Dodo, der Ohrenmensch. Hört zu und imitiert wie der kleine Angestellte Leonard Zelig im Woody-Allen-Film, der sich chamäleongleich den Leuten anpasst, mit denen er gerade zusammen ist. Sie leidet unter der Folter, die das Ohr, »das Weibliche, Rezeptive«, heute traktiert – nicht zuletzt mit Radioschrott. Just ihr Lieblingsmedium, mit dem sie aufgewachsen ist, bedient das Publikum mit computerprogrammierten Mainstream-Konserven. »Radio Umpa« nennt es Efisio, immerzu fröhlich lüpfig: »Umpa, umpa, umpa, umpa«. Nur nicht innehalten oder gar reflektieren.

Doch Madame ist eine Kämpferin: kratzbürstig, unbequem, direkt. Was solls, wenn sie mit ihrer Fülle nicht dem gängigen Schönheitsideal entspricht. »Ich bin ein Typ.« Dass ein Journalist sie als »Unterhaltungs-Buddha« apostrophiert, gefällt ihr. »Wunderbar, wenn ich auf buddhistischem Niveau unterhalten kann.« In die Kirche geht sie nicht. Sie wäre gern katholisch gewesen früher, weil da mehr »Fleisch am Knochen« ist. Das Heidnische gefällt ihr, die Kostüme, der Tand. Natürlich stört sie »der viele Stutz und das Alleinseligmachende der Kirche«. Aber sie denkt gern nach über Gott und die Welt.

Erst aber kocht sie ein kleines, feines Mittagessen. Karottensalat mit Orange, Linguine mit frischem Pesto aus der Küche ihres Pianisten Pascal Bruggisser. Erzählt als makabre Tischgeschichte von der deutschen Erstaufführung des Musicals »Non(n)sens«, der Köchin, die Gift ins Essen mischt und sämtliche Nonnen ins Jenseits befördert. Um alle Schwestern beerdigen zu können, gibt es eine Benefizvorstellung, in der Dodo Hug alias Schwester Maria Hubert den Gospel »I'm holier than thou« singt.

Im Publikum sitzt ein begeisterter Christoph Marthaler und wird sie später bitten, das Volkslied »Dr Aetti« auf diese Art in seinem Heimatabend zur Jubiläumsfeier »700 Jahre Eidgenossenschaft« vorzutragen (»Stägeli uf, Stägeli ab, juhee!«). »Üseren Aetti das er täti / Mit sim Chueli und sim Schtierli / Vor sis ganze Ländeli schtah / Är cha Chübel u Bräntele mache / S bruucht e Ma zu serigne Sache / Üseren Aetti isch e brave Ma / Wie mers keine finde cha …«

Dodo Hug darf den Schweizern auch in »Prohelvetia« den Spiegel vorhalten, schlafend auf der Bühne, zusammen mit neun schlafenden Schauspielerkollegen. Sie spielt im Film »Kinder der Landstrasse«. Tritt im chinesischen Kunming mit

Corin Curschellas und Orna Ralston als Chorsängerin für den Rockmusiker Hardy Hepp auf. Highlights der 90er Jahre.

Für ihre eigenen Programme sucht sie vieldeutige Titel wie »Câméléon«, »Kiné kinà kinò« (sardisch: »Wer hat hier Nein gesagt?«). »Ora siamo now«. »Kaleidoskop« (Kaleidofon die CD). »Hugability«, das sie, anders als man denkt, als »HUG-ABILITY« auf einem farbigen Tuch aus Jamaica entdeckte. Das Programm 2008 heisst »Kreis«. Chreis, Circle, Cercle. Seit ihrer Irlandreise vor zwei Jahren ist sie beeindruckt vom Kreis, dem Symbol der Kelten, von ihrem Kreuz, bei dem ein Kreis das symmetrische Kreuz überlagert. »Sinnbild für die Ganzheit des Universums. Das Kreuz den Christen, der Kreis den Kelten.«

Ganz fühlt sich Dodo Hug mit Efisio Contini. Sie erinnert sich, wie sie nach dem »Salzburger Stier« immer mit ›Herr Dodo Hug‹ angeschrieben wurde und sich fragte, »ob die Salzburger wissen, wem sie ihre Preise verleihen«. Auch der Sarde Efisio Contini war überzeugt, Dodo sei ein Mann – das O am Ende. Sie begegnet ihm 1993. Der Gitarrist, Sänger, Komponist ist mit seiner sardisch-schweizerischen New-Folk-Gruppe »Acanto« unterwegs. 1995 feiern sie Hochzeit. Die »sehr grosse Liebe«, sagt Dodo Hug. Ein »grossartiger Musiker« dazu. Efisio, ein paar Jahre jünger, aber gefasster, nachdenklicher als sie, der »Luftibus und Gispel«. Der Altersunterschied gleicht sich prima aus. »Eine Seele sucht eine Seele, mit der sie seelenruhig selig sein kann – dann und wann« (Cosmetic Emotion, 1994).

Sie schreiben und komponieren gemeinsam. Manchmal textet sie und er komponiert: »Oft bekommt ein Chansontext erst durch die Musik eine Seele.« Manchmal schreibt er den ganzen Song für seine Frau, wie die »Tarantella sbilenca«, die schräge Tarantella mit dem ungeraden Rhythmus. Schreibt ein Lied für sie beide. Assoziativ auch in der Arbeit, geht Dodo Hug bei ihren Liedern nicht von gradlinigen Geschichten aus. Im Übrigen singt sie immer noch lieber ein gutes fremdes Lied als ein schlechtes eigenes. Natürlich gibt es Auseinandersetzungen mit dem Gatten, vor allem in der Arbeit. Sie hat zehn Jahre mehr Erfahrung, auch länger einen Namen, doch lebensklug genug, trampeln sich die beiden nicht in ihre Gärten.

Zum 30. Jubiläum gratuliert die *NZZ* der »Grande Dame der Schweizer Kleinkunst«. Dabei fühlt sie sich noch immer »weich, offen, formbar«. »Ich habe nie aufgehört, Kind zu sein.« Die Gegenwelt will sie à tout prix erhalten. Was nicht so schwierig ist. Die Sprachjongleurin spielt auch mit anderem leidenschaftlich gern, von Minigolf bis Scrabble. Eigene Kinder fehlen ihr nicht; »es hat sich nicht ergeben«. Sie ertappt sich zwar ab und zu bei einem Je-dieses-herzige-Kind-Ausruf. Und erzählt mit Herzblut die Geschichte vom »Äntli Gundula« (Text Rosalina Zweifel), das sich den gegebenen Umständen nicht fügen mag und wunderfitzig die Welt erkundet. Sie schrieb die Songtexte, Efisio die Musik dazu, jedem Tier sein eigenes Lied: frech, verträumt, verrückt, philosophisch. Ein Lied für die gefährliche Ratte, die pfiffige Maus, vornehme Amsel, für den geheimnisvollen Papagei, die verzauberte Flamingodame, das Wetter-Froschmädchen Quika. »S'Glück isch schtumm & schtill / Wänn aber eine will / So chönnt er s'Glück au singe / Chönnt s'Glücklichsi la klinge / Dänn isch's nümm schtumm & schtill. / S'Glück isch fiin & liislig / Und au chli paradieslig / Drum chasches nöd go sueche / Du gumpsch nie eifach dri / Nu parat muesch si. / S'Glück isch chugelrund / Und dreiht sich glich wie d'Wält / D'Fortuna isch e Frau / Wo's do und deet verteilt ...«

»Für Ente und Frosch ist Dodo Hugs Stimme geradezu prädestiniert«, schreibt der *Tages-Anzeiger*, »auch das Mäuschen oder die Flamingodame Jasmina mit ihrem französischen Akzent mimt die Stimmvirtuosin brillant.« Trotz spannender Abenteuer erzählt Dodo Hug mit »wohltuender Seelenruhe«, entengemütlich eben.

Dodo Hug – jetzt auch eine Märlitante. Sie versteht sich schliesslich als »Vielsittich«. Tut »lieber etwas vielseitig, als vieles einseitig«. Multidimensional, nirgends richtig daheim, für Musiker eine Schauspielerin, für Schauspieler eine Musikerin, für Intellektuelle »zu wild«, zu wenig gradlinig. Einmal dirigiert der Kopf, ein andermal der Bauch. Sie ist unfassbar und deshalb manchen suspekt. Erstrebenswert findet sie »eine gewisse Gradlinigkeit, die verschiedene Einflüsse zulässt«. Schwierig.

Die Sängerin und Schauspielerin sammelt Musik aus aller Welt, Volksmusik, Chansons, Jazz, Blues. Sammelt Sprachen frei nach Tolstoi: »Mit jeder Sprache erwirbt man eine neue Seele.« Sammelt ihre Abschminktüchlein und erhebt sie zur »Cosmetic Art«. Sammelte als Kind mit ihrem Bruder leere Flaschen an den sonntäglichen Fussballnachmittagen im Zürcher Hardturmstadion. Der Erlös zerfloss als Wasserglace.

Eine Freundin erklärt ihre diversen Talente spirituell; Dodo wäre vor ihrer Geburt lange Zeit in einem sogenannten Deva gewesen, einem gottähnlichen Zustand, um den richtigen Zeitpunkt der Inkarnation abzuwarten. »Interessant«, findet Dodo Hug, auch ihr Horoskop zeigt die Sonne-Jupiter-Konjunktion im zehnten Haus. »I weiss nid, wär i bi / I weiss nid, was ich cha.« Hebt sie an zum alten kleinen Liebeslied aus Riggisberg, wird klar, wie viel sie kann.

Franz Hohler sieht Dodo Hug als »die Sängerin, die gar nichts anderes sein kann als Sängerin, egal, ob sie Krankenschwester, Lehrerin, Schuhverkäuferin oder Psychotherapeutin gelernt hat.« Sie habe einen Auftrag dazu, nämlich ihre Stimme, »die nicht nur aus ihr selbst heraus kommt, sondern die sozusagen an das Weltlied angeschlossen ist, oder an die Welt als Lied. Was soll das Lied, was kann das Lied, was bewirkt das Lied, was bedeutet das Lied in der Gesellschaft, hat das Lied heute noch eine Funktion – alle diese Fragen erlöschen, wenn man eine wirkliche Sängerin hört, wie Dodo eine ist. Egal in welcher Sprache sie singt, sie singt immer in unserer Muttersprache.«

2006 erscheint ihr Geschenk- und Werkbuch »madâme dodo. Chamäleondame – Annäherungen an einen Paradiesvogel«, illustriert mit herrlichen Fotos, köstlichen Anekdoten: Eine ältere Dame spricht Dodo Hug an der Bushaltestelle an: »Sind sie nid s Gardi Hutter?« Dodo schmunzelt, verneint. Die Dame ist hartnäckig: »Gälezi, Sie sind doch s Gardi Hutter, Sie wänds nur nid säge.« Wer die beiden nebeneinander sieht auf dem Foto von 1992, versteht die Frau. Die blonden Haare, das breite herzliche Lachen. »Als ich anfing, war Dodo schon da. Ganz sie und ganz Prachtstimme.« Was Gardi Hutter am meisten beeindruckt, ist »ihre Frechheit, allen gängigen und engstirnigen Showbiz-

Schönheitsnormen zum Trotz, sich als schön und sinnlich auf der Bühne zu behaupten und ganz selbstverständlich auch zu gewinnen.«

Dodo Hug wird weitersingen. Humor und Neugierde bewahren. Endlich Noten lesen, vielleicht Akkordeon spielen lernen. Öfter in Italien auftreten, wo der »artista« ein roter Teppich ausgebreitet wird. Seit kurzem ist sie schweizerisch-italienische Doppelbürgerin. »Mein Leben ist im Laufe des Lebens immer besser geworden.« Manchmal singt Dodo Hug auch für sich allein.

Quellen

Madâme Dodo. Die Chamäleondame – Annäherungen an einen Paradiesvogel, Romanshorn 2006. www.viamala-verlag.ch.

Christian Pfluger: »Dodo Hug«, in: *du*. Die Zeitschrift der Kultur, Heft 7, Zürich 1993

www.dodohug.ch

Die Planerin des Unplanbaren

Katja Schenker

Performerin

Sie jätet tagelang Unkraut an der prallen Sonne. Näht in acht Stunden einen Fallschirm zum Rettungsring. Verteilt täglich sieben Tonnen Teer auf einen Innenhof. Verlegt eigenhändig 8000 Keramikplatten. Zeichnet feinste Linien auf Papier. Feilt Monate an ein paar Zeilen Prosa. Katja Schenker: Feinarbeiterin, Schwerarbeiterin. Eine Künstlerin, die mit dem Körper denkt.

2002 gestaltet sie auf der Zürichseeinsel Ufenau einen Garten auf Zeit, verwandelt ein Stück Landwirtschaftszone in einen Kunstraum. Von Pflanzen hat Katja Schenker keine Ahnung, aber präzise Vorstellungen von »Stimmungsräumen«, Formen, Farben. Und einen Gärtner zur Seite, »der alles kann«. Die Ahnungslose kniet sich in die Materie, fängt Feuer, brennend interessiert, das Wesen eines Ortes zu erfassen, zu akzentuieren, auf ihre Art zu interpretieren. »Ich stelle mir eine grosse Kuppel vor, die nach aussen einen Schleier trägt.« So spricht sie mit dem Gärtner! Christian Röthlisberger ist »Gott sei Dank« der richtige Gärtner. Ein Gartenbauunternehmer aus Bern mit Sinn für unkonventionelle Projekte, Freude an künstlerischen Prozessen. Katja Schenker verwandelt die Ostseite der Insel in eine Fantasiewelt von Gemüsen und Blumen. Mit zwei begehbaren Spiralen, Hexengarten und Kräutergarten.

Spiralen zeichnen ist keine Kunst; dafür gibt es Zirkel. Im unebenen Gelände Kreise pflügen hingegen eine zirzensische Übung. Bis nur erst alle Geräte auf der Insel sind, bei Wind und Wetter, im kleinen Boot. Einen Teil der Pflanzen ziehen Gärtner und Elevin im Treibhaus. Katja Schenker sät Getreide, steckt Stangenbohnen und Winden. Platziert aussen die Schleierpflanzen: Kamille, Fenchel, Dill, Jungfer im Grünen, zur Kreis-

mitte dann Sommerflor. Gegen innen wird der Blumen-Streifen breiter, der Schleier schmaler. Sie bepflanzt den Hexengarten mit Erbsen, Hanf, Nachtkerzen, Disteln. Legt hangwärts einen Kräutergarten an.

Der Juni ist extrem heiss und trocken. Sie muss giessen und nochmals giessen, eine Bewässerung installieren, nicht einfach, bei diesen Ausmassen. Als auf den fünf Hektaren endlich alles wächst, spriesst auch das Unkraut, mischt sich unverfroren ins Konzept, stört, verändert. Katja Schenker jätet tagelang bei dreissig Grad, Freiwillige helfen, es sind zu wenige. Als die Stangenbohnen in die Höhe schiessen, wachsen die Spiralen zum »Irrgarten«. Es duftet, summt, leuchtet, wogt – genau, wie sie es sich vorgestellt hat. Die verwandelte Insel verzaubert Zehntausende. Die Besucher kreisen durch Schenkers Labyrinth, flanieren, rennen, spielen. Spazieren um die 88 Sommerflor-Rondellen, bunte »Smarties«, die Künstlerkollegin Chantal Michel im Westen der Insel auf die Wiese gesetzt hat.

Drei, vier Tage in der Woche gärtnert Katja Schenker auf der Ufenau. Eine »wunderbare Lehre« – und der Arbeitsweg per

Schiff. Am Ende des Sommers weiss sie, dass gepflegt sein will, was prächtig wild aussehen soll. Irgendwann übernimmt die Natur die Gestaltung. Die Blumen verblühen, die Peformance geht zu Ende. Hinter dem Projekt »Flower Power« steht »Perforum«, eine Abteilung des Seedamm-Kulturzentrums Pfäffikon, die sich »mit Theorie und Praxis der Performance in Geschichte und Gegenwart« beschäftigt.

Zehntausend entzückte Besucher. Euphorische Medien. Katja Schenker ist im Gespräch. Dabei ist ihr Berufsweg so gewunden wie ihre labyrinthische Insel-Inszenierung, wie die Pfade durch ihren Hexengarten. Nie hätte sie gedacht, eines Tages Kunst zu machen, schon gar nicht Performance, erst recht nicht Gartenanlagen.

Künstlerin? Das war für die anderen, für die Mutter, Lucie Schenker, für Schwester Anina, für Cousine Cinzia Susanna. Sie sind die Künstlerinnen der Familie. Katja interessierte sich vor allem für Sport. Spielte Volleyball ab elf Jahren, erst in St. Gallen, wechselte mit achtzehn in die Westschweiz, trainierte bei »Lausanne Université Club«, schloss die Mittelschule auf französisch ab. Wollte Sport studieren. Trainierte, trainierte, spielte noch ein Jahr im B-Kader der Nationalmannschaft – und gab von einem Tag auf den andern auf. Als sie zwölf Jahre später erstmals wieder einen Volleyball in Händen hielt, realisierte sie, wie sehr der Sport zu ihr gehört. Heute trainiert sie Yoga, Ausdauer, fährt Snowboard und Ski.

Aber damals, 1989, was soll nun Ziel sein? Kunst, seit je vertraut durch die Arbeit der Mutter, die familiären Diskussionen, die Ausstellungen, interessiert sie enorm. Kunst *studieren* ist tabu. Sie entschliesst sich für Kunstgeschichte in Zürich. Bildhauer Felix Müller holt sie in den Vorstand der Kunsthalle St. Gallen, ermuntert sie, selber eine Ausstellung zu kuratieren. Das Vertrauen beflügelt; Katja Schenker präsentiert zwischen 1989 und 1992 die Münchnerin Patricia London Ante Paris, den Aargauer Eric Hattan, und zusammen mit Jean-Luc Manz sechs Westschweizer Künstler. Ihr Geld verdient sie sich vor allem in der Zürcher »Buchhandlung am Kunsthaus«, arbeitet zwischen zwanzig und hundert Prozent, erst bei René Moser (der im Porträt »Milena Moser« eine Rolle spielt, Seite 159), dann bei Andrea Kempter und Susanne Giezendanner.

Im Fach Kunstgeschichte fühlt sie sich »neben den Schuhen«; dieses Verhältnis zur Kunst, rein betrachtend, objektivierend, ist ihr fremd. Dank einem Stipendium der Zürcher Stiftung Binz39 entkommt sie für ein halbes Jahr nach Scuol, »mein erstes eigenes Atelier«. Zurück an der Uni begeistert sie sich für Komparatistik, vertieft sich in Philosophie. Denkt in ihrer Abschlussarbeit über »Bildtitel« nach: »Wie kann man über Kunst reden? Was passiert, wenn Sprache zum Bild kommt?« Katja Schenker macht es sich nicht einfach. Weil sie kein Material findet, muss sie ihre »Privatphilosophie« entwickeln. Das passt ihr, das passt zu ihr. Auf diese Weise arbeitet sie sich durchs Studium, wählt Themen, »zu denen ich meine Meinung äussern, meine eigene Methode, meine eigenen Spiele entwickeln konnte«. Einen Weg zum eigenen Werk findet sie nicht. Obschon sie bei allem, was sie tut, immerzu denkt, »ich möchte selber etwas machen«.

Die Sperrzone »bildnerisches Gestalten« umgeht sie schreibend. Nimmt erfolgreich teil an Literaturwettbewerben, liest 1999 am »Holozän-Wettbewerb« (initiiert von Adolf Muschg). 1997–1999 entsteht die Arbeit »loops«, Farbstift auf Papier und Schrift. Zum Beispiel »Beine«: »Von Ferne habe ich eine Frau gesehen. Sie hinkte und kam durch ihr Gebrechen kaum voran. Auch war sie alt und beinahe ein bisschen buckelig. Der dünne Leib zitterte, wenn sie den einen Fuss hob, um ihn vorsichtig und sehr langsam vor den anderen zu stellen, als ob ihr bei dieser einfachsten Bewegung schon etwas zustossen könnte. Das Auffallendste an ihrer Erscheinung aber war, dass sie einen gekippten Stuhl an der Lehne hielt und nach sich zog, während die andere Hand vorne einen Stock über den Asphalt schob, ohne dass er ihr als Stütze diente.« Eine Performance in Worten.

1997 schliesst sie ihr Studium ab, engagiert sich noch ein Jahr als Assistentin bei Peter Cornelius Claussen (Kunstgeschichte des Mittelalters), erfüllt einen Lehrauftrag an der Zürcher Hochschule für Gestaltung und Kunst – und meldet sich hier, »ohne die Konsequenzen zu bedenken«, 1999 zum Studium an. Im Moment der Anmeldung ist ihr klar, sie wird nicht mehr zur

Schule gehen. Aber diesen »Starter« braucht sie, um »Sicherheit« zu gewinnen, denn sie beendet zum zweiten Mal einen Weg, auf dem sie als Wissenschaftlerin und Kuratorin immerhin ein paar Erfahrungen gesammelt hat.

Farbstiftzeichnungen entstehen. »Es ist nichts«, denkt sie, »nichts, verglichen mit dem, was ich mir jahrelang anschaute in den Galerien und Museen, aber es ist ein Anfang.« Dass sie weitermacht, ist die einzige Veränderung zu früher, als ein Das-ist-nichts-Gefühl bereits das Ende war. Aus dem »Nichts« wird etwas. Rasch sogar. Für die Kunstgewerbeschule bleibt keine Zeit.

Als hätte das Zögern vieles aufgestaut, als hätten die Aussteller nur auf sie gewartet. Ihren Einstand gibt sie 1999 an der Gruppenausstellung »Circuit« in Lausanne (»Zufall!«). Als der Kurator sie nach einer Performance-Künstlerin fragt, druckst Katja Schenker herum, meint, sie hätte eine Idee, beschreibt sie, bekommt den Auftrag, hängt auf, verliert den Mut, sagt wieder ab – und wieder zu, dank guten Worten und der Vorstellung: »In Lausanne kennt dich eh niemand.«

Die Performance nennt sie »reizen«. Im Raum steht eine Gestalt in Menschengrösse; bedeckt mit Stoff, erinnert an »Mäntel«. Katja Schenker, das Publikum im Rücken, geht auf das Gegenüber zu, umarmt es, greift den obersten Stoff von hinten, zerreisst ihn, läuft rückwärts und wirft ihn hinter sich. Wieder der Gang zur Gestalt, die Umarmung, das Zerreissen, das Werfen. Es sind verschiedenartige Stoffe, matte, glänzende, feste, zarte. Sie zerreisst sie mal in der Luft, mal am Körper. Jeder Stoff tönt anders. Am Schluss liegt ein Farbfeld hinter ihr, die »Gestalt« entpuppt sich als Spiegel, er spiegelt Künstlerin, Publikum, Farbfeld. Das Publikum, zwanzig Minuten gebannt, entspannt sich, kommt nach vorn, will alles anfassen. Was Katja Schenker hier zum ersten Mal fasziniert beobachtet, passiert fortan nach jeder Performance.

Ein Jahr später baut sie im Eisenwerk Frauenfeld vier Tage lang ein Gebäude aus Fensterglas und Glaswaren (Flaschen, Kristallvasen), kreisförmig angeordnet und so hoch, wie sie hinaufreichen kann. Durch ein Eintrittsloch kriecht sie ins Innere der Glasskulptur, stülpt sich einen Helm über mit Sichtschutz, zieht ein Paar Arbeitshandschuhe an. Hebt den Reif, von dem aus breite Bänder unter den Glasaufbau führen. Versucht, die Bänder unter den Gläsern wegzuziehen. Zehn Minuten lang ringt sie mit der Architektur, die »wahnsinnig schwer ist und viel stabiler, als ich dachte«, bis alle Glastürme eingestürzt sind.

Stabiler, als sie dachte? Ob Stoff, Glas, Pflanzen: Katja Schenker spielt mit dem Eigensinn des Materials, weiss nie genau, wie es dann reagiert. Sie testet das eine und andere aus, eine Probe-Performance wäre zu aufwendig, der Verschleiss zu gross. Ein Spiel mit Unbekannten. Schon für eine Performance ist der Aufwand enorm. Doch wo immer sie anklopft, die Fabrikanten und Unternehmer sind neugierig, die Begegnungen fruchtbar. Vetropack in Embrach schenkte ihr Hunderte von Flaschen, eine Glasfirma das Fensterglas, Sarner Kristall grünschimmernde Vasen, Glashandel Alpnach über tausend Gläser.

Zum 125-Jahr-Jubliäum der Zürcher Hochschule für Gestaltung und Kunst besetzt sie im Sommer 2000 die Wiese vor dem Museum. Sie trägt drei vorbereitete Pakete hin, entfaltet ein oranges, ein blaues, ein hautfarbenes Tuch, 80, 100 und 150 Quadratmeter – und treibt mit »hodlerschem Schlag« einen Pfahl durch den Seidenstoff, verankert das Ganze in der Mitte – eine Bleibe für diese Festnacht, ein Ort zum Schlafen, Filme gucken, picknicken. Wer mag, legt sich unter den Stoff. Anderntags trägt sie die drei Pakete wieder nach Hause.

Im Jahr darauf bekommt sie buchstäblich »weiche Knie« in der Kunsthalle Zürich. Sie sitzt auf einem Stuhl. Sechs Leute hatten vorher ihre Beine mit 50 Kilo Wolle umwickelt, als würden sie einen Pompon fabrizieren à la Skimütze oder Tigerfinkli (dort wird ein Kartonring umwickelt, hier die Beine der Künstlerin). Das Aufschneiden ist die Performance. Sie schneidet eine halbe Stunde lang mit Messer und Schere. Die Angst des Publikums ist spürbar, doch sie steht unversehrt auf – am Boden liegt ein eigenständiges Objekt, ein riesiger, bunter, weicher Pompon.

Katja Schenker kommt in Hochform, gewinnt drei Jahre hintereinander das Eidgenössische Kunststipendium. Nicht ein-

Performance »durchtrieben«. Swiss Art Awards 2003

fach, ein Instant-Kunstwerk zu bieten. Die neun Juroren müssen hundert Werke bewerten. Die Performerin denkt sich deshalb eine längere Arbeit aus: »durchtrieben«. Sie dauert dreieinhalb Stunden, die Experten kommen ab und zu vorbei. 150 Meter Stoff liegen zum Stapel gefaltet am Boden. Sie ergreift den Anfangszipfel, von dieser Stelle aus gibt sie den Impuls. Das Gebilde wächst und wuchert. Der Stoff verdichtet, verdreht sich so, dass die harten Schlaufen zu bersten drohen. »Eine einfache Bewegung, leichtfertig begonnen und stets fortgesetzt, nimmt unvorhersehbare Dimensionen an. Dennoch bleiben sie im Rahmen meiner physischen Kapazität.« Am Schluss verknüpft sie Anfang und Ende, »Energie und Spannung sind konzentriert.«

Sie hatte keine Ahnung, wie das Abenteuer ausgehen wird, ob sie das kontinuierliche Drehen und Heben der zwanzig Kilo Stoff bewältigt. Ein Kraftakt sondergleichen. Die einstige Spitzensportlerin ist am Werk. Natürlich denkt sie manchmal darüber nach, wie ihr Leben aussähe, hätte sie Sport studiert. »Vermutlich wäre ich auch bei der Performance gelandet. Die ganze Unruhe, die in mir ist, muss einen Kanal finden, sonst bleibt es einfach Unruhe.«

Sie findet diverse Kanäle – doch ihre kürzeste Performance ist mehr Poem als Kraftakt. Dauert zwei Minuten. Sie sitzt auf einem Hocker, ganz in weiss gekleidet, den Kopf schwer in die Hände gestützt. Die Kapuze der transparenten Haut ist mit zehn Kilo rotem Granulat gefüllt. »Wenn ich mich erhebe und den Kopf langsam aufrichte, beginnt die Röte den Körper hinunterzufliessen, stürzt, reisst mit – erregendes Fliessen! – bis sie sich legt, in neuer Position. Der rote Kreis um meine Füsse bietet Halt.« »Aufstand« nennt sie die Performance doppeldeutig. Feministisches Manifest? Blutwunder? Menstruation? Geburt? Schamröte, die besser zu Füssen liegt, als den Kopf bedrängt?

Die längste Performance erinnert an ein Ausdauertraining. Sie absolviert es an der Art 2006. Sitzt im ärmellosen weissen T-Shirt, die schwarzen Haare aufgesteckt, in der Mitte eines weissen Fallschirms auf einem weissen Drehstuhl, und näht mit rotem und weissem Baumwollgarn im Knopflochstich immer zehn Zentimeter Stoff zusammen, näht geschlagene acht Stunden »wie eine Gepickte«, bis der ganze Fallschirm vernäht ist, steht auf, nimmt den Stuhl – am Boden liegt ein Rettungsring. »sauvée«! Eine Metamorphose.

Was denkt sie während ihren kurzen, meist langen Performance-Abenteuern? »An die Arbeit.« Nach sechs Stunden Nähen an die schmerzenden Finger. Ein Video dokumentiert den Marathon. Die Künstlerin wirkt konzentriert, geschickt. Kein Blutstropfen auf der weissen Fallschirmseide. Assoziieren lässt sich vieles. Drama von Federico García Lorca. Riesen Hochzeitskleid. Mit abnehmender Stofffülle eine hockend Gebärende. Entschlüpft sie dem Hochzeitskleid? Rettet sich aus der Enge? Aus Bindungen? Während der epischen acht Stunden geht der

Betrachterin manches durch den Kopf: Beschauliches, Bedrohliches. Man kann sich der suggestiv schlichten Schönheit auch einfach ergeben– nichts denken, »sauvée«!

Katja Schenker treibt ein irritierendes Spiel mit Materialien, mit ihrem Körper, mit schwer und leicht, gewalttätig und sanft, zerstörerisch und schöpferisch. Aus Fallschirm wird Rettungsring, aus Fesseln ein Kuschelding, aus lichtem Glaspalast ein gefährlicher Splitterhaufen. Was immer sie macht, ist kraftvoll, sinnlich, vital.

Seit Jahren lebt sie an der Zentralstrasse im Zürcher Kreis 3. Eben hat sie das Stockwerk gewechselt, freut sich auf das geplante Grünbecken auf dem Balkon, auf ihre Zwischenraum-Inszenierung mit Vorhang, Baum, Pflanzen, auf ein Drinnen-Draussen-Spiel. Im Fensterrahmen auf der anderen Strassenseite ein Paar nackte Füsse, eine Frau lackiert die Zehennägel, raucht, geniesst die Sonne. Katja Schenker fühlt sich »extrem wohl« in diesem Künstlerquartier. Überhaupt hier in Zürich, in der Schweiz: Die grosszügige Kunstförderung, die vielen Möglichkeiten, auszustellen – »das ist einmalig«.

Sie arbeitet in ihrer Wohnung, am Tisch, gern auf dem Bett. Gerahmte, in Plastik verpackte Zeichnungen stapeln sich. Gouachen. Performance-Fotos. Museen interessieren sich zwar, der Schritt zum Kauf scheint schwierig. Natürlich wünscht sich die Künstlerin die Zusammenarbeit mit einer Galerie. Doch Katja Schenker ist eine stolze Frau, auf die Suche geht sie nicht. Ihre Kunst-und-Bau-Werke sind gut bezahlt. Der Kanton Zürich erwarb eine Zeichnungsserie, Stadt Zürich und Kunsthaus Zürich je ein Video. Die Stadt Baden kaufte zwei Zeichnungen. Die Heimatstadt St. Gallen wartet ab.

Beim letzten »Heimspiel«, der jurierten Weihnachtsschau 2006, lobten Kuratoren, Galeristen, Kunstverständige ihre Arbeit über den grünen Klee. Folgenlos. Sie zeigte eine Installation mit Zeichnungen, Fotografie, Video und Objekt rund um die Performance »sauvée«. Zwei Tage vor der Finissage publizierte das St. Galler Tagblatt eine Tirade des Künstlers Mark Staff Brandl. Die Ausstellung gehöre »zu den schlechtesten«, die er je gesehen habe. »Sie besteht vorwiegend aus drittklassigen

Variationen von konsens-korrektem, vor zehn Jahren trendigem Kunstwelt-Quatsch. Eine kleine Handvoll Ausnahmen bestätigt die Regel, wie zum Beispiel Katja Schenker ...«

Katja Schenker war geschmeichelt, auch wenn sie diese Meinung nicht teilt und den Beitrag unangebracht fand. Sie redet langsam, denkt nach, redet und redet. Eine Passionierte. Ihre Arbeit ist ihre Leben, nimmt aber gerade Dimensionen an, die sie überfordern. Sie gewinnt Kunst-und-Bau-Wettbewerbe. Sie wird mehr und mehr eingeladen, zum zweiten Mal nach Môtiers im Val deTravers zur Ausstellung »Art en plein air« 2007. Wer daherspaziert über die grüne Wiese, sieht erst gar nichts, dann einen schwarzen Strich, schliesslich einen schwarzen Krater, drei Meter tief, zehn Meter breit, geformt wie eine Arena, ausgekleidet mit Asphalt. Wer hinunter kraxelt, sieht auf halber Höhe den Jura, ganz unten nur noch den Himmel. »Bleu du Ciel« heisst die Surprise-Skulptur.

Gibt es anderes in ihrem Leben als Kunst? Die Liebe. Die Wohnung einrichten. Lesen. Sie mag die philosophische Nachdenklichkeit der niederländischen Autorin Connie Palmen, die über Freundschaft, Liebe, Tod schreibt, über die Anziehungskraft von Gegensätzen, über Sucht und Lebenshunger – ernsthaft, witzig, intelligent. Sie verbringt gerade schöne Stunden mit Patricia Highsmith, lebt in den Tagträumen, Wunschträumen der Journalistin Edith Howland (»Ediths Tagebuch«). Mit den schrägen Figuren in »Small g – eine Sommeridylle«. Im Zürcher Szenelokal »Small g, Enklave sexueller Freiheit, begegnet sich eine kuriose Freundesgruppe, Werbegrafiker Ricky mit Hündchen Lulu, Kostümschneiderin Renate, Journalist Teddy, die Schaufensterdekorateurin Dorrie, die scheue Luisa. »Ich vermisse die Personen.« Deshalb verweilt sie noch mit ihnen, bevor sie das nächste Buch aufschlägt.

Katja Schenker, dunkle Schönheit, gross, elegant, liebt Stoffe, schaut gern Modebilder an, liesse sich ihre Kleider am liebsten schneidern. »Aber ich verfolge es nicht. Es gibt vieles auf der Welt, das mich interessiert, für das ich aber keine Zeit habe.« Sie hat anderes im Kopf. Landschaften, Orte, die sie besuchen möchte. Das macht sie ab und zu.

Derzeit arbeitet Katja Schenker auf zwei Baustellen. In Rheinfelden inszeniert sie einen »Grundbruch« zwischen zwei Wohnbauten der Basler Architekten »Zwimpfer Partner«; gebaut im »Pile Up«-System, einem stapelbaren Wohnungsmodul – Beitrag zum verdichteten Bauen. Verdichtet? Mit solch grosszügigen Grundrissen? Katja Schenker ist skeptisch, lässt den Computer ausrechnen, wie viele Einheiten sich stapeln liessen, bis die Erde sich wehren, einen sogenannten »Grundbruch« produzieren würde. Und staunt. Das Haus würde erst bei 1588 Einheiten einsinken, den Boden leicht komprimieren, acht Meter breite und gegen einen Meter hohe Hügelchen aufwerfen. Diese minimale Reaktion baut sie im Innenhof nach. Bepflanzt die Hügel mit Andenpolster (Azurella trifurcata minima) – giftig grün leuchtend, giftig gelb blühend – und belegt die intakte Mitte zwischen den aufgebäumten Erdwallen mit 8000 handglasierten Keramikplatten. Dreieckig, in über 50 Farbtönen.

In Altdorf wird sie den Garten des Suworow-Hauses anlegen, die private zur halböffentlichen Anlage wandeln. Der Urner Hauptort ist Wakkerpreisträger 2007 für seine klare, landschaftsverträgliche Raumentwicklung, die Vielzahl gelungener Neubauten und Sanierungen, dazu gehört die Renovation des Suworow-Hauses, 1550 erbaut. Die Sanierung der historischen Natursteinmauern, insgesamt sechzehn Kilometer lang, einzigartig auf der Alpennordseite. Vom Zerfall bedroht, hat Altdorf in den vergangenen Jahren acht Kilometer restauriert.

Mit diesem typischen Element arbeitet Katja Schenker. Sie führt Trockensteinmauern in den Garten hinein, spielt mit dem Trennenden der Mauer, sodass sich der Besucher fragt, ob er nun drinnen ist oder draussen. Sie will auch die verschiedenen Baustile des Hauses aufnehmen. »Nie spürte ich Geschichte so stark wie hier.« Tage nach ihrem Rundgang hatte sie das 16. Jahrhundert im Kopf, stellte sich vor, wie die Leute lebten, sich kleideten. Etwas von dieser Atmosphäre will sie im Garten implantieren, keinen Lehrpfad: hier Barock, dort Renaissance, aber eine Stimmung, »ein Gefühl von Geschichte«. Katja Schenker stellt sich barocke Broderien vor. Einen Landschaftsgarten des 19. Jahrhunderts. Handgefertigte Natursteintröge mit schiefen Ebenen holen den Besucher ab und leiten durch den üppigen Garten mit historischen Zwiebelpflanzen, Pfingstrosen, Rosen, Magnolien. »Voll, warm, rot« soll er blühen, kontrastierend zum Dunkelgrün der Eibe, des Mammutbaums. Und nachts suggerieren LED-Leuchten einen gespiegelten Sternenhimmel.

Katja Schenker erinnert sich, wie ihr Vater Peter Schenker bei jedem Baum stehen blieb, alle Pflanzen benennen konnte. Der Lehrer und Heilpädagoge hat sie geprägt. Mit diversen Handwerken vertraut, gestaltete er auch zahlreiche Bühnenbilder in der Kellerbühne St. Gallen, pflegt überdies einen prachtvollen Garten.

Zur Einweihung in Altdorf wird Lucie Schenker da sein, auch ihr zweiter Mann Kurt Huber, renommierter Architekt, der zusammen mit René Antoniol arbeitet: Kaserne Frauenfeld, Kunstmuseum Thurgau, Wohnsiedlung Ulm. Sie bauen situativ, karg, sozial, mit Kunst. Katja will zwar keine »Familien AG«, aber einmal stellten die drei Frauen zusammen aus. »schenker, schenker und schenker« (2003). Natürlich in St. Gallen. Lucie Schenker (*1943), gelernte Textilentwerferin, ist schweizweit gefragt für Installationen, Skulpturen, Kunst am Bau. Anina Schenker (*1971), ausgebildete Theatermalerin, Künstlerin auch sie, arbeitet seit Jahren mit dem Medium Video. Nutzt den eigenen Körper als Material, erprobt dessen physische und psychische Möglichkeiten unter extremen Belastungen. Die Schwestern tauschen sich gern aus und teilen eine Lagerhalle.

Katja Schenker will sich nicht auf ein Medium festlegen wie ihre Schwester und innerhalb des Mediums etwas erforschen. Aus den Ideen ergeben sich Technik und Material. Die Projekte reifen langsam, der Idee folgt ein konzentriertes »Abtauchen in die Möglichkeiten«, den Ort, sei es ein Garten, eine Bühne, ein Eisstadion wie im November 2007 an den »Migma«-Performance-Tagen in Luzern. Diese meditative Versenkung evoziert Körpergefühle, »oft ganz komische Dinge«, die sie dann weiterträgt, weiterträgt ... In dieser Zeit zeichnet sie, keine Skizzen zum Projekt, sondern eigenständige Zeichnungen.

Manchmal kommt sie sich etwas allein vor. Neben den Schuhen, noch immer. Sie gehört nicht wirklich zur Performance-

Szene, die, in den 1960er Jahren als kritische Instanz den musealen Kunstbetrieb boykottierte und ihre flüchtige Kunst entwickelte. Katja Schenker pendelt irgendwo zwischen Bildhauerin und Performerin. Arbeitet zwar situationsbezogen, handlungsbetont, mit dem Aspekt der Vergänglichkeit, aber es entstehen auch Skulpturen, Objekte, ganze Landschaften.

2005 legte sie einen Kunstgarten in den Hof des Bundesamts für Landestopografie in Wabern bei Bern – eine Art Langzeitperformance. Die Institution, um einen Flügel erweitert, umschliesst neu einen Hof. Fünfzig auf fünfzig Meter, das Gelände fällt um etwa drei Meter ab. Eine Jury lud sieben Künstler ein, Katja Schenker gewann die Konkurrenz. Bedingung war: Lastwagen mit bis zu 40 Tonnen Papier müssen umladen können, für die höher gelegene Terrasse der Cafeteria ist eine Lösung zu finden, vom alten Baumbestand sind vor allem zwei Hängebuchen zu erhalten.

Katja Schenker bettet ihr Werk auf ein Stück lateinamerikanische Literatur, auf eine Passage aus dem Essay »Von der Strenge der Wissenschaft« des argentinischen Schriftstellers Jorge Luis Borges. Eine fiktive Figur schildert Aufstieg und Verfall der Kartografie eines untergegangenen Reiches, den Wahn der Wissenschaftler, die strikt jede Vereinfachung und Abstraktion ablehnen.

»... In jenem Reich erlangte die Kunst der Kartografie eine solche Vollkommenheit, dass die Karte einer einzigen Provinz eine ganze Stadt einnahm und die Karte des Reichs eine ganze Provinz. Mit der Zeit befriedigten diese masslosen Karten nicht länger, und die Kollegs der Kartografen erstellten eine Karte des Reichs, die die Grösse des Reichs besass und sich mit ihm in jedem Punkt deckte. Die nachfolgenden Geschlechter, dem Studium der Kartografie minder ergeben, hielten diese ausgedehnte Karte für unnütz und überliessen sie, nicht ohne Ruchlosigkeit, den Unbilden der Sonne und der Winter. In den Wüsten des Westens überdauern zerstückelte Ruinen der Karte, behaust von Tieren und von Bettlern; im ganzen Land gibt es keine andere Reliquie der geografischen Disziplinen.«

Sie übernimmt die Idee der 1:1-Karte, »eine wissenschaftlich hochstehende Errungenschaft, im Alltag aber unbrauchbar, ja bedrohlich«, geht von den zwei Polen aus, die Borges beschreibt: von der homogenen Schicht, die einst alles zugedeckt haben soll, und von der lebendigen Kraft, die sich mit Hilfe von Zeit und Witterung wieder Platz verschafft. Sie legt eine dreidimensionale Landkarte in den Hof, schon zu Beginn »zerstückelte Ruine«. Sie überzieht die 2500 Quadratmeter mit einer zehn bis fünfzehn Zentimeter dicken Asphaltschicht. Formt jeden Wulst, jede Falte, jeden Hügel, jede »Sitzrippe« mit der Kelle. Bricht den Asphalt wieder auf, bepflanzt die Schrunden mit bulligen Buchsbüschen, skulpturale Pflanze seit der Topiari-Kunst (Formschnittgärtnerei). »So verwachsen die beiden ›Realitätsebenen‹ zu einem sinnlich erfahrbaren Lebensraum.« Zur begehbaren Skulptur.

Eine kühne Idee, Asphalt als bildhauerisches Material einzusetzen. Schon Babylonier und Sumerer dichteten vor 5000 Jahren ihre Bauwerke mit Asphalt ab. Asphalt, aus dem griechischen, heisst »untrügerisch«, »fest«. Der natürliche Asphalt, auch Erdpech oder Bergteer genannt, entsteht aus Erdöl durch Aufnahme von Sauerstoff.

Ein intellektuelles Spiel à la Schenker, die Verknüpfung mit Literatur, die ausgeklügelte Verortung in kunsthistorischen Kategorien, die Anklänge an künstliche Ruinen in den Gärten des 18. Jahrhunderts. Den meisten Besuchern ist das egal. Sie wundern und freuen sich, erleben den Ort mit Augen, Füssen, Händen, fassen den warmen, rauen Asphalt an, setzen sich auf die Rippen. Pflanzen werden den Asphalt durchbohren, Besucher glatte Wege trampeln. Frost wird ihn sprengen, Sonne ihn bleichen. Quicklebendige Vergänglichkeit. Und hinter den Fassaden beugen sich akribische Kartografen über ihre Arbeit, setzen geodätische Messdaten in exakte Landkarten um. Katja Schenker hat einen listigen Streich ausgeheckt gegen die Starrheit der Wissenschaft.

Am 17. September 2005 wurde der Hof eingeweiht. Unter den alten Hängebuchen wächst ein Pflanzenteppich wie ein gemalter Garten, der im Lauf des Jahres seine Farben wechselt: kriechender Günsel, Haselwurz, Schattensteinbrech, Teppichsedum, Immergrün und Walderdbeere als Grundton, niedrige Pflanzen, die den Schatten der Buche ertragen. Farbtupfer setzen Winterling, Leberblümchen, Buschwindröschen, Duft-Veilchen, Frühlings-Platterbse, Waldmeister. Dem Bundesgärtner überreicht Katja Schenker einen präzisen Pflegeplan für die nächsten fünfzig Jahre: »Risse im Asphalt nicht reparieren. Kein Moos ausreissen.« Zerfall als Programm. Ob er sich durchsetzen lässt? Gerade hier?

»Goldener Hase« für die beste Landschaft an Katja Schenker! Die Trophäen der Zeitschrift »Hochparterre« und des Schweizer Fernsehens. Die Jury wirkt erschreckt und fasziniert. Die »Karte« wecke »vielfältige Assoziationen an die Spontanvegetation nach einer Vulkaneruption, an die Vergrösserung eines Planes, an ein Modell oder an eine provokative Swissminatur«. Die Gestaltung spiele mit dem Charme des Massstabs. Aus Sicht der Landschaftsarchitekten seien »viele Fehler« zu bemängeln, kein wegweisendes Beispiel also. Aber »eine raue, direkte Arbeit, in der es keine Detaillösungen gibt und auch die Bepflanzung irritiert. Dennoch – oder wohl gerade deswegen – ist das Objekt spannend.« Ausschlaggebend für die Auszeichnung ist »die Radikalität« des Objekts. Selber überrascht von ihrem Mut, ist sich die Jury einig: »Ein Garten, von dem man sprechen wird. Fantastisch.«

Keine richtige Landschaftsarchitektin. Zu eigensinnig. Obwohl sie sich lange eher bieder fand, ein Mauerblümchen, weder schräg noch wild noch spannend. Nur ernsthaft. »Ich nehme es wahnsinnig ernst, wenn ich fünf Wochen auf den Knien rumrutsche und jeden Tag sieben Tonnen Teer über mein Handgelenk laufen. Merke gar nicht, wie schräg das ist. Es ist einfach meine Aufgabe und ich will, dass es am Schluss so aussieht, wie ich mir das vorstelle. Ich mache es unheimlich gern, und stecke meine ganze Energie hinein.«

Welche Spannweite zwischen der schwebenden Zeichnung und der Asphaltdecke, der Zwei-Minuten-Performance und dem Sommergarten auf der Ufenau. Katja Schenker denkt mit dem Körper. Ob Zeichnung, Malerei, Garten: Alles ist Performance. Alles entsteht im Tun. In der Bewegung. Im einzigen Strich mit dem Farbstift. Nur der Ernst zeugt das Leichte, Duftige, Flüchtige. Das Poetische und Überraschende. Manchmal Erschütternde. Immer Dynamische.

Eines Tages möchte sie ihren eigenen Garten gestalten. Das Gartenreich des Ian Hamilton Finlay (1925–2006) fasziniert sie, »Little Sparta« in den Pentland Hills bei Edinburgh, 2004 zum »grössten Kunstwerk der Nation« erwählt. Katja Schenker würde es ganz anders machen, »doch am eigenen Ort arbeiten, das stelle ich mir als schönstes Werk vor.« Schliesslich wäre es wie bei allen Projekten: Der Garten verändert sich und ich müsste immerzu aufpassen, dass die Pflanzen nicht zu feucht und nicht zu trocken haben – vor allem nicht gefressen werden.

Quellen

Roderick Hönig: »Spuren der Kartografie«, in: *Hochparterre. Zeitschrift für Architektur und Design*, Nummer 12, Dezember 2005

Isabel Haupt: »Eine Kartenruine als Gartenruine«, in: *Topiaria helvetica, Jahrbuch der Schweizerischen Gesellschaft für Gartenkultur 2005*

Irene Müller: »Garten auf Zeit«, in: Chantal Michel/Katja Schenker, *Seedamm-Kulturzentrum*, Pfäffikon 2004

Schweizerischer Kunstverein (Hg.): *Kunst-Bulletin* Dezember 1999, Zürich

Ludwig Hasler: »Die Kulisse ist das halbe Drama«, in: Antoniol + Huber und Partner. *Bauten und Projekte*, Sulgen/Zürich 2007

Dank

Ohne Ludwig Hasler und Beatrice Jud wäre dieses Buch nicht zustande gekommen. Für Anregung, Einspruch, Antrieb danke ich herzlich.

Franziska Schläpfer

Herr Biedermann u

ine schräge Frau

Bildnachweis

S. 10: ©Thomas Burla
S. 28: © Lukas Unseld
S. 36: aus Bruno Knobel, *Die Appenzeller Malerin Sibylle Neff*, Rorschach 1989
S. 47: © Nana Do Carmo/Thurgauer Zeitung
S. 58: © Peter Gerber (www.petergerber.ch)
S. 63: © Peter Gerber (www.petergerber.ch)
S. 74: © Martin Rapold
S. 75: Wanzenlarve aus Melano, Tessin (1987) mit einer Missbildung am rechten Fühler
S. 77: Harlekinwanze in der Nähe von Three Mile Island, Pennsylvania, USA (1991) mit verkrümmtem Scutellum und asymmetrischen schwarzen und gelben Flecken
S. 78: Weichwanze aus Flühli, Entlebuch, südlich der Atomkraftwerke Gösgen und Leibstadt. Zusätzlicher Beinstummel sowie der Ansatz eines Beines wachsen aus dem Bauch (Juli 2007)
S. 94: ©Tabea Hüberli
S. 110: Portrait of Rist in Shanghai ©Alexandro Ehrlich
S. 126: © Julietta Schildknecht
S. 130: © Julietta Schildknecht
S. 142: © Ralph Ribi
S. 160: ©Thomas Kern
S. 178: © Anita Affentranger
S. 181: © Anna Sommer
S. 183: © Anna Sommer
S. 187: © Anna Sommer
S. 190: © Anna Sommer
S. 193: © Anna Sommer
S. 198: © Lena Amuat 2006
S. 217: © Vera Vassalli

Bildnachweis

S. 232: Flower Power. Gärten auf der Insel Ufenau, 2002: links von Chantal Michel, rechts von Katja Schenker
© Foto Stefan Rohner

S. 237: Performance »durchtrieben«. Swiss Art Awards 2003
© Foto Stefan Rohner

S. 248f: © Anna Sommer